西方藏学名著与名家提要

廖云路　肖尧中◎编著

A BRIEF INTRODUCTION TO INFLUENTIAL WESTERN WORKS
AND AUTHORS ON TIBETOLOGY

上海三联书店

目　　录

第一部分　西藏的政治制度、社会变革、对外关系

1. 喇嘛王国的覆灭

喇嘛王国的研究涉及在西藏研究中最为敏感的近现代领域。戈尔斯坦多次进藏调查,掌握了分析这一问题的大量资料。但西方藏学界认为他与中国政府合作,为共产党作宣传;国内也有学者认为他带有国际上颇为流行的对"西藏问题"认识的倾向性。喇嘛王国覆灭的原因究竟为何,戈尔斯坦又是如何在"夹缝中生存"的?

2. 现代西藏的诞生

2013年国务院新闻办公室发布的《西藏的发展与进步》中,以大幅段落引述了《现代西藏的诞生》对西藏封建农奴社会的描述。书中对新中国在西藏的社会改革和建设作出了很高的评价,也从国际关系视角分析了"西藏问题"的走向。作为BBC的顾问,谭·戈伦夫还经常就"西藏问题"接受各类采访。

3. 十三世达赖喇嘛传

他是英国入侵西藏的先锋,掌管英国同西藏、不丹、锡金关系的事务。早在十三世达赖喇嘛流亡印度期间,贝尔几乎每周都去拜访

达赖喇嘛,达赖喇嘛也敞开心怀倾诉西藏政界的内幕。达赖喇嘛返藏后,贝尔受邀访问拉萨,并被授予"伦钦"的称号。他们怎么成为了"无所不谈"的朋友,这背后对西藏政治的影响如何?

4. 英国侵略西藏史

西方学者大都对荣赫鹏评价甚高,他是一名能带兵打胜仗的将军,使英国的铁蹄踏上了雪域高原,确立了英国对西藏的特殊地位,并妄图使西藏从中国分离出去。他屠杀西藏军民,自然在西藏近代史上臭名昭著。但鲜有人知道的是,晚年他似乎受到了西藏神山圣湖的天启,成为民族主义运动的倡导者。

5. 藏族与周边民族文化交流研究

埃克瓦尔是 19 世纪末屈指可数的出生在藏区的西方人。在藏区时,他穿藏服、用藏名、交藏族朋友,过着与藏族人一样的生活,颇有自得其乐之势,这也为他的人类学研究奠定了基础。他的著作往往能跳出前一时期西方探险家泛泛而谈的叙述,对文化自觉、文化交融、文化排斥等问题进行深入研究。

6. 中部西藏与蒙古人——元代西藏历史

研究西藏地方史不能离开中国历史的大背景,但藏文史料中往往缺乏年代、背景,汉文史料对西藏的记载缺乏事实细节。伯戴克在对证两者资料的基础上,论述了元朝西藏地方与中央的关系演变和元朝关于西藏的制度结构设置,揭示出西藏历史发展的趋势和归宿——成为中国领土不可分割的一部分的客观事实。

7. 百万农奴站起来

作为中国新闻界著名的"3S"之一,斯特朗在中国享有很高的荣誉,毛泽东、周恩来、邓颖超、刘少奇等老一辈领导人都是她的老朋友。她一生桀骜不驯、耿直爽朗、快人快语,73 岁高龄时还要毅然前往西藏采访。她笔下的西藏,是一个四处充满生机、昂首走在社会主义大道上的"天堂"。

第二部分　西藏的宗教、民俗、社会

8. 西藏宗教之旅

得益于近乎完美的汉语、藏语和梵语,图齐可以毫不困难地说服寺院僧人让他考察文献,搜集各类手稿、碑刻、木刻等。该书阐述了西藏人的宗教史、宗教观以及教理思想。像图齐这样既在藏区做过长时间的实地考察,又"对宗教和神秘体验更怀有由衷敬意"的学者,才能够自如驾驭。

9. 西藏史诗与说唱艺人的研究

在中国各少数民族的史诗中,《格萨尔王传》最为著名。该史诗生动地再现了藏族的古代史,尤其是部落斗争史。格萨尔说唱的艺术充满了神秘色彩,艺人戴上特制的帽子,把腿一盘,闭目沉默片刻,身体有如电击一般,骤然间精神抖擞:"一声'噜,嗒啦,嗒啦'之后,千军万马就从艺人的嘴里奔涌而来"。

10. 吐蕃僧诤记

发生在公元8世纪末的吐蕃僧诤,是印、汉两方为争夺吐蕃佛教的主导地位而进行的一次论战。从宗教和政治的关系来讲,宗教是统治阶级思想工具,而论争也必然受到当时吐蕃宗教、文化、政治和社会发展等诸多方面因素的影响,其结果为吐蕃藏传佛教的形成和发展指明了方向。

11. 西藏的神灵和鬼怪

但凡参观过藏传佛教寺院的人,无不为寺院里各种神灵、仪式、法器而迷惑,因为不理解,所以更显宗教的神秘。西藏的宗教从古至今大致经历了原始宗教、苯教、藏传佛教三个时期,每一个时期都伴随着神明之间的斗争与融合。沃杰科维茨的这部扛鼎之作,试图为理解西藏宗教提供"解码"。

12. 苯教与西藏神话的起源——"仲""德乌和苯"

[意]曲杰·南喀诺布 / 127

　　南喀诺布是意大利籍藏人,被海外藏传佛教信徒尊称为"法王"。他认为,苯教教法有很多种分类方式,"十二智慧苯"是最古老的一种分类。书中引述了大量经文,详尽地介绍了苯教医学与治疗方法、星算苯与对"界"的控制、苯教的创生神话与禳解仪式、苯教的敬鹿俑仪式与飞行法术等。

13. 西藏的黄金和银币——历史、传说与演变

[法]卢塞特·布尔努瓦 / 138

　　西方社会早有流传:西藏黄金蕴藏量之多,堪称为"第二个加利福尼亚"。布尔努瓦着重介绍了金银在西藏的使用情况,从 15 世纪中叶到 18 世纪末西藏与尼泊尔的钱银贸易,清朝政府对西藏地方货币的统一管理等,这是一部西方藏学家们很少涉猎的有关西藏经济史的著作。

第三部分　西藏纪行

14. 德西迪利西藏纪行

[意]依波利托·德西迪利 / 151

　　1716 年 3 月,德西迪利终于得见梦寐以求已久的布达拉宫。他以真诚的态度和有说服力的演说赢得了拉藏汗的欢心,被允许在拉萨布道和购买房产,还成为第一位在色拉寺研究宗教和学习藏语的西方人。他在拉萨停留了 5 年时间,记录的四卷本的西藏之行手稿并没有立即出版,再次被发现已是他逝世 100 多年之后。

15. 鞑靼西藏旅行记

古伯察是于 1841 年至 1846 年间从事这次旅行的。他记录了拉萨的风俗习惯、宗教信仰、生活方式、山川风貌和社会经济。对当时的西方社会而言,这是继《马可·波罗游记》之后,首次有西方人进入康藏的文献记载;对中国而言,古伯察首次以西方人的亲身经历见证了清王朝对康藏地区的管辖。

16. 伯希和西域探险记

俗话说:书非借不能读也。伯希和从敦煌运走的约 6600 卷文献却是巧取豪夺而来的。伯希和精通中文、俄文、藏文、突厥文等 10 多种文字,是他成就了敦煌文献,使"敦煌学"成为 20 世纪世界学林中的一门显学;敦煌文献也成就了伯希和,使之成为法国乃至整个欧洲著名的汉学家。

17. 佛教香客在圣地西藏

19 世纪末 20 世纪初,地缘上具有接近性的俄国对西藏觊觎已久。由于西藏实行闭关政策,崔比科夫经受了严酷的自然环境,乔装成信徒潜入拉萨。他仔细记录了西藏的社会成分、家庭环境、饮食、服装风俗等信息,并搜集和整理了关于西藏的政治、历史、地理方面的评述与分析等宝贵资料。

18. 一个巴黎女子的拉萨历险记

1911 年,她离开巴黎前对丈夫说:"我要出远门,半年后就会回来。"可事实是她去西藏,一呆就是 14 年,以至于丈夫在书信中多次与她发生争执,甚至都不愿意到码头迎接她的归来。之所以取名为"历险记",沿途自然少不了稀奇古怪的遭遇。大卫-妮尔在藏到底经历了什么,是什么让她如此着迷?

第四部分　其他藏学名著与名家概况

序

西方"西藏观"的形成与演变

作为东方民族文化谱系之重要构成的藏文化,因其自然和地理环境、宗教和社会结构等特殊性而被近代以来的西方世界赋予了某种"异己性"。从某种意义上说,也正是在这种"异己性"的"召唤"下,西方的"西藏热"才可能从近代绵延至今。

在时间的纬度上,西方世界"西藏热"的"造温"主力军——西方藏学研究者,似有从初期的探险家、传教士,到殖民扩张和侵略者,再到以现代科学为背景的藏学家的变迁脉络。在此脉络中,西方世界的"西藏观"也随历史条件、社会环境的改变而不断演进。一方面,作为讲述者的藏学家们也都有自己所处的国家立场和国际局势;另一方面,作为讲述对象的西藏也因自身在中国和国际局势中的地位和角色的变迁而发生因应性变化。主体和客体的双向变迁,也就从不同维度、不同层面型塑了西方"西藏观"的演变轨迹。

从发生学的角度看,西方"西藏观"的出现,很大程度上乃是资本主义崛起、民族国家形成及其基础上的殖民扩张发展到一定程度的产物。也正因为如此,无论是探险家、传教士还是殖民扩张者,其对西藏的"描述",大多也就立足彼时之西方主流人群对宗教、民族和民族国家及相应社会秩序的"合理性"判定。这些判定在影响西方世界"西藏观"的同时,作为进入并描述西藏的判定秉持者们之"判定依据",也作为一种新的价值观而以自己的方式影响到作为描述对象之一的西藏上层社会,进而在某种程度上成为西藏自身发生相应变化的某种"变量"。概言之,在西方资本主义殖民扩张进程中的相当长一段时期,西方世界的"西藏观",内在受西方世界的宗教观、民族观和国家观等观念影响,外在则受包括西藏自身变化、西藏与中央政府的关系变化、中国在国际格局中的地位和角色变化等局势影响。

进入冷战之后,这些内外因素又因东西方意识形态的对峙而更显复杂。换言之,殖民主义扩张与意识形态对峙在一定程度上可视为影响不同历史阶段西方"西藏观"的"显在"逻辑,而作为区域的西藏与作为主权国的中国二者及其相互关系的变化,则更多的属于"潜在"逻辑。"显"与"潜"的阶段性差异,决定了西方"西藏观"也有阶段性差异。如20世纪下半叶以来,在西藏和平解放和十四世达赖叛逃等重大历史事件的影响下,西藏在国际关注上有一时之凸显。如此情势下的西方"西藏观",无论对藏学研究,还是围绕所谓"西藏问题"的国际话语争夺,都尤为重要。改革开放后,中国与西方学术界的交流日益走向纵深。面对国际上方兴未艾的"西藏热",中国学界以高度的学术自觉与开放的学术胸襟翻译了一批西方藏学著作。这些进入中国学界的西方藏学译著,都是各个历史时期西方世界发现与认识西藏的代表作,能够在相当程度上反映出西方"西藏观"形成与演变。

不过,由于地理阻碍、文化背景和意识形态等方面的差异,无论哪一个时期的西方"西藏观",距离真实西藏都有一定甚至较大的距离。而这,也成为中国学界认识与评判西方"西藏观"的必要前提。尤其是西藏"3·14"事件之后,西方国家以其"西藏观"为参照,对该事件发生的背景、原因和影响进行了基于自身价值观乃至利益取向的解读。面对西方在"西藏问题"的话语权上来势汹汹,中国对西方"西藏观"的研究显得极为迫切。

就目前而言,中国学界对西方"西藏观"的讨论主要从两个维度展开:一是从文化和宗教角度,指出其中的刻板印象和"香格里拉"想象;二是意识形态和国家利益角度,指出其中的冷战思维模式及"试图遏制正在崛起的中国"的目的。单从研究的角度讲,揭示西方"西藏观"中的"香格里拉"想象等"虚拟"并无不妥,这也的确是造成当前西方认识西藏存在误差的重要原因。事实上,西方社会对其"西藏观"中的"想象"成分早有认识。例如,《香格里拉的囚徒——藏传佛教与西方》《虚拟的西藏——从喜马拉雅山到好莱坞寻找香格里拉》《香格里拉的神话》等著作,就论及了西方传媒在制造"西藏热"中的作用、"香格里拉"神话的破灭与西方人认识西藏的误区等。此类"自反性"的反思早于中国学界。如果中国学界还仅仅停留于对这些"想象"的粗浅分析,而不系统追溯其由来与演变等,就难免一叶障目,进而限制学界对西方"西藏观"之本质的全面了解与掌握,也难以为更符合时代需要的藏学研究提供更坚实的理论支撑。

本书收录的西方藏学名著都译介于改革开放之后,但其内容却涵盖西方几个世纪以来的研究者们对西藏研究的成果。这也是我们当前能够利用的、相对多维地认识西方"西藏观"的资料。

一、西方探险家的"西藏观"

不断探寻外部世界,是人的本能之一。随着人类社会活动能力的提升,其发现社会的欲望在增强,探寻范围也在不断扩展。中世纪欧洲,伴随着十字军东征的是人们对东方世界的遐想。当时的亚洲在他们看来是"一片遥远而神秘的未知之地",因而什么都有可能发生。

如《发现西藏》一书中记载,一个名叫柏朗嘉宾的传教士于1245年启程,沿着古丝绸之路一路向东,到达今天的蒙古地区。他发现了一个"人—犬部族",描述那里的男人浑身长满了毛,说话类似于狂吠,特别凶残并善于攻击。进入吐蕃之后,他发现生活在此的居民都是"异教徒",对其描述更为夸张:"吐蕃人具有一种神奇的,或者更应该说是可憎的习惯,这就是吞噬他们的父母。因为当那里有人死亡时,他们便将其全部亲戚集合起来并美餐一顿。那些男人绝没有胡须,每个人始终都手持一块铁,以拔掉下颌部不断重新长出的所有须毛。他们面目丑陋、身体畸形。"柏朗嘉宾误把宗教仪轨与殡葬活动混为一谈,其实稍微凭借常识就可以判断出其中捕风捉影的成分。但诸如此类的夹杂着真实和臆想的"传闻",还是被当作早期探险家的重要发现流传到了西方且极受欢迎。

由于距离的遥远和高山大川的阻隔,西藏被认为是世界上最难以进入的地区之一。只要是关于西藏的信息,不管其何来历,证实或证伪了之前的某个东西,都会引起西方社会的极大兴趣。《发现西藏》一书的作者米歇尔·泰勒认为,是谁杜撰了这些信息和怀有什么目的无关紧要,应该考虑的是在东西方之间建立这种最有意义的接触的时候,这些伪造资料促进了一种向往和产生了一种希望,"发现东方(更具体地说是发现吐蕃)首先应归功于一种狂热向往的梦想,因为一种异国趣味的虚假形象和吸引力往往是地理大发现的缘起。"

从 17 世纪中叶开始,形形色色的西方外交官、探险者、云游者、士兵、梦想家、精神追求者、地理学家、勘探者、登山运动员和艺术家留下了对这片土地的无数记录。他们心中怀揣一把标尺,谁都想标榜自己是"第一个"进入拉萨的人。为了达到这一目的,他们一方面要"选择性遗忘"前人曾对西藏已有的发现,如《德西迪利西藏纪行》手稿被埋没了一个多世纪都无人问津;另一方面,他们只有从西藏带回来比前人更具价值和轰动性的东西,才足以引起人们的关注。这也导致了探险家眼中的西藏越来越虚幻,成为一片未受文明污染的,带着精神性的、神秘主义的人间天堂。

面对外来者的觊觎,清朝和西藏地方政府索性采取了闭关政策,而这期间西方完成了两次工业革命,社会生产力水平实现了重大飞跃。西藏长达数世纪的孤立和封闭更加激发了西方人的兴趣,而两次工业革命又使他们有了更强大的发现西藏的能力。到 19 世纪中叶,西方人基本上已经将世界所有"未知"地区探查完毕,仅有极少数的地区还未被详细地绘入地图,西藏就是其中之一。古伯察、普尔热瓦尔斯基、崔比科夫、柔克义、大卫-妮尔……在一批又一批探险家的推动下,西方掀起了一波又一波的"西藏热"。

与早期进入西藏的那批西方人的"孤胆英雄"不同,这一时期的探险家除了受其所在国家的利益驱使外,还夹杂了更多的个人主义成分——他们未必真正对西藏和藏文化感兴趣,而是怀着对自由的追求,要通过向高难度挑战来证明和实现自我价值。因此,"没有什么比打破西藏的孤立与封闭更具有探险与精神双重意义的事了"。

还有一个不容忽视的推动力是个人利益,能够到西藏走一趟迎合了西方人的征服欲望和所谓的价值取向,探险者本人得到的赞誉铺天盖地。柔克义返美后在美国国务院任职,并一度担任美国驻华公使;大卫-妮尔受到英雄般的接待,"尊敬的女喇嘛"等头衔与奖项接踵而至,并成为各种研讨会上的座上宾,法国还成立了以她名字命名的基金会,连她本人也表明心迹"我应该死在羌塘,死在西藏的大湖畔或大草原上。那样死去该多么美好啊!境界该多高啊!"当个人行为与国家意志联系在一起时,可能很少有人能抵挡得住这样的诱惑。这些荣誉是他们依照常规的人生轨迹难以企及的,到西藏就算是赴汤蹈火也值得一试。

站在前人的基础上,这一时期进入西藏的西方人又需要带回新的发现。几个世纪之前,雪域西藏神奇壮美的自然景观和独特而神秘的人文景观其无穷魅力强烈地吸引着西方人,他们将西藏视为"净土"和"天堂"、寻求精神寄托和心灵慰藉的乐土。进入 20 世纪之后,西藏虽然依旧是西方人眼中的"香格里拉",但这已逐渐成为一种共识,缺乏"卖点"。而这一时期的西方文明已经发展到了相当程度,如果用现代文明的标准来评判的话,那么西藏又是封建的、落后的。

崔比科夫在《佛教香客在圣地西藏》一书中,多次对拉萨街头的乞丐进行了描述。他称"贫穷、缺少社会救济,使得西藏各种不同年龄的男女乞丐多如牛毛",这些乞丐常常是念诵着经文行乞,有的因犯罪而失去了眼睛、鼻子、手等某些器官,他们"通常也是一小帮一小帮地行走,主人们稍一疏忽,所有没被放好的东西就会被他们偷去"。因为宗教的缘故,很多西藏人都避免直接杀害自己衣服上的虱子,"而是把它们抓住,扔到地上或地板上"。在市政环境方面,崔比科夫写道:"拉萨的街道特别不规则,而且肮脏。"他还对每幢房子的厕所感兴趣。厕所设在房子的上层,粪便直接排放到广场和街道上,人们过街时"只有紧紧捂住鼻子并留神脚下"。

这些描述显然与之前犹如世外桃源般的"香格里拉"格格不入,但也增加了西方认识西藏的冲突性与戏剧性。于是,西方对西藏的认知和想象始终存在两种形式,一种是否定的、负面的甚至妖魔化的西藏形象;另一种是肯定的、正面的甚至神话式的形象。这两种形式其实是一个问题的两个面向——当幸福、快乐、无忧无虑的"香格里拉"光环在西方人的认知中照耀了几个世纪时,来抑制和戳破这种不切实际的幻想的,必然是来自社会最底层的凄惨表象。这两种形式各自走向了西方"西藏观"的极端,都有违西藏的"真实"。

二、宗教世俗化背景下的"西藏观"

西方"西藏观"中的正面与负面形象虽然同时存在,但并不意味着两者具有同等的地位和影响。个中原因,很大程度上与西方对藏传佛教的认识有关。早期前往东方的西方人中有相当部分是传教士,如古伯察、依波利托·德西迪利等,他们以向全世界传播基督信仰为使命,想方设法到西藏填补基督信仰的空白。

西方人认为,藏传佛教与自己所信仰的基督教具有相通性。所以,在《德西迪利西藏纪行》中,德西迪利介绍了藏传佛教的原理、教义、宗教庆典和仪轨等,强调前世行善就能获得永恒的幸福,反之则会跌入多个层级与种类的地狱和接受数之不尽的折磨。在《西藏的神灵和鬼怪》中,多次出现使用人的骨头、内脏和少女的经血等作法的叙述。例如,"藏文文献有关这种作供物的血液的种类有详细的记载:人血是从死人或者染有恶性传染病,特别是麻风病的病人身上抽取的。此外,据说寡妇的经血或妓女的经血也特别有效。"类似的内容在《西藏宗教之旅》中也被提及,格萨尔说唱艺人的着装、神态、腔调和史诗内容等同样充满着神秘色彩。

欧洲和西藏都有过"政教合一"的阶段,宗教占据世俗社会统治地位,为世俗社会建构统一的、神圣的秩序。但欧洲的"政教合一"格局随着宗教的世俗化而不复存在。在宗教世俗化的过程中,教会撤出过去控制和影响的领域,表现为教会与国家的分离。其中包括宗教与政治分离,政府脱离教会的控制;宗教与经济分离,专业分工和流水化生产打破神圣的帷幕;宗教与教育分离,教育摆脱教会的权威;宗教与文化分离,世俗文化占据主流等。国家权力为包括宗教在内的社会子系统发展划定领域,依据法律对之进行管理。国家不再以公共权力直接涉及宗教问题,宗教也自动远离社会公共生活,"上帝的归上帝,凯撒的归凯撒"。

18世纪中叶以来,在藏传佛教各派别势力的消长中,格鲁派逐步实现了政权与教权的高度合一。19 世纪末 20 世纪初,当西方的宗教世俗化到了相当的程度、现代政治制度逐步确立时,西藏还是一个落后的封建农奴社会,"政教合一"制度下的执政者对于工业化几乎一无所知,也自然没有完成西方意义上的宗教世俗化过程。在西方人看来,这时的藏传佛教实际上是"原始人群的宗教和神话发展的缩影",它保存着古老世界的许多信息和西方很大程度上已经遗失的雅利安人祖先的信仰。

宗教世俗化最终走向宗教私人化,即集体意义上的宗教活动开始减少,个人有更大的自主性去创造他们自己的意义体系。现代社会带来了高度发达的物质文明,其产生的物质欲望的膨胀、人际关系的冷漠、文明的冲突等问题也显而易见,西方人在反思这些问题的同时,由于宗教产品与服务更多指向信众的个人生活,他们又渴望能有一种力量能够承担起社会公共职能,为人们的思想和行为提供指导。

于是,当西方人再次把目光投向东方,当他们发现西藏依然保持了他们几个世纪之前的"政教合一"制度时,不由得欣喜若狂。他们感叹于人类进入 20 世纪后,还有一种宗教能有如此强大的力量,对西藏这片被崇山峻岭包围的土地、对藏传佛教和达赖喇嘛投入了由衷的赞美之情。荣格对《西藏度亡经》极为褒奖,书中描述的死亡后的过程和体验提供了一种人人可以理解的哲学,其起点来自于一伟大的心理学真理。查尔斯·贝尔评价十三世达赖喇嘛"是个好君主","他提高了喇嘛的标准,促使他们坚持钻研经典,抑制了他们的贪心、懒惰和行贿受贿,并减少了他们对政治的干预。对那些无数的宗教建筑,他尽可能地予以关心。总起来说,必须肯定:他使藏传佛教更加神圣。"在西藏生活过一段时间且能接触到达赖喇嘛的西方藏学家,几乎都为他不惜笔力地歌功颂德,赞颂他是"智慧的象征"。

值得强调的是,西方人在看待西藏"政教合一"制度时,并非不能区分文明与落后。虽然部分西方人对藏传佛教和达赖喇嘛控制下的西藏社会极尽赞美,但如果要他们抛弃西方现代文明成果回到中世纪,相信没有几个西方人会愿意。与其说西方人被宗教的魅力所吸引,不如说他们只是想寻找一面自己所处社会的镜子,而这面镜子相当程度上可以投射出西方社会的发展轨迹和当前的社会文化现实。

犹如人们在自我反思时的复杂情感:既肯定发展取得的进步,又对落后环境下的各种努力怀有几分念旧与同情。当西方人处于宗教控制之下时,渴望自由;当获得了充分的自由,又怀念一种神圣力量的束缚。在看待"政教合一"下的藏传佛教时,西方人的"西藏观"中流露出一种叶公好龙的心态。

三、殖民主义语境下的"西藏观"

不同时期西方人进入西藏的背景、目的与诉求不一样,其呈现的"西藏观"也不尽相同。早期进入西方的探险家、传教士都是个体行动,一匹骆驼、一匹马就能穿越大半个亚欧大陆,为了潜入拉萨不得不化装为朝圣者,一睹西藏的"庐山真容"便是胜利。进入 19 世纪,西方在世界范围内的殖民扩张加剧,尤其当印度沦为英帝国主义"皇冠上的明珠"后,与其地缘紧密相连的西藏被置于殖民扩张的政治和文化想象之中。

在《英国侵略西藏史》一书中,荣赫鹏对近百年来英国窥伺西藏的种种动机与尝试、野心与阴谋、失败与成功的关键,以及最后能够征服西藏的军事、政治、社会与国际背景都有所涉猎。在他的叙述中,英国侵略西藏的目的主要有三个方面:一是把英国的统治权扩张到同英属印度相邻的,甚至更远的国家去,形成防卫英属印度的安全体系,从而巩固和增强英印当局在印度遥远边界上的防备力量;二是在经济上掠夺西藏,即把西藏变成它的原料供应地和倾销商品的市场;三是打开中国西南边疆的门户,把它占据的印度殖民地和在中国长江流域的势力范围连成一片,获取贸易通道,从而赢得更大的经济利益。

为了给武装入侵西藏提供合理的借口,美化侵略行径,英国在"西藏观"中构建出西藏地方政府"亲英"倾向。荣赫鹏称:"吾人最后努力之结果,惟发现藏人本身实极欲与吾人建立友好关系,甚且欲与吾人缔结联盟。"随荣赫鹏侵略西藏的彼得·弗莱明大肆宣扬西藏摄政与英国签订的城下之盟,并把西藏允许英国驻军、通商、矿产和道路特权等视为"友好的协定"。贝尔不仅多次描述了自己与十三世达赖喇嘛亲密的私人关系，自认"任何其他白种人却远不如我了解达赖"，还详加论述了英国在西藏地方政府扩军、改革等方面的影响。

在西藏地方政府与清朝中央政府的关系上，西方人极力塑造西藏地方的"疏汉"态度。西方藏学成果中的汉藏关系在不同历史时期表现出不同的形态和特征，观察描绘的侧重点既存在差异，又有很强的连贯性和一致性。在早期入侵者眼中，寻找和发现西藏人与汉族人之间的人类学差异是他们的"乐趣"之一。汉族人和藏族人不仅在面孔上很容易辨认，汉族人还不习惯西藏的高原气候和饮食习惯，不愿意在西藏定居。

20世纪上半叶，清朝政府的灭亡和中华民国政府疲于应付第二次世界大战，西藏获得了相对宽松的外部空间。这期间发生了数次"驱汉事件"，在西方人看来这是西藏人"反抗中国人统治"的活动，如"1911年中国爆发了革命，这也意味着中国对西藏权力的终结。擦绒领导的西藏军队把中国人从西藏驱逐出去，达赖喇嘛回到了拉萨，恢复了自己神一般的王位"。1949年，噶厦政府以清除特务为名，将中央政府派驻的所有在藏官员，包括无线电台、学校和医院工作人员驱逐出西藏。梅尔文·戈尔斯坦认为此举"使汉藏关系倒退到了中华民国尚未派官员驻藏的1913—1914年时期的那种状态"。西方人不断强调西藏人对汉族人的仇恨和厌恶，其目的在于渲染西藏的独立并试图将其纳入西方的势力范围。

西方人的"西藏观"总难免具有近代西方帝国主义及其文化霸权的底色，但他们殖民西藏的目标并未实现。一方面，英国对西藏采取的直接军事行动极大地改变了中国人的"西藏观"。国民政府在西方殖民者侵略加剧的背景下竭力构建中华民族共同体，通过与英、俄之间的外交努力，保全中国对西藏的主权。另一方面，鉴于西方殖民者内部在"西藏问题"上的矛盾，以及顾忌与中国在反法西斯战线上的同盟关系，又不得不承认中国对西藏的"治权"，这为以后中国确立对西藏的主权提供了依据，也阻止了西藏地方政府寻求独立的诉求。

1951年以后，西方帝国主义国家在西藏政治、军事的殖民行动已经结束，但精神的、观念的殖民在西藏远未终结。在此前对西藏"香格里拉"想象的基础上,认为西藏曾经是和平幸福、宁静自足的世外桃源,而汉族人的进入代表着该区域原始、圣洁、智慧和精神主义的终结。西方人将一切美好的东西都寄托给了他们臆想的精神上的、乌托邦式的西藏。同时,西方人进一步强化了不同时期的"汉藏对立"逻辑,宣扬西藏在政治关系上曾经是一个"独立国家",但因缺少足够的军事力量而被"侵略和占领"。这种"香格里拉"的"真实性"和藏民族命运的"悲剧性"共同彰显了占领者的"邪恶性"。如果说国民政府时期西方国家在"西藏问题"的博弈上还存在分歧的话,那么西藏和平解放则使得他们的利益转为一致——直接针对中国共产党在西藏的领导。

事实上,进入 20 世纪中叶,西方国家对东亚的侵略和扩张偃旗息鼓,但西方老牌帝国并不甘心其势力在这些地区的丧失,转而以制造地区冲突、挑拨民族矛盾等方式试图延续自己的"存在感"。1959 年,十四世达赖喇嘛的叛逃,又为敌视新生的社会主义中国的美国提供了插手"西藏问题"的绝佳机会。美国学者谭·戈伦夫在《现代西藏的诞生》一书中,详细揭露了中央情报局如何支持"藏独"势力的叛乱活动,新闻媒体如何将十四世达赖喇嘛塑造成亲善、智慧、爱好和平的大使,民众又如何在西方价值观和意识形态的影响下认识"西藏问题"。

冷战结束后,苏联的垮台、美国的霸权衰落使冷战格局压抑下的诸多民族矛盾爆发出来,形成第三次民族主义浪潮。虽然,此浪潮既与当今世界仍普遍存在的民族、种族不平等有关,也与部分国家在处理国内民族关系的政策失误有关,但其在客观上很容易引发人民对"统一多民族国家内部各民族关系平等"的质疑,认为主体民族必然地会对少数民族实施某种"压迫"。在此语境下,西方人看待"西藏问题",不仅习惯性地将西藏视为独立的政治体,还将藏族视为中华民族共同体中受压迫的民族。他们对近乎黑暗中世纪的旧西藏农奴制度进行选择性回避,将十四世达赖喇嘛包装为一个诚实、仁慈、非暴力和为民族独立不懈抗争的"和平斗士"。而达赖喇嘛也非常注意迎合西方人的这种"西藏观",四处宣扬民族平等、信仰自由、宗教与科技和谐相处等西方语境下的"普适性"价值观。所以,当西方需要听到东方"进步"声音时,其言论自然会赢得西方社会的关注。

从法国大革命开始,民族国家观念在欧洲兴起并逐渐成为主导性的政治观念之一,它主张作为文化和血缘共同体的民族单位应该与作为"政治—领土"共同体的国家单位实现重合,其极端表述就是"一个民族,一个国家"。在民族国家观念的影响下,西方人很难理解包括藏族在内的中华民族"多元一体"形成过程和民族自治的治理模式。虽然西方在"西藏问题"上精神的、观念的殖民不会直接造成政治变革,但难免会给统一多民族国家维护国家统一、促进各民族发展上带来"麻烦"。

四、全球化视野下的"西藏观"

信息高速而广泛流通的全球化与此背景下的地方化是两个并行不悖的过程。进入新世纪以来,随着中国国际地位的提升,关于西藏的认知与评价在国内被推到国际传播的前沿,构成国家形象传播的重要支撑。不管以何种理由立论,西藏的历史、文化、经济、社会等方面的发展已经成为中国社会进步的醒目象征与标志。

改革开放后,面对"西藏问题"的国际化,我国接纳了一批西方学者进藏开展研究,以开放的态度组织翻译了一批西方藏学名著。梅尔文·戈尔斯坦、谭·戈伦夫、朱塞佩·图齐、石泰安、米歇尔·泰勒、大卫-妮尔等藏学名家一时间被中国学者所熟悉。这些藏学名家名著,既有对历史文献的梳理与解读,又有对西藏及其周边地区的一手调查,还有以解密档案和经典文本为基础的描绘、评论和想象。虽然部分藏学名著中可能有某些瑕疵、差错,甚至带有偏见,但总体上遵循了学术的基本规范,可供中国学者批判、借鉴、吸收。在对西方"西藏观"认识的基础上,中外学者以各种方式开展了一些对话与合作,也在一定程度上影响了一些有利于西藏现代化和适应全球化时代的政策的制定和实施。

鉴于"西藏问题"在国际传播中的重要地位,中国与西方围绕"西藏观"展开激烈的话语交锋。站在维护统一多民族国家的立场上,中国试图以"国—族"高度和谐一致的"西藏观"进入国际视野,并希望获得国际社会的认同。学者王昇虹等曾对以《世界报》为代表的德国主流媒体涉藏报道进行内容分析,《世界报》有关"西藏问题"的负面报道达到51.9%,正面报道只有1.9%,其他为中性和不可分类报道;来自中国媒体的信息源在德国媒体传播中的采纳率极低,仅有 2%。在大多数情况下,中国的"西藏观"只起到提供基本事实和数据的作用,而信息的解读权则被西方媒体全面掌控。一方面,这是因为西方"西藏观"的形成与演变历经数个世纪,其中的思维定式难以在短时间内改变,而利益驱使也是不容忽视的因素;另一方面,中国对西方"西藏观"的研究与利用还不够深入。在国际传播"西强东弱"的格局下,中国所提供的"西藏观"屡屡处于被动。

从近代以来西方探险家、传教士对西藏产生兴趣开始,西藏就被置于国际视野中,而近代以来发生在西藏的反侵略反殖民战争,更是加剧了"西藏问题"的国际化趋势。应该说,自"西藏问题"成为"问题"时,它就是国际化的且不以任何一方的单方面意志为转移的。在全球化时代,"西藏问题"更加难以地方化处理;而西方的"西藏观"也可以通过各种官方与非官方、正式与非正式渠道进入中国、进入西藏。当西方"西藏观"为西藏实现本民族利益、本地区发展提供某种借鉴意义,或当藏族、藏区借助西方"西藏观"来印证某种特殊性时,西方"西藏观"产生的某些影响力也就具有宏观层面的重要性。

中国特色社会主义迈入新时代以来,无论是"一带一路"倡议,还是构建人类命运共同体,中国随自身国力的增强势必处于更加开放的格局中,而西藏依然是这一格局下的热点话题。不从全球化、国际化的视角认识西方"西藏观",既可能负面影响中国外交政策和国内治藏政策的制定和实施;也可能在一定程度上强化了西方"西藏观"中的某些偏见,造成中国与西方在"西藏观"上的更大话语分歧。

就有利于了解和掌握西方"西藏观"的资料来看,中国学界自改革开放以来翻译的西方藏学名著颇为重要。笔者虽然并非专门从事西方藏学研究的,但也收藏了不少西方藏学译著。考虑到其中的不少著作出版年代久远,市场上难得一见;一些名著虽然多次再版,但"孤木难以成林",读者不容易形成对相关领域的系统认知,因而一直筹划能有一本关于西方藏学的导读性著作面世。

资料的编撰也是颇有价值的工作。笔者从目之所及的约 60 本西方藏学名著中,选取了 18 本具有代表性的著作重点介绍;一些重要的西方藏学家如朱塞佩·图齐、石泰安、伯戴克等,远不止一部著作在中国产生了广泛影响,但受篇幅所限只能详细介绍其中的一本,其他略带;收录的著作兼顾了不同的写作年代与藏学家的国籍,尽可能较为全面地反映出"西方"藏学研究的整体面貌;日本、德国、印度藏学家的研究也很出色,但翻译出版的著作有限,也就只能无奈地放在"其他"中简介。如果对这些收录的西方藏学名著和名家仔细分析,不难发现其研究领域覆盖了西藏的政治制度、对外关系、经济贸易、藏传佛教、民风习俗等多个方面;而西方各个时期认识西藏的渊源、形态和演变的复杂过程也能从中管窥。

西方藏学历史悠久,而藏学本身也极为博大精深,要用一本提要网罗西方几个世纪以来的藏学成果,显然具有相当难度。在写作过程中,笔者在由衷感叹藏学家们才华横溢的同时,也深知自身学力的不足。本书中难免有不少差错与失误,请读者原谅并批评指正。本书但求能抛砖引玉,为藏学领域的爱好者提供有价值的资料,同时打开一扇了解西方藏学的窗口。

第一部分

西藏的政治制度、社会变革、对外关系

喇嘛王国的覆灭

[美]梅尔文·戈尔斯坦　著

一、学术经历

梅尔文·戈尔斯坦(Melvyn C. Goldstein)1938 年出生于美国纽约市,是美国著名的人类学家和藏学家。他于 1959 年获密歇根大学历史学学士学位,1960 年以《僧兵研究》获密西根大学历史学硕士学位,1968 年以《西藏政治制度的人类学研究》获华盛顿大学人类学博士学位。随后他长期在俄亥俄州克利夫兰市的凯斯西部保留地大学任教和从事研究工作:1968 年至 1971 年任该校人类学助理教授,1971 年至1977 年任人类学副教授,1975 年至今担任该校人类学系教授兼系主任、西藏研究中心主任等学术职务。

戈尔斯坦从上世纪 60 年代中期起在印度、锡金等地考察,结识了西藏叛乱失败后流亡国外的原西藏地方政府噶伦索康·旺青格勒的外甥女索康曲珍,两人结为夫妻。戈尔斯坦不仅熟练地掌握了藏语文,还能方便地从西藏流亡集团等各种渠道了解西藏地方情况。可以说,戈尔斯坦取得的藏学成就与他有这样一位藏族妻子是密不可分的。他这一阶段的研究主要是在印度的流亡藏人聚集区和在美国的流亡藏人中进行的,对资料的整理和对海外藏人的采访,加上现代西方民族学与人类学方法的使用,使他的西藏研究具有强烈的现场感。如今,活跃在美国弗吉尼亚大学的藏学家戴维·吉玛诺(David Germano)也娶了一位藏族妻子,文化的交流与融合无疑为西方藏学家的研究铺平了道路。

　　戈尔斯坦之所以在西方藏学界中地位举足轻重,还因为他是中国改革开放后第一位得到官方允许进入西藏考察和研究的外国学者。这几乎是西方所有藏学家的渴望,也为其藏学研究获得了比较性的优势。1985 年 5 月,戈尔斯坦首次抵达拉萨,当时他的课题是为编撰《现代藏英词典》搜集现代拉萨藏语新词汇,同时也开始为《西藏现代史——喇嘛王国的覆灭》一书搜集资料。在拉萨城乡进行了 5 个月的调查后,1986 年 6 月,戈尔斯坦和美国体质人类学家辛迪娅·比尔(Cynthia M. Beall)合作,在西藏西部的昂仁县帕拉牧区的恰则区进行了为期 18 个月的田野调查。他们在气候严酷、高寒缺氧的西藏牧区生活了整整一年半,在此基础上完成了《西藏西部牧民——一种幸存的生活方式》。1988 年,由戈尔斯坦牵头,西藏社会科学院与凯斯西部保留地大学制订为期 10 年的合作研究计划。在这 10 年期间,他几乎每年都要到西藏进行为期数月的考察和研究。戈尔斯坦精通藏语文,对西藏的历史与现实的本来面目和中国在西藏实行的各项政策有较全面的了解。作为一名学者,戈尔斯坦不畏艰险、勤于笔耕、执着研究西藏的精神令人钦佩。

　　戈尔斯坦具有国外其他学者难以比拟的经常进入西藏进行实地调查的优越条件。他进藏次数之多、时间之长,调查之广泛、系统、深入,是同期任何一个外国学者都不及的,这也注定了他是西方藏学界最为"高产"的学者之一。随着他依据文献、档案和实地考察资料撰写的一系列著述不断出版、译介,戈尔斯坦在国内外学术界、政界声名鹊起,影响与日俱增,成为广为人知的"西藏通",英国广播公司誉之为"世界一流的西藏研究专家之一"。

　　在对戈尔斯坦藏学研究的评价上,在他之前,西方藏学或主要集中在西藏历史文化与宗教方面,或出于政治目的研究所谓的西藏人权问题。这些研究带有明显的政治色彩,达赖喇嘛和"西藏问题"都成为他们的热门话题。虽然戈尔斯坦的研究领域也集中在西藏研究中最为敏感的近现代和当代,但他以长期深入西藏实地调查的第一手材料和亲身感受为依据,对这一领域有着较为全面的了解,因而在这种反华逆流中独树一帜。正是由于戈尔斯坦的藏学研究较为客观和中立的态度,引起了达赖流亡集团的不满。早在上世纪 60 年代研究西藏的政治制度时，戈尔斯坦就因揭露西藏封建农奴制社会的阴暗面而冒犯了流亡集团。在对当代西藏的研究中，流亡集团和部分西方学者认为他与中共合作，为中共政策辩护，从不批评中国政府。

国内也有学者认为，戈尔斯坦研究中体现出的观点和政治倾向与当前在国际上颇为流行的对"西藏问题"认识相一致。"西藏问题"是一套"话语体系"，是十四世达赖集团在推行"西藏问题"国际化过程中构建出来的。在这套话语体系中，"西藏历史上是一个独立的国家"、西藏的和平解放是"中国入侵西藏"等等观点，是为十四世达赖集团的"藏独"分裂活动服务的。戈尔斯坦藏学研究中的这种立场，实际上是当前西方关于"西藏问题"研究的普遍倾向。因为有这样的观点存在，自戈尔斯坦所写的《喇嘛王国的覆灭》和记录的《西藏是我家》翻译进入国内后，至今仍无完整的著作翻译成中文版。

戈尔斯坦的藏学研究看似"两头不讨好"，也许与其不同研究阶段政治立场的变化有关，但这样的结果也恰好说明了其研究整体上不被政治所左右的精神。学界主流观点认为，他较为客观平实的论点和自成一家的见解是其取得突破性成就的关键。受美国学术文化传统和西方价值观的影响，他的研究在中国学者看来必然存在一些缺憾和谬误。例如，他没有掌握汉语文，不能利用汉文文献材料和口述材料；只注重把西藏作为一个民族个体来研究，而没有把西藏放在整个中国历史的发展中来看待。

总之，戈尔斯坦从事藏学研究半个世纪有余，出版了 10 余本专著和发表了近百篇论文，曾入选《美国当代作家名人录》，担任美中关系全国委员会委员，人类学国际联盟委员会委员，美国《中亚》杂志编委等。他在许多领域都有建树，获得的美国官方或民间资助项目达 42 项，便是对其学术成就的最好肯定。可以说，戈尔斯坦至今仍是西方藏学界难以逾越的一座高山。

二、代表著作

《喇嘛王国的覆灭》评议①

《喇嘛王国的覆灭》一书对西藏1913年至1951年近40年的历史作了全景式的描述,全书21章,洋洋洒洒70余万字,照片插页61幅,地图11幅。举凡这一历史时期西藏发生的重大历史事件、重要的历史人物等,该书均有所涉及,篇幅之大,内容之丰,是国内外诸多西藏近代史著作难以企及的。美国学者迈克·胡特(Michael Hutt)对该书推崇备至:"如果你一生中仅仅愿意读一本关于西藏的书,那么,你就读读戈尔斯坦的这本书吧!"

戈尔斯坦治学作风踏实、严谨,《喇嘛王国的覆灭》的写作过程中,他十分注重对西藏研究第一手材料的发掘。他在前言中写道:"我广泛地走访了原西藏地方政府的官员、寺院喇嘛僧人、士兵和商人等,其中包括1959年逃离西藏、现在定居于印度及西方国家的有关人士和现在仍然住在西藏的有关人员。这些调查访问为我们研究西藏历史发展的内在动力和了解西藏的历史事件打开了一扇明亮的窗口……本书的参考资料附录列出了这些受访者的名单和采访的地点。"总体来看,该书主要搜集了四类很有说服性的材料:一是口头访问以及与原西藏地方政府官员和其他与历史事件有着特殊关系的人的谈论;二是原西藏、印度和中国中央政府官员的原始记录(主要是藏文和英文);三是英印政府、英国及美国大量的外交和政治档案;四是报刊、书籍和论文,包括原始的政治材料。

大量的原西藏地方政府官员的回忆录及原始档案,以及英国政府、英属印度政府以及美国政府的有关档案,是国内学者难以接触到的。尤其是该书第21章首次公开披露了不少西藏和平解放前后美国政府插手中国西藏事务的档案,如美国政府通过其驻印大使与西藏地方政府代表秘密往来,私相勾结,策划十四世达赖喇嘛外逃等资料,具有很

---

① 参考[美]梅·戈尔斯坦:《喇嘛王国的覆灭》,杜永彬译,北京:中国藏学出版社,2005年。

高的史料价值。著名藏学家王尧教授说:"最富于刺激性的莫过于英国和美国以及英国统治下的印度政府的外交、政治档案了。这是戈尔斯坦教授的书中最为得意的部分,他花大力气得以公布这些档案,把上述政府对西藏问题的隐私公之于众,是用以表明自己的写作态度是不偏不倚而中立、公正的。"

戈尔斯坦本人在《喇嘛王国的覆灭》的前言中声称:"本书所持的观点是,既不亲藏,也不亲汉,即既不倾向于达赖喇嘛的流亡政府,亦不站在中华人民共和国中央政府一边,而是试图阐明一个重要的历史事实:即到 1951 年,一个独立的喇嘛王国事实上已经衰亡。"对于喇嘛王国覆灭的原因,戈尔斯坦认为:内因是政教合一的社会制度和政治上强烈保守,严重地阻碍了西藏的变革与现代化进程,以及西藏统治集团的内讧,这是导致喇嘛王国灭亡的主要原因;外因是英、印、美等列强没有真心向西藏当局提供有效的外交和军事援助,而只是把西藏视为一个对华外交的工具。他对近现代西藏的分析和阐述,不仅深化了对西藏封建农奴制社会和政教合一制度的认识,还揭示出围绕"西藏问题"上的复杂国际形势,西藏只是英美用以反华的棋子,不可能向西藏提供真正的援助。

人文社会类学科,要做到完全的客观、中立几乎不可能,更何况是在复杂的西藏近代史上。《喇嘛王国的覆灭》中的一些观点与表述也引起了争议。例如,文中多次出现 1951 年 10 月以前西藏是一个"事实上独立的喇嘛王国"、对于人民解放军进驻西藏说成是"中共武装侵略西藏"等,字里行间流露出鲜明的爱憎好恶和政治倾向。还有部分学者认为,戈尔斯坦是因宗教势力顽固、保守而导致西藏独立地位的丧失而对其强烈不满,是恨铁不成钢,是哀其不幸,怒其不争。对于始终不承认历史上西藏是中国的一部分,并以此为依据力图将西藏从中国分裂出去的十四世达赖集团来说,戈尔斯坦这样做,实际上是"小骂大帮忙",归根结底,仍是为"西藏独立论"张目。

阅读《喇嘛王国的覆灭》时读者不妨树立两个原则:一方面,不能完全以国内的立场评价外国学者的研究。任何研究都离不开学者所处的环境,在西方看待西藏的许多问题上,戈尔斯坦受西方文化教育,历史观、文化及心理观必然沿袭了大部分西方学者的观点,不能要求他完全超然于其所处的环境而与中国学者的价值取向相一致。另一方面,不能以今天对西藏近代史的认识来要求《喇嘛王国的覆灭》写作时对这一问题的认识,当时无论国内还是国外,都缺乏一本言之成理且学风严谨的专著揭示西藏由近代走向现代的原因。《喇嘛王国的覆灭》基本做到了用材料说话,还历史的本来面目,平心静气,以理服人,较好地把握了治学中的政治和学术的分寸。

正如藏学家王尧在汉译本序言中说:对于喇嘛王国覆灭原因的揭示,是不容争辩的事实,是戈尔斯坦教授据长期追踪调查研究的第一手资料所得出的结论,得来并不容易,"他的书,绝对不是那种鹦鹉学舌、东拼西凑、抄袭他人据为己有、盗名窃誉、欺蒙学界的骗子所能望其项背的。"作者对喇嘛王国覆灭的原因的揭示,对西藏现代宗教和社会的考察和研究,以及他的治学精神等,对治理藏区、处理西藏事务和解决"西藏问题",都具有借鉴意义和参考价值。

《喇嘛王国的覆灭》获得了美国亚洲学会颁发的约瑟夫·列文森奖的提名,并顺理成章地成为国内外藏学界公认的"名篇佳作"。《喇嘛王国的覆灭》中译本于1994年首次面世,便引起了中国学术界、政界以及关心西藏问题的普通读者的广泛关注。该书中译本多次印刷,累计出版数万册,并曾两次登上全国畅销书排行榜,后来又成为"常销书"。这在国内学术著作普遍出版难、销售难的今天是颇为少见的,有人称之为"喇嘛王国现象"。该书译者杜永彬在反思"喇嘛王国现象"时认为,该书的"意外"走红在藏学界和整个学术界都是一个非常奇特的现象,从中折射出人们对西藏的认识和对"西藏问题"的态度。这促使人们应该冷静地看待"西藏问题"——不必过于神秘,更不必过于敏感。有争议的外国学者的著作能公开出版,表明社会主义中国的大国风范以及文化的繁荣和学术文化气氛的宽松。

三、其他研究

《喇嘛王国的覆灭》奠定了戈尔斯坦在西方藏学界的地位,但他并未就此停下探索的脚步。《龙与雪狮：二十世纪的西藏问题》《西藏西部的牧民》《中国改革政策对西藏牧区的影响》《中国在西藏自治区的生育控制政策》等研究在国内外都具有开拓性和创新性，也进一步奠定了他在西方藏学界的权威。

（一）封建农奴制度

在揭示旧西藏封建农奴制落后、腐朽的过程中，戈尔斯坦关注到了不平等的社会等级制度。《农奴及其流动性——对西藏传统社会中"人役税"制度的考察》①一文中，他结合文献资料与实地考察，认为领主与农奴的世袭关系是通过庄园土地而体现出来。"农奴隶属于一个庄园，也就被束缚于该庄园。他们没有转移的自由。他们不能合法地和单方面地离开庄园土地以及摈弃他们世袭的对领主的义务。如果一个农奴企图永远逃离他的庄园，领主有权追捕、强迫他返回并惩罚他。"

农奴同样拥有一定权利，例如拥有一定土地、牲畜等基本谋生条件，且差税义务和土地使用权一般记录在每个庄园的文件上，并不随着领主的意愿或需要而变动。但是，领主往往利用自己优越的地位和财力，超越已经很广泛的权力范围。戈尔斯坦试图分析农奴们可能的反抗与出路：农奴能够单方面地将他的冤情上诉西藏地方政府请求判决，但很少能获得公正的判决；农奴可以出家当僧人以逃避农奴制对他们的束缚，但不能永远改变他们农奴的身份和地位；农奴在极端情况下可以出逃，但付出的代价是可能被追捕，与家人断绝关系，领主可能找他的家人和亲戚以发泄愤怒等。

因此，领主和农奴之间地位的变动事实上不可能。但西藏的农奴分为差巴和堆穷两大类，各种层次的农奴之间显然是可以变化的。堆穷在威信、权利、基本经济财产上优越于差巴，这为农奴提供了一个主要的流动渠道。领主和农奴之间具有一种"默契"——农奴在遇到争端和困难时，可以求助于领主做靠山；领主可以拥有丰富的劳动力，继续

---

① 参考［美］戈尔斯坦：《农奴及其流动性——对西藏传统社会中"人役税"制度的考察》，陈乃文译，柳升祺校订。选自王尧主编：《国外藏学研究译文集·第七辑》，拉萨：西藏人民出版社，1990 年。

坐收其利。

戈尔斯坦试图得出的结论是,西藏的社会制度和阶层具有僵硬与灵活两方面的待点。一方面,除为数极少的贵族阶层外,几乎所有藏族人都是农奴,他们通过庄园世世代代地与领主联结在一起;另一方面,不同类型的农奴附属阶层之间存在着一定程度的流动性,给整个组织带来了灵活的气息。这些研究为理解传统的藏族社会制度提供了帮助。

（二）当代"西藏问题"

20 世纪 80 年代中期以来,随着国际环境的变化,以十四世达赖喇嘛为首的西藏流亡集团在西方社会的影响与地位大大增加。"西藏问题"成为西方藏学研究的重要命题。在《龙与雪狮:二十世纪的西藏问题》①一文中,戈尔斯坦回顾了西藏问题的历史演变,着重探索了1980 年代以来达赖喇嘛在国际上的活动及其影响,结论部分指出了达赖喇嘛的困境,并提出了一条所谓的"中间道路"。

十四世达赖喇嘛于 1989 年接受诺贝尔和平奖,他的获奖演说在谈及中国在西藏的改革政策时,大讲阴暗面,声称在西藏存在可怕的体制性的对人权侵犯。然而,中国政府在 1980 年代后对西藏进行了大刀阔斧的改革。牧民的经济生活很快还原到传统的生产、经营家庭体系,再加上税收政策的优惠,人们的生活普遍好转。这两种越来越截然不同的观点激发了戈尔斯坦的研究兴趣,他试图给读者提供两种选择:既描述改革所取得的成绩,又对今天西藏形势的复杂的历史渊源加以阐述,"这种探讨很可能激怒达兰萨拉和北京的一些人。我希望他们接受这种观点,把它看作是一个美国人对这一迅速变化而复杂的问题所作的平衡两方面的探讨。"

戈尔斯坦认为,目前的形势表明几年前流亡分子发动的政治攻势取得了策略上的成功。西藏的人权事业在西方受到欢迎,十四世达赖喇嘛被授予诺贝尔和平奖,美国国会采取了亲藏政策,通过立法向西藏

---

① 参考[美]梅尔文·C.戈尔斯坦:《龙与雪狮:二十世纪的西藏问题》,张植荣、肖蓉译。选自张植荣主编:《国外藏学研究译文集·第十辑》,拉萨:西藏人民出版社,1993 年。

流亡政府提供资助,开播美国之音的藏语节目,在与中国政府打交道时考虑西藏因素。这一切的基础在于西方几乎完全接受流亡分子关于西藏现代历史和当前局势的文化和政治结构设想。然而,这是否意味着十四世达赖喇嘛和西藏流亡政府真正取得了胜利?戈尔斯坦指出,中国政府坚决认为西藏是中国完整的一部分,"北京的变化不大可能按照流亡藏人所希望的那样对西藏问题发生重大影响。"

十四世达赖喇嘛及其流亡集团面临着前所未有的困境:一是流亡集团严重的地区矛盾与内讧,不同的派别可能激化冲突或者加剧已经存在的地区间和宗教派别间的敌意,以人权问题的发难只是将矛盾压制下来的缓兵之计;二是对中国的"妖魔化"宣传恶化了与中国中央政府改善关系的可能;三是随着"冷战"时代的结束,西藏的事态朝着有利于中国中央政府的方向发展,使得达兰萨拉和流亡藏人在美国的对华战略中显得不再那么重要;四是十四世达赖喇嘛的年龄也是不容忽视的问题,随着年龄的增大,他对西藏流亡政府的控制势必减弱,与中国政府谈判解决"西藏问题"的难度也随之增大。

戈尔斯坦分析了"西藏问题"产生的根源,从中国、西藏流亡政府和美国的不同政治策略探索"西藏问题"的解决前景。他在书中提供了解决西藏问题的一条"中间道路":达兰萨拉与其西方支持者要求西藏独立,而中国政府主张西藏是中国不可分割的一部分,这种论争是一种不是黑就是白的争斗,事实上在黑白之间还有一大片灰色地带。作为一个理想主义者,戈尔斯坦钟情"民族自治方案",希望在西藏建立一种制度,即回到传统的自治地位与现代生活相结合的生活状态。此种方案更多地强调了民族或种族的特性,而忽视了包括藏民族在内的中华民族"多元一体"格局,并与中国在西藏的现实政策相距甚远,因而是一个好心但不切实际的方案。

(三)人类学研究

西方社会一向对喜马拉雅山区居民的适应策略怀有极大兴趣。戈尔斯坦是人类学出身的学者,从人类学专业角度研究这些问题驾轻就熟。

1983年,戈尔斯坦与另外两名人类学家帕杰·查隆(Paljor

Tsarong)、辛迪娅·比尔撰写了论文《高海拔地区缺氧、文化和人类生育力或生殖能力的比较研究》①,文章试图说明在喜马拉雅山脉以及阿尔卑斯山脉这样的高海拔地区,缺氧不会抑制人类的生殖能力。他们提供的主要依据有两条:一是不同意并质疑有关喜马拉雅山区族群研究的结果;二是对生活在喜马拉雅山脉和阿尔卑斯山脉等高海拔地区的居民,与生活在其他低海拔地区居民的整个现有生育率之间的比较。此文在《美国人类学家》发表后,引起了西方人类学家的广泛讨论。

英国学者安德鲁·埃贝尔森(Andrew Abelson)认为,该文章较多地选取了对他们的论据有利的喜马拉雅人的资料,较少地选取了用来对比的其他高海拔或低海拔族群的资料。有很多低海拔地区的族群存在着生育率降低的倾向,需要相应的比较。学者查理斯·霍夫(Charles Hoff)以曾经做过田野调查的秘鲁安第斯山区的鲁脑村为例,对戈尔斯坦等人的研究中"关于缺氧引起安第斯山区土著生育力下降"的观点进行回应。他认为戈尔斯坦等人的论断没有参考早期关于安第斯山区的研究成果,且"生育力下降"则是指观察到当高海拔地区的居民迁移到低海拔地区以后,他们的生育间隔有缩短的趋向,其中一些人的整体生育力要高于依然住在高地上的那些居民。文章指出没有证据表明安第斯山区本地妇女的生育力受高海拔的缺氧条件所抑制,戈尔斯坦等人的观点有断章取义之嫌。应该说,藏学界围绕一个问题引起讨论、回应的现象并不多见,高海拔地区生育力的研究涉及到了历史与现实的多点比较,对研究藏族人种特征极具参考价值。

存在于藏族社会中的一妻多夫制度也是人类学家的兴趣所在。在《巴哈里与西藏的一妻多夫制度新探》②一文中,戈尔斯坦揭示了印度巴哈里和西藏两种社会中决定婚姻形态与家庭形态的基本原则,展示

---

① 参考[英]安德鲁·埃贝尔森《近同戈尔斯坦、查隆和比尔商榷》,青海民族研究,2009年第3期。[美]梅尔文·C.戈尔斯坦:《就埃贝尔森对戈尔斯坦、查隆比尔批评的回应》,青海民族研究,2009年第3期。[英]查理斯·霍夫:《生活在安第斯山区的土著是否明显地存在因缺氧而造成的生育力下降的问题——对戈尔斯坦、查隆和比尔的回应》,青海民族研究,2009年第3期。
② 参考[美]梅尔文·C.戈尔斯坦:《巴哈里与西藏的一妻多夫制度新探》,何国强译,西藏研究,2003年第2期。

了一妻多夫制的优势、弊端和实行条件，提出西藏的一妻多夫制本质上不是对自然生存条件的适应，而是对生产力和经济水平导致的社会结果的适应。

戈尔斯坦认为，"西藏的兄弟型一妻多夫制的原始样式犹如长子继承权那样，是亲属保持财产策略的一种工具或者功能性类似物，作为还没有被人们自觉理解和意识到的一种风俗，这种婚姻制度的运作将减少或者排除频繁地分割家产的行为，同时也降低了西藏和巴哈里社会的人口生育率水平。"文章最后得出西藏和巴哈里案例的方法论意义，即不但要审视不同环境中的兄弟型一妻多夫制的不同功能，而且要审视一妻多夫制度和非一妻多夫制度共同享有的原因和功能，即审视它们的相同点。

上世纪 80 年代，西方社会对中国在西藏的生育问题道听途说。美国部分出版物攻击："那些强制性堕胎、绝育和溺婴是中国在西藏生育控制政策的一部分""西藏那些违反规章而怀孕的妇女必须堕胎或绝育，不然就面临着严峻的社会和经济制裁"等。戈尔斯坦和辛迪娅·比尔于 1985 年至 1988 年之间结伴赴西藏各地考察西藏牧区生活及计划生育问题，并写出了《中国在西藏自治区的生育控制政策：是谎言还是事实》①一文。

文章用实地调查的结果指出，"计划生育在西藏是一个敏感的政治问题，中国显然不决定推行这项政策以疏远占压倒性优势的藏人。作为结论，我们没有发现在我们所考察的牧区和农区如别人所宣称的那种人口生育的限制。无论是在帕拉还是在阿里，都不存在流动性绝育队、强制性的堕胎和溺婴。"文章还预测西藏的人口将在上世纪末增加至 50 万人以上，而之所以西方社会有关于计划生育政策的误传，"是围绕着流亡藏人及其支持者反汉斗争的高度情绪化的气氛的表现，体现出了政治感情是多么容易误传客观事实。"

---

① 参考[美]梅尔文·C.戈尔斯坦：《中国在西藏自治区的生育控制政策：是谎言还是事实》，张植荣、李扬凡译，选自张植荣主编：《国外藏学研究译文集·第十辑》，拉萨：西藏人民出版社，1993 年。

现代西藏的诞生

[加拿大]谭·戈伦夫　著

一、学术经历

谭·戈伦夫（A. Tomasz Grunfeld）是著名的加拿大汉学家。他1972年获得纽约州立大学学士学位，1973年在伦敦大学东方和非洲研究学院获得中国历史方向的硕士学位，1985年获得纽约大学的现代中国历史博士学位，现任纽约州立大学帝州学院教授。他曾在亚洲多个国家生活和旅行，写过许多专著、文章、评论和学术报告。其中，《现代西藏的诞生》和三篇著名的论文《世界屋脊》《为西藏而斗争：利用宣传与公共关系发动政治攻势》《中国寻求少数民族和汉族之间的平等关系》于上世纪90年代被译成中文。除了对西藏的研究之外，他对缅甸、越南等东亚国家亦有所研究，还在美国的外交关系和媒体研究中教授学生。

《现代西藏的诞生》是谭·戈伦夫的代表作，这与他早年的学术经历密不可分。谭·戈伦夫早年参加过美国左翼学生运动，同时又受到埃德加·斯诺（Edgar Snow）先生的著作和六七十年代西方左翼激进思潮的影响，使其立场观点与绝大部分西方学者迥异。《现代西藏的诞生》因较为客观地论述了西藏近现代史，遭到不少美国学者和记者"围攻"。正因为在学界引起了广泛争议，这部著作自问世近30年以来一直保持了较高的热度，以至于经常被引用在新闻报道、官方报告中。

在2013年国务院新闻办公室发布的《西藏的发展与进步》中，以大幅段落引述了谭·戈伦夫关于西藏封建农奴社会的研究："过去统治西藏的是一种异乎寻常的封建的神权政治……封建庄园主则垄断了处理所有地方事务的权力""绝大多数西藏人都是农奴""农奴被'拴在'他们主人的手中……他们毫无权利，即使要走进寺院，要结婚，也要征得主人的同意。如果分属于不同领主的两个农奴结了婚，所生男孩要归父亲的领主；如果是女孩，要归母亲的领主。要想离开庄园，哪怕是一小会儿，也要得到领主许可才行。如果想出门远行，朝拜寺庙或想做一点小买卖，都需要得到领主的同意""在西藏历史上，变换阶级成分的可能性很小。对大多数农奴来说，他们不得不接受出生时的农奴地位""没有证据证明西藏是一个乌托邦理想的世外桃源"。

　　这些论述也引起了西方媒体和学界的关注。例如，英国广播公司（BBC）在起底达赖集团及其支持者关于旧西藏的"香格里拉"想象时，引用《现代西藏的诞生》中的描述："除税收外，贵族还向农奴勒索钱财。他们滥用特权，对大多数人的疾苦漠不关心，甚至在拉萨以外地区停留时，还要找'临时老婆'。"近年来，由卢森堡籍学者阿尔贝特·艾廷格（Albert Ettinger）撰写的《自由西藏？——还原喇嘛教统治下的国家、社会和意识形态》和《围绕西藏的斗争——国际冲突的历史、背景和前景》两部研究性著作中，以谭·戈伦夫的研究为依据，指出了有关畅销书与好莱坞电影让人们对旧西藏有虚假浪漫的印象，以及美国以"软实力"控制"西藏流亡政府"的谎言网络等，从中足见谭·戈伦夫与《现代西藏的诞生》在西方社会中的影响力。

　　当然，谭·戈伦夫成长过程受的是西方教育，加上他能够获得的一手资料相对有限，因而他对西藏历史、政治、文化和中国在西藏政策方面的观点，也未必能被国内学者和官员接受。例如，他在有的研究中说"中国是西藏的'保护者'""清末和民国政府承认在西藏只拥有'宗主权'"等。在中国对西藏的发展政策和中国在"西藏问题"上的对外宣传方式上，谭·戈伦夫甚至给予了较尖锐的批评。他认为，中央对西藏的政策应当因地制宜、因俗而治，应扩大藏族在涉及本民族的中央政策中的发言权，尤其是文化教育政策的发言权。有些政策虽然对西藏地区经济和社会发展确有好处，但是如果是中央通过强制手段推行的，就有使得藏族同胞在感情上疏远国家的危险。

　　1992 年 4 月，在台湾政治大学举办的"西藏与中原关系国际学术讨论会"上,谭·戈伦夫提交了论文《为西藏而斗争:利用宣传与公共关系发动政治攻势》。文章介绍了所谓"西藏问题"的由来及其演变过程,并从公共关系学的角度认为,在广告、宣传和公共关系学进入世界舞台后,培植利益集团、开展宣传攻势已是服务于政治目的的良好工具。十四世达赖集团对于观点加以市场化运营,更加贴进西方群众的欣赏偏好,这或许是中国对外宣传工作中可以借鉴的。2000 年 4 月,谭·戈伦夫发表了题为《重估对藏政策》的论文。同年 8 月,他在加拿大魁北克举行的一次学术会议上提交了题为《西藏与美国》的论文,补充了在《现代西藏的诞生》一书中未涉及到的 20 世纪 70 年代至 90 年代美国插手"西藏问题"的历史。谭·戈伦夫一生多次访问中国。2005 年 4 月在北京大学访问期间,他参观了埃德加·斯诺先生的墓地,并与中国学者展开了学术交流。

由于各种原因,国内学界对于谭·戈伦夫的西藏研究缺乏跟踪式的观察和推进。《现代西藏的诞生》仅发行过一版,他的很多成果也未能持续与中国学者见面,导致了《现代西藏的诞生》和作者本人远远不及《喇嘛王国的覆灭》和梅尔文·戈尔斯坦在国内藏学界的知名度。目前谭·戈伦夫担任 BBC 电视台的顾问,时常就"西藏问题"接受各类采访;他同时还是国际藏学学会(IATS)的成员,积极参与该学会组织的学术会议。

总之,谭·戈伦夫是一位工作扎实、学风严谨,坚持从实际出发,不断探索"西藏问题"的学者。与其他西方藏学家相比,他对新中国在西藏的社会改革和社会主义建设成就方面作出了很高的评价。他的著作和论文加深了西方乃至全世界关心西藏的人对西藏的认识,澄清了以往西方的西藏研究中许多事实,驳斥了一些没有根据的观点。

二、代表著作

《现代西藏的诞生》评议①

长期以来,藏学界的研究总体倾向于对西藏古代和中世纪的历史

---

① 参考[加]谭·戈伦夫:《现代西藏的诞生》,伍昆明、王宝玉译,北京:中国藏学出版社,1990 年。

以及文化、宗教、语言等方面的研究,对近现代西藏的政治和历史研究者不多;而在少数揭示西藏现代政治和历史的著作中,能够较为客观地反映西藏现代政治和经济发展变化的著作则更少。这样就无形中助长了详古略今、厚古薄今的学术研究的风气。比起用大量篇幅历数西藏的历史,反映当代西藏问题的研究更为重要,因为很多事件和争论就发生在不久之前,且对当下产生着重要影响,亟需学理化的认识。谭·戈伦夫的《现代西藏的诞生》正是这样一部藏学界的"清流"。

从全书的框架来看,前四章论述了1951年之前的西藏。谭·戈伦夫认为,旧西藏"绝对不是什么世外桃源,也不是人间地狱",但从字里行间中展示了一个封闭落后、等级森严、毫无活力、严刑峻法、民不聊生的旧西藏。这无疑有利于破除西方社会的"香格里拉"想象;而国内学界、新闻界如果要引用某位西方藏学家对于旧西藏的研究的话,谭·戈伦夫无疑是最佳人选之一。

但这还不是《现代西藏的诞生》的最大价值所在,这本书中近三分之二的篇幅放在了现代西藏问题上。正如"在叙述发生于五十年代的西藏事件时,如果不考察第三方——特别是台湾的国民党政权、印度政府和美国中央情报局——在这场争端中所扮演的角色,那么,这种叙述不可能是完整的。"谭·戈伦夫详细介绍了1959年十四世达赖喇嘛外逃事件及事后的影响,美国中央情报局秘密支持少数藏人在中国藏族地区武装扰乱,文化大革命期间西藏地方的混乱状况,流落在国外的藏胞的人数、定居经过、生活情况,以及改革开放以来中央给予西藏种种优待、巨额补助和美、印、苏等国对十四世达赖喇嘛派人回国探视的态度等,对于搜集国外资料尚且不够灵通的国内学界来说显得弥足珍贵。

谭·戈伦夫重点揭露了上世纪50年代到70年代美国中央情报局人员插手西藏事务,从而干涉中国内政的经过。早在第二次世界大战期间,美国战略情报总署派遣依·托尔斯太(Hia Tolstoy)、杜兰(Dolan)赴藏搜集修路资料,实际上广泛搜集西藏政治社会各方面的情报。从1957年起,中央情报局就在招募、训练和装备反共的西藏难民,并把他们偷偷空运到西藏,妄图发动游击战争。从1958年10月到1959年2月,中央情报局空投了10吨武器。在十四世达赖喇嘛出逃的过程中,中央情报局也派遣人员提供电台和电影摄像机、指引方向、空投食品等。十四世达赖喇嘛成功出逃后,中央情报局继续在泰国训练叛乱分子,以尼泊尔为基地袭击在西藏的中国驻军。美国在科罗拉多州秘密设立了一个训练藏人中心,1958 年至 1964 年间多次空投人员进入中国四川、青海藏区破坏公路、袭击中国运输车队等。进入上世纪 70 年代后,因中央情报局财力紧张,加上干预别国内政过多,精力分散,以及中美关系改善等,这一类活动才逐渐停止。

《现代西藏的诞生》总结了中央情报局的行动规律:先寻找一些反抗分子、分裂主义分子,然后做工作,让他们组织起来;自己则操纵控制这些组织,最后达到指令他们为中央情报局的利益而活动,并不管原来的宗旨目的为何。"对于这些行动,如果孤立起来看,都没有任何实际意义——历史已经证明了这一点,但由于它们都汇集在其他严重的世界问题之中,从这许多事件的综合中则可以清楚地看出来这是美国(其次是英国)想给中国政府制造'不稳定'的一种危险阴谋。"当时西方社会普遍认为,发生在上世纪 50 年代和 60 年代的反抗事件都是藏族人自发的,具有某种正义性。《现代西藏的诞生》则戳破了这些自欺欺人的谎言,揭露了所谓的"反抗"大都是在美国操纵下有组织、有预谋的行动。

谭·戈伦夫进一步指出,没有任何一个国家对中国在西藏的主权提出疑问,没有任何一个国家正式承认十四世达赖喇嘛所谓的"流亡政府"。"西藏'独立'问题……在很大程度上成为如何解释什么才是构成政治上独立的主权国家的问题。从理论上,联合国承认的国家的四个标准是:一个永久性的人口,一个划定了的领土,一个政府,以及同其他国家建立关系的能力。但是,加拿大的魁北克省也达到了这些要求;美国任何一个州也达到了要求。"因此,西藏显然不是政治上独立的主权国家,所谓"西藏独立"是在 20 世纪初由少数具有分裂倾向的西藏上层提出,至今还喧腾于国外某些人士口中的问题,追本溯源是帝国主义侵略中国的结果。

《现代西藏的诞生》资料丰富、证据确凿。谭·戈伦夫广泛搜集并比较研究了大量的材料,除了英、美、印度、西德出版的书刊报纸和统计数字以外,特意注意积累中国现代的报纸、广播。他还到英国、加拿大和美国的有关都门和档案机构,搜集和查证了大量文献、电稿和其他档案文书,数量之多,令人惊异。为研究中央情报局在西藏的阴谋,他在美国国家档案局、美国国防部、美国前战略情报总署、美国中央情报局图书馆搜集了大量以往视为机密且从未公开的重要材料;他还采访了十四世达赖喇嘛、夏格巴、黎吉生以及美国中央情报局对西藏秘密行动小组成员等,从而获得了很多第一手资料。这些材料如以中国学者的身份去收集,肯定是费时而无功的。

写作《现代西藏的诞生》时,谭·戈伦夫十分注重该书的观点和立场。他在导言中写道:“在西藏研究处于高度敏感的情况下,甚至选择某些名词术语也被当作一项政治声明。”随后解释说,书中交替使用了“藏人”“汉人”和“中国人”等概念,纯粹是文体和风格上的原因,不是政治意义上的区分,并不表示赞同某一方。谭·戈伦夫还将争论问题的各方观点和论据摆出来,再加上他自己的评论,让读者判定是非真伪。正如他自己所说,他这部书是“以不偏不倚的立场、平心静气的态度写成的历史”,并且“不受任何一方政治的、宗教的、经济的或感情的左右”。虽然书中不可避免地存在一些缺陷,如对作为现代西藏诞生主要推动力的中国政府的文献使用相对有限,在历代中央政府与西藏地方关系的论述上有欠妥之处,但通读全书后不难发现作者的态度总体是客观的、求实的、谨慎的,论断基本上是符合事实的、正确的。

藏学在国际上虽已成为显学,但在现代西藏领域的研究中,有的囿于资料不足而常常叙述失实;有的由于感情影响而评论往往失之偏颇;更有甚者以十四世达赖集团和西藏“流亡政府”的立场随波逐流。凡此种种,影响甚大,致使西方世界多对西藏半个多世纪以来的历史,是非难分,真伪莫辨。《现代西藏的诞生》问世后,以其客观公道、资料丰富、文直事核而博得国内外学者的好评。《内陆亚洲》杂志编辑拉里·哲根(Larry Jagan)评价这部书是“对西藏最近历史善意论述的一类书籍中最权威的书……而且细节写得极好,分析亦很透彻,这些都使该书成为真正令人难以忘怀的著作”。国内著名藏学家柳升祺说他读到“谭·戈伦夫博士的《现代西藏的诞生》,确乎是件快事”。为该书中译版写下代

序的藏学家邓锐龄评价道："目前作者所作出的不少概述和评述，足可
以使耳闻目睹近半个世纪现实的中国学者为之首肯。"

三、其他研究

谭·戈伦夫的学术生涯中，一直围绕着西藏的国际政治和现代化
进程展开研究。他此后的研究《世界屋脊》《为西藏而斗争：利用宣传与
公共关系发动政治攻势》和《中国寻求少数民族和汉族之间的平等关
系》延续了《现代西藏的诞生》中论证充分、针砭时弊的风格，可以视为
《现代西藏的诞生》的拓展和论据补充。

（一）西藏主权问题

在《世界屋脊》①一文中，谭·戈伦夫提出问题：现在西藏是中华人
民共和国的一部分，旧的封建制度和宗教制度不能恢复，为什么人们对
西藏的主权问题如此感兴趣呢？答案就是西藏位于中华人民共和国、
印度共和国和苏维埃社会主义共和国联盟的交界处，是一个具有高度
战略意义和潜在爆发性的地区，再加上近现代以来英国对西藏的入侵
和美国对西藏事务的插手，使国际社会对西藏主权问题的争论愈演
愈烈。

谭·戈伦夫在不止一处的研究中认为，西藏在历史和现实中都是
中国的一部分，西藏主权问题只是美国、英国、印度等国家为分裂中国
制造的阴谋。在西方社会中，这样的论断势必会与其他学者展开争论，
谭·戈伦夫以对西藏近现代史大量的资料占有和分析研究，对西方社
会广为流传的《一个四十岁的傻瓜》《西藏的秘密战争》和《西藏的红星》
三部著作进行了批判。他认为，虽然目前研究西藏主权的人有相当部
分比较业余，但也不能把这些论著简单当作反共宣传看待，必须认真予
以回应。

谭·戈伦夫认为，这些著作的最大问题在于采用过分简单的、极端

---

① 参考［加］A.汤姆·格兰菲尔德：《世界屋脊》，何桂金译，选自张植荣主编：《国外藏学研究
译文集·第十辑》，拉萨：西藏人民出版社，1993 年。

的政治观点来描述汉藏关系，还把西藏不切实际地刻板化，使人们产生"藏族总是高高兴兴，笑容满面，无忧无虑，不受社会和政治形势影响，政治上希望别人不干扰他们而平静地生活"的印象。同时，既然这些著作的一个共同目的在于指出中国政府的错误和过度行为，作者都避免深入描写 1950 年之前西藏社会的性质，忽视西藏严酷的刑罚、大多数农奴的境遇以及藏传佛教思想的阶级性等问题。造成这种现象的原因是，一方面西方社会很少有学者严肃地研究过西藏的历史和政治，相关的出版物也凤毛麟角，作者在写作这些书时难免受到意识形态宣传的影响；另一方面，虽然一些书以作者或作者的相识的亲身经历为基础，但在西藏主权这个宏大的问题上，个体经验不能作为西藏历史、现实问题的立论依据。

在西藏主权问题上，谭·戈伦夫认为："双方都能轻易找出历史事例来证明自己的观点，西藏主权问题在很大程度上成了一个解释历史事例的问题。这主要决定于人们认为什么才能构成一个政治上独立的国家。"目前的情况是，中国政府的看法和他们对历史记载的解释是站得住脚的，也没有任何一个国家正式承认达赖喇嘛的所谓"流亡政府"。他还提醒人们应该看到，西藏的主权问题是在上世纪 40 年代末期中国共产党势必成为内战的胜利者时提出来的，在此之前西方国家从没有对中央政府与西藏地方的关系公开表示怀疑。

由西藏主权问题而引发出来的西方社会对中国西藏政策的指责不断，主要是"汉族沙文主义"，但很多事实都是道听途说，观点也带有偏激。谭·戈伦夫认为，西藏是全中国最落后的地区之一，中国政府在西藏实现政治和社会改革势必要付出最大努力，是一个长期而艰难的过程。要扭转西方社会对西藏的种种误解，就有必要让世界了解当前西藏社会的历史、政治、社会、经济和文化方面的基本情况。他希望能够在这些领域开展学术交流，有更多的西方学者能够访问西藏，从而比以往任何时候都更接近西藏的实际。

（二）西藏问题"国际化"

1959 年 3 月，西藏上层势力武装叛乱失败后，十四世达赖喇嘛和五、六万追随者逃亡印度、尼泊尔、不丹、锡金。他们在印度的西北部达兰萨拉按照西方的宪法建立了一个流亡政府,设置了内阁(噶厦)和"人民代表",在国际上设有"办事处",还有国旗、国庆日以及新闻出版机构等一国政府的所有外部标志。十四世达赖集团相信,只有使西藏问题"国际化"才能达到他们再次统治西藏的目标。谭·戈伦夫在《为西藏而斗争:利用宣传与公共关系发动政治攻势》①一文中,详细论述了西藏问题"国际化"发展的过程。

十四世达赖集团争取国际政治关注和同情的手段主要有:一是宣布 1984 年为纪念"斗争和重建二十五周年"纪念年,以便为他们的事业招来支持。他们分发 T 恤衫、钥匙链、张贴物和纪念章等,在美国的各个城市举办图片展。二是邀请著名摄影师和学者出版有关西藏流亡政府和十四世达赖喇嘛个人的书籍,并在纽约的办事处成立了一家名为布拉达的出版公司,并声称"要不惜花费巨大地传播消息"。三是与中国政府持不同政见的人士发表联合声明,组建了所谓的"东土耳其斯坦、蒙古、满洲和西藏人民联合委员会"。四是租用了美国广播公司"第一时间"的新闻节目,该节目十分倾向西藏反动集团的观点。

谭·戈伦夫认为,十四世达赖集团和西藏流亡政府通过更多公开的出访、招纳一些主要国家的国会议员、鼓励藏族发动"不服从"中国政府的运动、以谈判为理由提出一些灵活的条款等手段,不断使西藏问题"国际化"。他们的努力也取得了一定回报,例如,达赖喇嘛本人与联邦德国议员特别是绿党成员建立了联系,应梵蒂冈教皇之邀参加了世界和平祈祷日,以及美国众议院谴责中国在西藏"侵犯人权"等。

这些活动被用来从外交上对中国政府施加压力,促使其在"西藏问题"上让步。但谭·戈伦夫认为,所有的这些努力加起来仍然是微不足道的,"如果达赖喇嘛想要按照他的利益产生国际压力的话,他就需要某些进一步具有实质意义的东西,建立道德范围(独立、宗教自由、环境等)内的广泛支持,以达到迫使北京缓和其立场的目的。"同时,中国政

---

① 参考[加]A. 汤姆·格兰菲尔德:《为西藏而斗争:利用宣传与公共关系发动政治攻势》,刘浩译,选自张植荣主编:《国外藏学研究译文集·第十辑》,拉萨:西藏人民出版社,1993年。

府也对"西藏问题""国际化"进行回应。例如,邀请德国总理科尔和前美国总统卡特访问西藏并发表声明,向国外读者出版了大量的有关西藏的书籍并派出文化剧团等。中国政府也不断改善在西藏的政策,以驳斥十四世达赖集团及其西方支持者的指控。

在西藏问题的未来上,谭·戈伦夫认为主动权一直在中国政府,因为压力会导致民族主义的增长,中国政府可能会在"西藏问题"上作出让步;但如果中国政府采取强硬态度,十四世达赖集团除了继续这项具有很大冒险性的战略外,别无选择。"对未来的预测是困难的……对双方来说,任何其它的途径都是冒更大危险的悲剧。"

(三)中国民族政策

所谓的"西藏问题"背后是中国各民族之间的关系问题,对于西藏现代史的研究不得不将其放在中国民族政策背景下考察。1985 年,谭·戈伦夫在澳大利亚出版的《亚洲学者通报》上发表了《中国寻求少数民族和汉族之间的平等关系》①,以不同的历史阶段为轴,追溯了中国进入现代社会以来的民族政策变迁和探索。

谭·戈伦夫认为,历代中国政府都认为各少数民族人民是"中国人"的一部分,自 1840 年遭遇西方列强的侵略以来,中国人把寻求民族自救解放和境内各民族一律平等作为奋斗目标。新中国成立之初,中国政府颁布了《中华人民共和国民族区域自治条例》,这表明新政权计划通过渐进的手段实行少数民族和汉族文化的、经济的和政治的平等,消除少数民族和汉族之间的隔阂。由于 1949 年之前中国共产党只控制了极少数的少数民族地区,对于民族问题的认识相对有限,再加上上世纪 50 年代后期发生在新疆、西藏、云南的民族分裂活动,中国在民族政策的执行中有了明显变化,开始强调"阶级利益高于民族利益"。

上世纪 60 年代初,为消除大跃进带来的灾难,中国政府采取了许多措施加深与少数民族之间的联系。例如,在全国各地兴建了公路、铁路和通讯网,强调少数民族和汉族之间的历史联系,广播站、报纸、电影

---

① 参考[加]A. 谭·戈伦夫,《中国寻求少数民族和汉族之间的平等关系》,廉湘民摘译,《民族译丛》,1991 年第 6 期。

等使用当地语言,把王恩茂和乌兰夫当作榜样向少数民族宣传等。随着文化大革命的开始,这种温和的政策被抛弃,少数民族宗教和语言受到严重冲击,汉族干部逐渐代替少数民族干部。改革开放后,中国政府纠正了前一阶段的错误政策,并提出民族工作的 3 项任务:一是实行民族区域自治,巩固各民族民主平等的团结统一;二是逐步消除各民族间政治、经济、文化事实上的不平等;三是承认民族差别,照顾民族的特点。同时确立了按照民族特点和地区特点办事的工作方针。

谭·戈伦夫认为,尽管中国共产党各个时期的少数民族政策存在波动,但在使少数民族地区和汉族地区政治、经济一体化这一点上却始终未变,并且在消除民族间经济、卫生、教育、社会服务不平等方面已经有了明显的进步。中国政府已经找到了解决民族问题的办法,那就是必须真正发展少数民族文化,实行民族区域自治,不搞形式主义。

十三世达赖喇嘛传

[英]查尔斯·贝尔　著

一、学术经历

19 世纪末,中国边疆面临严重的危机,东北、西北、西南边疆大片领土因不平等条约被西方列强割占。在帝国主义列强瓜分中国的狂潮中,英帝国是急先锋。1888 年 2 月,英军对藏军设卡防守的隆吐山突然发起进攻,揭开了英国武装入侵西藏的序幕。在英国入侵西藏的过程中,有众多侵略分子受英国政府的派遣和指示,成为入侵西藏的急先锋。查尔斯·贝尔(Charles Alfred Bell)就是一个典型的代表。

查尔斯·贝尔于 1870 年生于印度加尔各答,其父亲是英国派驻印度殖民政府的一名官员。当查尔斯·贝尔到入学年龄时,回英国接受教育。1887 年,他考入牛津大学,1891 年大学毕业后回到印度,在殖民地政府任职,一直工作了 9 年,其间足迹几乎踏遍整个印度,却很少有机会接触到西藏。1900 年,查尔斯·贝尔被调到印度与中国西藏接壤的大吉岭地区任职,在这里生活着很多藏族人,而且藏文化气息浓厚,使他有了近距离接触了解西藏的机会。

在这期间,英国已与清政府先后签订了《中英会议藏印条约》和《中英会议藏印续约》,使英国获得了在西藏建立活动据点的特权。怀着早期对西藏的好奇以及此时英国政府侵略西藏的觊觎,贝尔利用在大吉岭就职的机会,广交藏族朋友,学习藏语,了解藏族文化。正如其所说,"1900 年,吾以屡病不得不由印度平原(原在此担任印度政处职务),退居东喜马拉雅之大吉岭及噶伦堡,三年中,乘暇研究西藏语言风俗思想,

1901 年至 1903 年吾规划噶伦堡这一殖民地,测量田亩,厘定税赋,解决争端,安排牧地和储存燃料。凡属印度殖民地所有事业,无不条理区处。"

1904 年,贝尔随英军上校荣赫鹏率领的远征军入侵西藏。英军攻入拉萨后,十三世喇嘛被迫逃离拉萨,英军迫使西藏地方政府签署《拉萨条约》。随后,贝尔被任命为亚东春王谷的第一任"政治专员",负责管理商贸等事务。他写道:"在此河谷里,我花了很多空闲时间来增进自己的藏语文知识。"1905 年,贝尔被召回印度,之后又到西藏边境任职 4 个月。1908 年,他再次奉召到掌管英国同西藏、不丹、锡金关系的事务部门任职。

1909 年 9 月川军进兵西藏,1910 年 2 月,十三世达赖喇嘛流亡印度大吉岭。鉴于达赖喇嘛在英国侵略西藏中的地位和作用,贝尔给予了达赖喇嘛高规格的接待,不仅安排他到印度各地游览、赠送生活必需品,还对他的各项社会活动进行了精心的策划和布置。达赖喇嘛对不带翻译就能直接对话的贝尔心生好感,为了缓解自己逃亡的凄凉感情,他和贝尔成了无所不谈的亲密朋友,敞开心怀向贝尔倾诉西藏政界的详细内幕。贝尔也几乎每周都去拜访达赖喇嘛,两个人建立起良好的私人关系。在贝尔等人的帮助下,达赖喇嘛能够对西藏政务进行遥控指挥,同时也开阔了视野,直观地感受了现代文明。贝尔也成为英国联系西藏的一条政治纽带,他自认"任何其他白种人都远不如我了解达赖"。

贝尔与十三世达赖喇嘛的友谊并没有因为达赖喇嘛的返藏而中断。两人通过信件联络,达赖喇嘛多次邀请贝尔访问拉萨,贝尔也为达赖喇嘛返藏后的改革进行指导。1913 年至 1914 年西姆拉会议期间,贝尔身为英国藏事顾问,是《西姆拉条约》的积极策划与参与者,但由于会谈破裂,贝尔逐渐失去了英国政府的信任。1918 年 4 月,他退居印度大吉岭赋闲。1919 年,他辞掉了政府公职,从事西藏文学和藏传佛教研究,并订正西藏文法和西藏字典。1920 年 1 月,应达赖喇嘛的邀请和英国政府的指令,贝尔于同年 11 月率一外交使团到拉萨。

贝尔是应邀到拉萨访问的第一个白人。到达拉萨的贝尔受到了达赖喇嘛的热情款待,并被授予了"伦钦"的称号。贝尔利用与达赖喇嘛的特殊关系在拉萨积极活动,包括向西藏地方政府提出增加税收,扩编藏军至 15000 人;策划派遣军事教官训练藏军,建立拉萨警察组织;在江孜开办一所英语学校,招聘英国人为校长;在西藏建立西式医院和电话、电报系统等,贝尔在拉萨的活动,特别是增加的庞大数量藏军和征收寺院、贵族的赋税,引起广大僧俗大众和部分贵族寺院的不满,同时也遭到了中国政府与其他帝国主义国家的抗议。再加上英国提出重开谈判屡次被中国政府拒绝,英国政府于 1921 年 10 月召回了贝尔使团。

返回印度后,贝尔正式离职退休,把主要精力放在著书立说上。1923 年 11 月,贝尔在英国中亚细亚学会作了题为《1921 年的拉萨和达赖喇嘛》的讲演;1924 年出版《西藏的过去与现在》一书,1928 年出版《西藏人民》;1930 年 4 月,贝尔在《中亚学报》第 17 号发表题为《印度的东北边境》的论文。在写书期间,贝尔始终与达赖喇嘛保持密切联系,并为他改革政教制度的"新政"出谋划策。1933 年底,贝尔带着妻子回到西藏作私人访问,贝尔在西藏及其南部边境住了一年多。1945 年,已经移民加拿大的贝尔刚完成《十三世达赖喇嘛传》书稿便去世,该书也是其西藏研究的"集大成之作"。

贝尔是西方的"西藏通",在西藏及周边任职的约 20 年里,只在英国呆过 7 个月,偶尔去过加拿大和日本等地,其余时间都住在西藏及印藏边境地区,长期担任英国驻西藏的联络官和代言人。由于他通晓藏语,经常同十三世达赖喇嘛单独密谈,刺探西藏统治集团对中央政府的态度,培植亲英势力,成为英国侵略西藏的直接策划者和参与者。因此,对于这个已经"西藏化"的英国外交官的研究非常有意义,特别是研究贝尔入藏后,有助于了解这一时期西藏地方的历史,英国对西藏地方的拉拢,以及西藏地方和中央的关系等。

二、代表著作

《十三世达赖喇嘛传》评议[①]

自元代以来,中国中央政府一直对西藏行使主权,特别是清朝建立

---

① 参考[英]查尔斯·贝尔:《十三世达赖喇嘛传》,拉萨:西藏社会科学院资料情报研究所编印,1985 年。

以来,设置驻藏大臣,更加强了对西藏的管辖。1888 年,英国武力入侵西藏,这个原本被世人鲜知的地方逐渐引起各国的重视,由英国入侵西藏而引发的中、英和西藏地方政府围绕"西藏问题"的角力,构成了对这一时期西藏研究的主要内容。

在帝国主义势力的侵略下,十三世达赖喇嘛于 1904 年离开拉萨,先后辗转外蒙古、青海塔尔寺、五台山等地,于 1908 年到北京觐见光绪皇帝和慈禧太后"面陈藏事"。达赖喇嘛提出"现在有些外道国家心怀不良,时常想要攫夺西藏地方,进行侵略,中央政府为了保护黄教和西藏众生安全,应帮助西藏进行抵抗,保全藏地。"虽然慈禧太后和光绪皇帝都答应了达赖喇嘛的请求,但当时清朝政局内忧外困,随着慈禧太后和光绪皇帝相继去世,这次中央政府与西藏地方的会谈没有实质效果。当达赖喇嘛带着失望和不满返回西藏不久后,又遇到四川知府钟颖统帅川军进入拉萨,引起拉萨局势紧张。达赖喇嘛深感其地位受到严重威胁,遂经亚东逃往印度大吉岭开始了第二段流亡生涯。达赖喇嘛从反对英国入侵西藏到最后投到英国怀抱,一是清朝政府的外交政策失误造成的,一味妥协退让丧失了边疆地区的领土,使达赖喇嘛和西藏上层对中央政府失去了信任;二是英国对西藏的政策也有所改变,从武装入侵变成了策动西藏上层独立。

查尔斯·贝尔与十三世达赖喇嘛就是在这样的背景下于印度大吉岭相识的。在大吉岭的近 3 年里,贝尔通过与达赖喇嘛沟通交心,更加深刻了解到西藏的政治、宗教、文化等,并通过达赖喇嘛的信任,成功实施了英国对西藏的一些政策,使得"西藏问题"呈现出进一步国际化、复杂化的局面,也为贝尔以后参与西藏事务打下了坚实的基础。此后,贝尔策划和参与的西姆拉会议,与西藏地方政府签订条约和划定"麦克马洪线",以及后来要求达赖喇嘛按照西姆拉会议英藏秘密换文之要求,落实将麦克马洪线以南的领土割与英方,充分暴露了这样的友谊背后是英国企图分裂中国的图谋,而达赖喇嘛是英国战略布局中的一枚重要棋子。

1920 年贝尔率领使团入藏,在拉萨停留了长达一年之久,开启了与达赖喇嘛的第二次交集。正如贝尔所说:"伦敦指令简明扼要,要我接受达赖喇嘛的再三邀请,率一个外交使团前往拉萨,向达赖喇嘛转达英国政府的友好问候,并阐明当时的国际形势。"贝尔入藏的目的并非朋友叙旧那么简单。一方面,从英藏历次的交往中似乎有一个不明显的规律:就是英国一直试图保持在西藏同中央政府平起平坐的地位,不管是政治权利,还是商务利益等方面。这在后来的十三世达赖圆寂、十四世达赖坐床典礼、中央政府在藏设立办事处等诸多事件中,英国使团代表均有所表现,即争取相同的利益和权利。从本质上讲,贝尔的目的在于把西藏纳入英国的势力范围,同时使它尽可能成为附属国。另一方面,西姆拉会议后,西藏上层势力一直犹豫——是脱离中央政府,依附英国保护;还是共谋五族共和,成为民国大家庭的一员。达赖喇嘛为此采取了所谓的平衡政策,试图同时发展与英国、中国中央政府的关系,而贝尔进藏正好迎合达赖喇嘛的平衡策略。

贝尔入藏后,十分重视西藏的军警建设,积极鼓动达赖喇嘛扩军。他提出了对寺庙、贵族增加征税的办法,建议"西藏地方武装从5000人扩展到15000人";为避免作为主要税源的寺庙与僧侣的反对,建议每年征召500人至1000人为宜;从边远地区招募军队,不采取从贵族或寺院的庄园和份地征收地税筹集资金等。在他离开拉萨前,还向达赖喇嘛提出了培养军事人才、训练军队、采矿、制造武器的建议,以增强西藏的军事实力。依照贝尔的设想,想要攫取西藏利益,就必须让西藏依靠英国,而想要在短时间内达到目的便是"武装"西藏对抗中央政府。

贝尔使团离藏后,达赖喇嘛开始着手实施贝尔的这些建议,也就是所谓的"新政":从1922年至1926年,达赖喇嘛西藏军队从5000人增加到15000人,架设了一条从江孜到拉萨的电报线,培训西藏青年为电报员。在拉萨建造了一座小型水电厂,并在一位锡金警官的帮助下在拉萨成立了一支现代化警察部队,1924年在江孜建立了一所英文学校,招收了几十名贵族子弟。1925年,有4名军官和300多名士兵在江孜接受训练,有1名军官和20名士兵在印度的吉达接受使用山炮的训练等等。"新政"在客观上促进了西藏的现代化,但其本质是英国利益在西藏的产物。随着英国与西藏地方联系的加强,势必助长西藏的离心力,为中央政府与西藏的关系带来更多的不稳定因素。

"新政"的实施在一定程度上脱离了西藏当时的社会环境:有限的财力与保守的思想不足以支撑西藏现代化的社会基础;西藏现代化的本身对达赖喇嘛稳固神圣的宗教地位也构成了威胁。随着年龄的增长,达赖喇嘛对于英国的策略已经愈看愈明。他逐渐认识到西藏将来的出路还是要遵循历代喇嘛所走的道路,尊重历史,尊重宗教,尊重人民的意愿,依靠自己祖先遗留他们的土地、习俗、规则和制度。贝尔也郑重其事说:"到 1925 年,达赖喇嘛日益坚定地撇开英国,转向中国。"这意味着英国对西藏上层的拉拢以失败告终,达赖喇嘛在英国全球战略棋盘中的价值并没有得到提升。

总的来看,西藏历来是中国的一部分,如果没有英国对西藏侵略以及在西藏地方与中央政府之间挑拨离间,所谓的"西藏问题"是不存在的。英国在完成了对南亚大陆的殖民统治之后,势必北进,利用西藏的地缘战略合围中国。以查尔斯·贝尔为代表的英国殖民者认为,只要立足"西藏问题"为英国殖民事业牟取利益,就能建功立业,捞取更大的政治资本。然而,站在国际大格局中,西藏只是英国全球利益的一部分。此间的英国政府正在进行着从亚洲收缩、加强欧洲备战的战略调整,英国需要稳定的中印边境。因此,贝尔作为一名负责西藏外交事务的政府官员,其观点也存在同英国政府不一致的时候。他站在自身工作和侵略西藏利益最大化考虑未免过于狭隘,这也注定了达赖喇嘛最终"撇开英国,转向中国"的结局。

三、其他研究

查尔斯·贝尔一生有多部关于西藏的著作和论文,大部分都是围绕国际关系下的"西藏问题"而展开的。但与其他在图书馆查资料的西方西藏学者不同,贝尔作为英国掌管不丹、锡金和西藏事务的官员,与十三世达赖喇嘛建立了深厚的私交,第一次向西方社会介绍这位来自东方的神秘宗教人物,有利于在信息并不十分畅通的情况下消减西方的"香格里拉"想象。同时,贝尔在西藏及周边地区工作了近 20 年,对西藏社会的各个方面都有所了解,为人们研究 20 世纪初的西藏社会提供了丰富的史料。

（一）达赖喇嘛的日常生活

十三世达赖喇嘛的童年只准同其兄弟玩耍,普通人家的孩子不能接近他,因而他的童年是十分寂寞的。他的私人侍从都是成年人,虽然有玩具(当地玩具系木制,如骡、马等,进口玩具则系玩具火车和各种机械组装的玩具),但侍从们大多数时候都把他当作成人而不是小孩。达赖喇嘛的侍从有膳食总管、宫廷祭师、主治医生等,负责他的启蒙教育和避免任何可能对他的伤害。达赖喇嘛出外散步时由仆人陪同,他大部分时光都在布达拉宫度过,夏季也去罗布林卡,但时间很短。

作为掌管西藏的宗教领袖,达赖喇嘛从童年起就必须阅读大量宗教著作。"他那幼小的心灵就萦回于西藏佛教盘根错节的神秘之中。他必须学习种种密宗著作的神秘教义。这些著作虽然佛教徒一般并不认为是佛陀本人所著,但西藏人却认为是如此。他还要学佛陀的显宗,这是众所公认的。"贝尔记载,两位学识渊博的经师奉命教授达赖喇嘛。他日夜攻读,他还经常在文殊师利像前打坐参禅,呈献祭品。除了他的老师之外,任何人也不准见他。闭关结束之后,他才登上宝座为前来探望他的僧侣和官员——摸顶祝福。

大约 13 岁时,达赖喇嘛就到拉萨的三大寺参加辩经。达赖喇嘛认为,自己听得越多,得到的智慧就越多;得到的智慧越多,思考和打坐参禅就越多。贝尔对达赖喇嘛的评价是,"他在西藏佛教方面确实获得了渊博的知识"。此外,达赖喇嘛从小就学习书法,还要学习算术,阅读西藏王臣史和其他处理国家一般行政事务的书籍。当他掌握了读写后,便逐渐接管世俗权力。达赖喇嘛曾告诉贝尔,他接管政府的时候,感到自己极端无知。

达赖喇嘛的一天从早上 6 时许开始。起床后,他喝三杯茶,然后散步,7 点开始做一个小时祷告,然后签发指令和写信至 10 点。他接着吃早餐,如果要远行这些程序就要提前。中午 12 时至下午 2 时处理国家大事,早餐吃得晚,他就不吃午饭。下午 4 时许,他喜欢到罗布林卡漫步。罗布林卡里约有 40 间房屋,他在每间房屋的祭坛上点燃约 5 盏酥油灯;如发现房间不干净,就命令仆人打扫。散步结束后,他用 3 个小时口授信稿或干别的事情,"一面阅读自己口授的信稿,在上面签署日期,一面总是口中念念有词。"写完信,达赖喇嘛在木板上写下他的指令,然后分别送给噶厦政府的官员们。官员们要在木板上作出答复后送回给达赖喇嘛,其目的是不让官员们保留他的手迹。接下来是晚餐,晚餐通常有汤和肉,没有蔬菜。饭后,他立即进入卧室,吃一杯酸奶,然后就寝。

在达赖喇嘛晚年时,他把工作时间减少了一些,将一些不很重要的事务交由心腹去处理,并把余下的时间用于宗教活动和精神解脱。达赖喇嘛晚年时有几辆汽车,这些汽车其他人不准使用。他喜欢乘车外出一段距离,然后停下车来散散步。拉萨的公路从布达拉宫修到了哲蚌寺和色拉寺。据贝尔记载,达赖喇嘛从未乘坐过飞机,但兴趣盎然。"他也许不喜欢飞机日益增长的威力,担心有朝一日飞机会入侵他的广大而神圣的疆土。"

(二) 达赖喇嘛的神圣性

贝尔指出,达赖喇嘛的宗教地位至高无上,无可置疑,因为他不仅管人的今生,还管人的来世。流行的谚语说:"今生统治者,来世提携人。"西藏人认为达赖喇嘛全知全能,无所不知,无所不能。要是被问急了,一些受过较好教育的西藏人就会说,达赖喇嘛的全知全能因居留人世而受到了限制。他们不愿承认达赖嗽嘛神力有限,如果达赖喇嘛没有能够预知一种灾难或者采取补救措施时,人们往往会说是人间的邪恶使他不愿意展现他的神力。

拉萨流传着不少关于达赖喇嘛神力的说法。例如,住在拉萨郊外四英里远的神谕国师,是一切小神之师,而该神谕国师又从属于达赖喇嘛。每年正月十五日达赖喇嘛进行一年一度的布道讲经时,神谕国师前来当众向达赖喇嘛汇报。他告诉达赖喇嘛"发生了这样那样的问题,我是如此这般处理的,我的行动是否得当?"国师说话声音很低,连近旁的侍从听不清讲些什么话。达赖喇嘛把手放到耳边,向前略微躬身,聆听这位神谕国师讲话。他俩一说一答,但谁也听不见,达赖喇嘛事后也不告诉任何人究竟双方讲了些什么。

1920 年贝尔到达拉萨后,还记录了"一件颇不平常"的事。西藏的商人常常往返于蒙古与拉萨之间，一般商队的规模不超过 20 人，因为人员越多沿途的供给越困难。在西藏东北的果洛大部落半年从事和平贸易，半年抢劫商队。一般人要想通过这块匪患之区，几乎是不可能的。但达赖喇嘛在第一次流亡而跨越这片领土时，这帮匪患聚集到达赖喇嘛跟前，乞求他摸顶祝福，并源源不断地向他馈赠礼品。

从宗教学的角度看，宗教的神圣性建立在神圣与世俗的区分基础上，即神圣之物必然要比世俗之物更加具有稀有性、故事性和秩序性等特征，才能激起人们的神圣感。贝尔认为，达赖喇嘛"隐遁深居，神秘莫侧，屡创奇迹，凡此种种，更进一步增强了他的影响"。贝尔观察到，达赖喇嘛很少公开露面，连在拉萨的外国人都很少见到他，"比罗马教皇还要深居简出"。在宗教节日时，他坐在轿子里，人们知道他来来去去，但就是不让人看见他的真面目。在大昭寺广场一年一度的布道讲经时，达赖喇嘛也"通常是置身高阁，人们看不见他"。

但这并不是说达赖喇嘛从不见人，神圣性的积累到一定程度后，必然要通过在一定时空环境下释放，才能体现神圣性的价值。作为西藏的宗教和世俗领袖，达赖喇嘛有责任面见他的信众，这时信众对他毕恭毕敬、点头哈腰，并认为见到达赖喇嘛是毕生的幸运，因而更加强化了对他的崇拜。

（三）西藏社会生活百态

20 世纪初，西藏社会逐步对外界打开了大门，但这种开放很大程度上是被迫的。在信息、交通尚不发达的时代，贝尔率先向西方社会介绍了雪域高原上的社会百态。

贝尔从在拉萨的食宿开始观察，他的房子有一间大屋子，供平时用餐和接待客人。房间里面比较冷，要燃烧牛粪来增加温度，那时的房间里已经有了烟囱，可以将废气排放到窗户外。房子的第二层是内屋，两层楼之间有一架老式的楼梯。梯子很陡峭，被无数人的脚磨得十分光滑。藏族人都是背朝梯子而下，有的英国人担心滑倒而面朝梯子下楼。屋子外有一个小花园，主人既不给花剪枝，又不给花施肥，但花园里的花竞相开放，也许是能聚集到阳光的缘故。蜀葵、万寿菊、翠菊在西藏普通人家中十分普遍。

拉萨每年有 10 多个宗教节日,城市里平时约有 1.5 万至 2 万人口,而这一数字在较大的节日里可以增加 5 倍。大街上没有任何公共卫生设施,人们只能在街头的阴暗角落和四周的田野里方便。贝尔在拉萨期间亲历了几个藏族的重大节日,其中之一是跳神会。他们被安排在一间有阳台的房间里,阳台俯瞰一个大院子,跳神就在这个院子里进行。达赖喇嘛和噶厦的官员也在一座大楼上俯瞰。"在我们欧洲和美国的剧院里,富人都坐在靠近舞台的楼座,最穷的人才坐顶层楼座,距离远,视线差。而在这里,达赖喇嘛则坐在最上层,离舞台比最高的剧院楼座还远;但是,任何人都不能坐在或站在达赖喇嘛的上方,地位比他低的人均须坐在下面一层。"

贝尔记载到,在跳神开始之前,装扮成格萨尔王时代勇士的西藏古代士兵,身着铠甲,手拿火枪,进行了一番表演。这个时期是在佛教传入西藏之前。他们排成两行,一队要与另一队决一死战,他们相互嘲弄,这些嘲笑在《格萨王传》和荷马的史诗《伊利亚特》里均可找到。其他人也打扮成这一时期的士兵,沿着院子排成一个圆圈,把演这两幕戏的演员围在中间。主角和配角士兵全由拉萨及附近地区的俗人扮演。当这些节目表演完毕时,每个人都得到一盒糌粑面,大多数人都将得到的糌粑面装在小小的羊皮袋里。一位官员在院子的一个角落里分发糌粑面。

贝尔即将离开拉萨前,要给达赖喇嘛拍照。侍从在给达赖喇嘛布置宝座,后面的墙壁上挂着唐卡,四周摆放着花卉。达赖喇嘛在一旁指挥,他衣着简朴舒适,僧官和侍从继续干他们的活,几乎撞着他,如果不是达赖喇嘛在那里指指点点,一个不认识他的外国人是很难辨认出他们中间究竟谁是达赖喇嘛。这使贝尔想起了以前在不丹看到国王赤脚走在人群中,"他是同胞中的普通一员,这是封建社会里的民主。无论是神王还是人王,他们的日常生活都有一种简朴的色彩。"

英国侵略西藏史

[英]弗朗西斯·爱德华·荣赫鹏著

一、学术经历

　　1903 年至 1904 年间,英国对西藏的侵略是西藏近代历史上的重要一页。国内外藏学界对这段历史发生的背景及过程极为关注,与之相关的著作就有彼得·弗莱明(Peter Fleming)的《刺刀指向拉萨》、帕特里克·法兰区(Patrick French)的《西藏追踪》、米歇尔·泰勒(Michael Taylor)的《发现西藏》,以及胡岩的《雪域高原不会忘记——1904 年英国侵略西藏史》、杨公素的《中国反对外国侵略干涉西藏地方斗争史》、周伟洲主编《英国、俄国与西藏》等。率领英军打开西藏大门的,正是在西藏近代史上赫赫有名的荣赫鹏。

　　弗朗西斯·爱德华·荣赫鹏(Francis Edward Younghusband)1863 年出生于英属印度穆里。他是驻印英军中一名少将的次子,四个叔叔和两个兄弟都曾先后在这支军队中服役,他的母亲是著名的中亚探险家罗伯特·肖(Robert Shaw)的姊妹。童年时代的荣赫鹏接受了较为严厉的家庭教育,造成其性格较压抑、刻板。青春期,荣赫鹏因“冷门”的姓氏(“Younghusband”意思是“年轻的丈夫”)和矮小的身材,常常遭到同学的嘲笑,军人家庭出身的强烈自尊心促使他又特别能忍受精神与身体上的孤独,极度希望为英帝国主义殖民事业建功。

　　1881 年,荣赫鹏进入圣荷斯特皇家军事学院。一年中,他学习了兵学战略、战争演习,赛跑仍是他最喜欢的运动,他甚至在圣荷斯特、武利奇和数座大学之间长达三英里的赛跑中得到第一名。1882 年 5 月,荣赫鹏从圣荷斯特皇家军事学院荣誉毕业,并被派往皇家龙骑兵团服役。服役期满后,荣赫鹏返回印度从军。此时,荣赫鹏的父亲已从军队退伍,到旁遮普省担任警司总督察。他的父亲坚信俄国人极力想吞并阿富汗及北印度,不但以此为题多次公开发表演说,而且将这种想法根深蒂固地传给了荣赫鹏。

1886 年,荣赫鹏获得 6 个月的假期前往满洲里,他沿途经过了中俄边境的大部分地区,进行了多次半官方性质的探险活动。他还独自进行了一次了不起的穿越内蒙古和新疆的旅行,越过当时尚不为人所知的喀喇昆仑山口而抵达克什米尔。这些活动使他对俄国的扩张野心和清政府的软弱有了较深了解,认为英国人很有必要在此地方有所成就。因为探险成就,他被选为英国皇家地理学会最年轻的成员,一时间声名大噪于英伦。随后 10 余年间,荣赫鹏先后被派往设在西姆拉的英印政府外交部工作,并去探查通往位于克什米尔北部与中国和阿富汗接壤的小国罕萨的山口;奉命担任驻吉德拉尔的第一任行政官,后来任英属印度总督的寇松(George Nathaniel Curzon)前往巡视间与其建立了联系;受《泰晤士报》之托前往南非供职;1902 年被任命为驻印多尔的行政官。

1903 年,英国发动了第二次侵藏战争,公开的名义是派遣一个英国"使团"入藏,讨论边境事务及通商问题。侵略军是护送赴藏"使团"的"卫队",荣赫鹏则被任命为"使团"团长,任命大卫·麦克唐纳(David Macdonald)为指挥官。率领一个使团前往西藏的前景使他陶醉,他写信告诉他的父来:"这是我碰上的一桩真正有意义的差事。"12 月 18 日,荣赫鹏率领约 3000 人的入侵军队从春丕向西藏重镇帕里进发。他向西藏人民保证,尤其向帕里宗本保证,只要西藏人不采取敌对行动,英国人就不会采取敌对行动。西藏从春丕到帕里的各个要塞、隘口均未设防,严格遵守着双方所承诺的协议,但入侵军却用武力占领了帕里。

1904 年 1 月,英军进一步占据了帕里东北的吐纳。3 月底,英军发动古鲁之战,一边佯装谈判,一边派出步兵、骑兵、炮兵偷偷向藏军阵地推进,以伤亡不足 10 人的代价屠杀了西藏军民上千人。4 月,英军侵入江孜,遭到西藏军民的英勇抗击,后由于清政府奉行投降政策,加上藏军军事装备落后而失败。荣赫鹏所率领的侵略军占领江孜之后,长驱直入,开进拉萨,强迫西藏噶厦订立城下之盟——《拉萨条约》,榨取巨额赔款,并吞边境地区,扩大通商特权,力图把西藏置于英国直接的军事和政治控制之下。1906年,中英双方签订《中英续订藏印条约》,迫使清政府同意了《拉萨条约》。英国第二次侵藏战争标志着西藏历史进入被帝国主义干涉和瓜分的新阶段。从此以后,英国确立了对西藏的特殊地位,并开始策划"西藏独立"阴谋,妄图使西藏从中国分离出去。

1906年,荣赫鹏在完成了其侵略使命之后由西藏返回印度,随后结束了他任职28年的边界官员生涯。退休后,他命运多舛,1911年在瑞士的一次摩托车事故中险些送命,两年后才康复。第一次世界大战中,印度事务部没有雇佣他,他在一个参谋机构中任职。由于忠于职守,他被授予印度星级勋位高级爵士称号。第一次世界大战结束后,他担任英国皇家地理学会主席,并负责珠穆朗玛峰的探险工作。此后,他把全部热情倾注在宗教事务上,为基督教徒与印度教教徒、佛教徒和穆斯林教徒的和解进行斡旋。1942年7月,在第二次世界大战的艰难时刻,他在伯明翰召开世界信仰大会,会后严重中风,被送往英国的多塞特郡治疗,一周后去世,终年79岁。

荣赫鹏一生涉猎广泛、著述颇丰,除《英国侵略西藏史》(1912年)外,还有《深入大陆洲之心》(1898年)、《内幕》(1912年)、《珠峰史诗》(1926年)、《星中生活》(1927年)、《现代密宗》(1935年)、《生活语录》(1937)等。从西藏回到英国后,晚年的荣赫鹏仿佛得了天启:一个狂热宣扬大英帝国国威的殖民主义者,放下帝国主义的屠刀,成为一位宣扬藏密的神秘主义者。他带领西藏的高僧到英国与大哲学家罗素辩论,甚至成为民族主义的先驱人物。这些复杂的故事,使他在生前身后都是个令人好奇向往的人物。

西方学者大都对荣赫鹏评价甚高。英国藏学家阿拉斯泰尔·兰姆(Alastair Lamb)在英国第二次侵藏战争上认为,"在获得如此巨大成功的同时,英国士兵的生命几乎没有受到损失,这都在很大程度上归功于荣赫鹏对下属士兵的激励和鼓舞,没人能够否认荣赫鹏在这段探险史上的地位,因为这对他而言名副其实。"英国作家帕特里克·法兰区采用旅行传记的手法,追忆和评述了荣赫鹏的人生轨迹,认为他是一位伟大的间谍、记者、作家,也是探险家及浸沐于神秘主义的宗教家。无论如何,荣赫鹏曾在英国对西藏的侵略中扮演了先锋角色,他带兵入侵西藏,屠杀西藏军民,反映了殖民侵略者的残忍面目,加重了近代中国的边疆危机。

二、代表著作

《英国侵略西藏史》评议①

从历史上看,英国是入侵中国西藏最早的国家。早在 18 世纪末,英国东印度公司控制了孟加拉地区以后,便开始觊觎西藏。19 世纪以来,英国为扩展本国的殖民势力并保障英属印度的安全,提出了关于英属印度的安全战略,即所谓的"前进政策":一是把英国的统治权扩张到同英属印度相邻的,甚至更远的国家去,形成防卫英属印度的安全体系,从而巩固和增强英印当局在印度遥远边界上的防备力量;二是在经济上掠夺西藏,即把西藏变成它的原料供应地和倾销商品的市场;三是打开中国西南边疆的门户,把占据的印度殖民地和在中国长江流域的势力范围连成一片,获取贸易通道,从而赢得最大的经济利益。

《英国侵略西藏史》一书中,荣赫鹏对近百年来英国窥伺西藏的种种动机与尝试、野心与阴谋、失败与成功的关键,以及最后能够征服西藏的军事、政治、社会与国际背景都有所涉猎,许多资料还是中国学者难以获得的。

英国侵略者中盛传,西藏黄金蕴藏量之多,堪称为"加利福尼亚第二"。除了黄金之外,英国资本家认为西藏还有他们需要掠夺的廉价原料产品,如西藏羊毛比英国便宜 5 倍,皮革便宜 12 倍,以及麝香、硼砂

---

① 参考[英]荣赫鹏:《英国侵略西藏史》,拉萨:西藏社会科学院资料情报研究所编印,1983年。

等稀有产品,使英国殖民者垂涎欲滴。为达到打开西藏大门的目的,英印政府千方百计寻找借口,早期通过一系列"商务探险"和考察,开始了一种派使入藏,搜集情报,然后提出政策咨询的侵略模式。由于西藏地方势力和中国清政府的反对,直至 20 世纪之前,英国人用"贸易之砖"叩不开西藏的大门之后,便用武力征服西藏的时机成熟。

寇松在 1903 年 1 月给英国政府的报告中,正式提出武装入侵西藏的方针。鉴于俄国对西藏也怀有野心,武装侵藏可能引起俄国的干涉,使问题变得复杂化。为了使俄国政府尽快对"西藏问题"表态,英国外交大臣多次约见俄国大使,经过反复会谈,俄国被迫作出让步,并作了如下表态:"俄国仍不愿干涉西藏的事务,因为俄国的政策是无论如何也不干涉西藏。"俄国还承认英国在西藏"享有商务上的便利"。英国政府获得俄国的外交保证之后,于 4 月电询寇松将对西藏采取何种侵略方式。寇松建议派遣武装使团入藏,先在康巴宗举行谈判,挑起事端,藉此借口长驱深入,直抵拉萨,强迫西藏当局屈服。英国政府批准了寇松的侵藏计划。

英国当局对于这次侵略事先作了周密的准备。1903 年 6 月初,英国政府突然照会中国政府,单方面指定 7 月 7 日在康巴宗会谈。接着督派荣赫鹏等人组成"商务使团",带领 200 人军队闯入康巴宗。7 月间,荣赫鹏借口两名潜入西藏的间谍被抓获,指挥军队在康巴宗附近抢掠藏民牛羊 200 多头,又无理要求驻扎甲岗、左喇嘛、罗那克处藏军撤走,并继续向西藏境内增兵,扩大事态。这时候,英军武装侵藏的准备已经就绪,康巴宗会谈这场戏没有必要再演下去了。

古鲁之战是这次英国侵略西藏战争中的关键一役。1903 年冬至 1904 年开春,入藏英军受困于西藏恶劣的气候和匮乏的物资,藏军没有趁此机会进攻,仍对和平谈判抱有幻想。1904 年 3 月 31 日,1300 余名英军开始向曲米新推进。西藏代表要求荣赫鹏谈判,尽最后努力避免使用武力。等到谈判之时,英军已经重重包围了藏军。中西史料中的争议在于"谁开了第一枪"。为了证明杀人有理,英国侵略者始终坚持认为西藏谈判代表开了第一枪,英军在不得已的情况下"被迫还击",属于"自卫"。

荣赫鹏在书中如此描述:"就在这一瞬间,藏人几乎要冲破我方单薄的阵线,俘获我使节与军官。但那一瞬间一闪而过。数秒钟后,我方来复枪和大炮就对藏人实施了最致命的密集性摧毁。拉萨将军本人在战斗刚刚开始便被杀死,几分钟之内,整个战斗便告结束。死去的藏人遍布平原,我军未接到直接命令便自动停火,但实际上每人只射击了13枪。"事后,荣赫鹏厚颜无耻地自我辩解:一位英国政治家称之为对"手无寸铁"的人进行大屠杀,这是"不公平的",因为藏人是"全副武装的","这场战事不可避免"。

再据1904年西藏人民抗英斗争的藏文资料,还原当时的过程是:英军谈判代表到来后,首先声称:"既然要议和,为表示诚意,我军先将子弹退出枪膛,也要求贵军指挥官下令将火枪的点火绳熄灭!"英军指挥官当场命令子弹退出一发,又在那一刹那间英军将子弹推上了膛,藏军还未发觉,依令将土枪点火绳全数熄灭。当英军的机枪开始向藏军疯狂扫射时,英军谈判代表也突然拔出手枪将西藏谈判代表统统杀害。第一声枪响后,英军使用来复枪和大炮在近距离约180米处,向手持大刀、长矛、火绳枪的藏军展开了血腥大屠杀。

学者梁俊艳认为,把西方人记述自己的所作所为与藏汉文史料的记载对比后不难发现,侵略者主要使用三种写作手段美化侵略行为:一是在著述中完全不承认自己的侵略行为,进行黑白颠倒的描述,将自己美化成"文明之师"。例如记录英军如何"纪律良好"、如何与老百姓"公平买卖",如何善待俘虏,足见这是侵略者刻意掩盖自己的丑恶行径。二是在著述中也会偶尔记述自己行为的丑恶一面,但却是一种有选择的记述,常将自己描述成受害者,似乎所做坏事也是迫不得已而为之。例如将古鲁大屠杀说成是"正当防卫"。三是采用偷梁换柱、移花接木之法,达到掩盖自己罪恶行径的目的。例如荣赫鹏的著作中见不到一个"侵略"的字眼,反而是"使团""远征军"等词汇;当占领一处西藏地点后,常用"发现"当地百姓的粮食等物品,而不会使用"抢劫"等词。

古鲁之战后,荣赫鹏率领侵略军直逼江孜。5月和6月间,藏军与英军多次激战。英军采取了击破江孜附近各村藏军据点、切断藏军水源、攻击藏军弹药库等手段。藏军虽英勇抗战,但坚持两个多月的江孜抗英战斗宣告失败。英军占领江孜后随即进军拉萨,逼迫新任驻藏大臣有泰签订《拉萨条约》,内容包括赔款、划界、通商、军事控制以及政治特权等几个方面。签订《拉萨条约》后,英国通过官方驻藏机构——贸易代办处,实现了对西藏的长期渗透和影响。贸易代办便成为英国的侵略"先锋"和骨干分子,英国也借此宣称"对西藏富有特殊责任"。

然而,《拉萨条约》是在中国代表和西藏噶厦政府主要领导人没有在场的情况下签署的。条约不仅遭到清政府的抵制,还引起了俄国、德国等其他列强的反对。随着国际形势的变化,西藏地方政局的动荡,英帝国认识到单纯的"武装侵略西藏"政策已经行不通,于是开始实行"维护西藏现状"政策和"武装侵略西藏"政策并行的策略。英国政府和英属印度政府所希望的,是"一个与其他大国势力相隔绝,而又仰赖英属印度,其军事和外交力量足以使中国陷入困境,而又不足以使其自身成为任何意义上的一股势力的西藏"。尽管英国对于西藏采取了众多变化莫测的政策,但万变不离其宗,英国当局所一意推行的一系列政策都是否定和侵犯中国政府在西藏的主权。

综上所述,英国侵藏战争是19世纪末20世纪初,帝国主义列强瓜分中国狂潮中发生的,它直接威胁中国西南边陲。西藏人民不畏强暴,奋起抗英,写下了反帝斗争史上悲壮的一页。但由于清政府的一味退让和双方实力上的差距,西藏历史进入被帝国主义干涉和瓜分的新阶段。英国确立了在西藏的特殊地位,随即开始有计划有步骤地策划所谓"西藏独立"的阴谋,妄图将西藏从中国分离出去,而置于英国的控制之下。英帝国主义的罪恶阴谋对西藏局势所造成的严重恶果,直到今天仍发生影响。

三、其他研究

荣赫鹏的一生堪称传奇,被誉为伟大的作家、记者、探险家、军事家和宗教家,而这些头衔的由来也非浪得虚名。在西方帝国主义势力发现"全球"的尾声,荣赫鹏将英国强大的综合实力和西藏这片"尚待被世人发掘的土地"联系在一起,取得了令人瞩目的成就。

(一) 西藏高原综合科学考察

20 世纪初,伴随着荣赫鹏入侵西藏的,是对此前无法进入的拉萨等地的气象、气候、沿途高程、河湖水系等多方面的全面探察。随军的多名地理、地质、博物学家在沿途进行了大量地学和动植物学等方面的探察活动,多名成员后来著有大量游记、考察报告,从多个方面记录了此次探察活动。这对于了解近代英国不断在西藏渗透的所作所为及其在地学、生物学等方面的学术影响是非常重要的。

在此之前,虽然已有西方人士进入过西藏甚至到达拉萨,但除了康熙年间在耶稣会士指导下对西藏进行测绘并完成了西藏地图的绘制外,都不具备在西藏进行近代意义上的科学考察的能力。直到 19 世纪初,围绕有关玛旁雍错的大河源头、雅鲁藏布江与布拉马普特拉河及恒河的关系、珠穆朗玛峰的高度"三大地理问题"日渐被提上日程,荣赫鹏的队伍在大军入侵的同时,首次以近代科学方法和技术揭示了这些问题。

这支队伍的主要成员首先是荣赫鹏本人,他在 30 岁之前就有穿越内蒙古和新疆旅行的壮举,对喜马拉雅地区的民族、宗教、语言等民族学的资料,以及动植物、河流山川等自然信息都非常热衷,并于 1919 年当选为英国皇家地理学会主席。华达尔(L. A. Waddell)在此次入侵中任医护长和文化顾问,他精通藏语,方便沿途搜集有关地区部落分布、地形地物和自然史的情报。在进入西藏后,他绘制地图,拍摄了大量照片,搜集动植物标本,进行气象观测和记录,四处搜集藏文典籍。此外,还有植物学家普仑(D. Prain)、地质学家海登(H. H. Hayden)等人,兰登(P. Landon)则是《泰晤士报》派遣的随军记者,不断向《泰晤士报》和《纽约时报》发回英军在西藏的行动进展。

此次考察成果集中在华达尔《拉萨和它的神秘》、兰登《西藏的开放》等书中,主要包括以下几个方面:一是动植物标本采集,按照哺乳类、鸟类、两栖类、爬行类、昆虫、鱼类的分类展开。二是气象与气候,青藏高原自然环境复杂而严酷,对全球气候特征、各地气候的研究极具价值。他们记录了从 1903 年 11 月 6 日起至 1904 年 9 月 30 日沿途所经地区的气象,包括站点的海拔、日最高与最低温度、天气状况等。三是地质,垂涎于西藏的金矿等自然资源,他们自然不会轻易放过这样的机会。其中重要的发现有在锡金边界地区的新生代海床,以及之前冰川从喜马拉雅山向北相当大规模扩展的证据;拉萨附近的花岗岩是在广阔的侏罗纪地层中侵入形成的,经历了多次破碎和变质等。

对于探察活动所取得的成果,荣赫鹏在其书中不无得意地写道:"除了取得这些政治结果,还有科学成果。赖德上尉的勘测活动已提及;海登进行了有价值的地质标本采集,如今收藏在加尔各答博物馆,他所做的描述收在印度地质调查局记录中;沃尔顿的自然史和植物标本采集被收藏于南肯辛顿自然史博物馆和邱园中,并已被不同的科学著作所描述;华达尔上校没有发现传说藏于西藏古代世界的任何秘密,但是他收集了不少西藏典籍,现藏于大英博物馆。"

总之,此次探察深入西藏腹地,使得长期以来笼罩在西方人心头有关"圣城"的社会、宗教乃至自然地理、生物的那团迷雾得以部分解开。最大的意义在于改变了西方人有关西藏荒凉、贫瘠、高寒的主观臆想,他们发现原来西藏也有像雅鲁藏布江河谷地带这样拥有肥沃土地、适于耕作的地区,这是由之前的探险家偶尔提及而被荣赫鹏等人重新建立和确认的地理事实。

(二)勇闯珠穆朗玛峰①

出任英国皇家地理学会主席后,荣赫鹏与各种探险的关系日益密切。其中,20世纪20年代的珠穆朗玛峰远征行动,被视为他"退休"后最令大众印象深刻的事迹。他们在喜马拉雅山区的活动,不再具有任何战略性的目的,只是纯粹登山探险而已。

1920年,荣赫鹏在英国皇家地理学会就职演讲中说道:"如果有人问我,攀登这座世界最高峰的意义何在,我会回答:'毫无意义,不如踢足球、画图、弹钢琴或写书还来得有意义。'"发表就任演讲后三个星期,荣赫鹏就带领一群显要人士前往印度事务局,与西藏方面协调,西藏当局很快签发了登山通行证,"视现况需要,给予英属印度官员各项运输装备的协助"。他又私下寄信向达赖喇嘛致谢,表示登山者将会全力配

---

① 参考[英]荣赫鹏:《珠峰史诗》,黄梅峰译,北京:人民文学出版社,2016年。

合西藏官方的指示行事,并遵守当地习俗。

远征珠穆朗玛峰的神话就此展开。1921 年,英国皇家地理学会组织成立了英国历史上第一支珠穆朗玛峰远征队。远征队一共 9 名队员,主要由登山家和测绘专家组成,平均年龄 41 岁,最小的 31 岁,最大的 56 岁。这次远征完成了两个目标:一是对珠穆朗玛峰附近地区进行测量并绘制地图;二是对珠穆朗玛峰进行侦察,并确定了北侧的登山路线。

1922 年,远征队员将大本营设在不同的高度,共进行了 3 次攻顶行动。第二次的行动曾到达海拔 8229 米高度,第三次则遭遇雪崩,7 名岗巴挑夫因此丧命。远征队认为此次失败是坚持在恶劣的气候下出发所致,他们请当地喇嘛为死者做了几场法事,以消减他们因为攀登神圣的珠穆朗玛峰所积的罪孽。此事使远征队返国后饱受批评,但荣赫鹏对登顶的决心依然坚定。

1924 年,远征队在珠穆朗玛峰脚下卷土重来。他们这一年共进行了两次登顶尝试,领队爱德华·诺顿(Edward Norton)在不使用氧气的情形下,登上海拔 8534 米的高度。6 月 8 日早晨,参与过前两次攀登的队员乔治·马洛里(George Mallory)和队友安德鲁·欧文(Andrew Irving)再度尝试登顶,山巅上突然乌云密布,两人最终一去不复返。而有关两人死前到底是否曾经登顶的争议也成为登山历史上著名的“马欧之谜”——如果能够证明两人生前确曾登顶,这次攀登也将成为人类历史上首次征服珠穆朗玛峰。1999 年,一支由 BBC 赞助的美国攀登队在珠穆朗玛峰北坡大约海拔 8170 米处发现了马洛里的尸体,但是攀登队并没有发现他所携带的照相机,依然无法证实两人是否已经登顶。

此后的数年间,荣赫鹏和英国皇家地理学会都没有再登顶的企图。荣赫鹏根据前几次的登顶尝试写成了《珠峰:探勘探》《珠峰攻坚记》和《搏斗珠峰》,并把远征队拍摄的影像资料在英国各地宣传。1933 年,英国再次派遣远征队挑战珠穆朗玛峰,但仍以失败告终。荣赫鹏除了安排报纸版权外,对于其他事务并不热衷。他对于仍未有人登顶颇感失望,但和他同时代的人们看法不同的是,他认为登顶并非不可能的事。人类首次登顶珠穆朗玛峰的壮举,已于 1953 年由夏尔巴人丹增与新西兰人埃德蒙·希拉里(Edmund Hillary)实现。

(三) 民族主义思想的先驱

如果说荣赫鹏在 20 世纪 20 年代的三次攀登珠穆朗玛峰尝试,或多或少饱含对他早年入侵西藏"峥嵘岁月"的追忆,那么,在他晚年转向对印度民族主义思想与独立运动的关注,则多少令人诧异。正如帕特里克·法兰区在《西藏追踪》中写道:1920 年间,荣赫鹏的精神领域和主张,又历经了一连串奇特而令人惊讶的转变,"他认为改造社会和实验的时机已经成熟,愿意冒世俗观念之大不韪寻找他的神秘论真相。"这样的转变丰富了他传奇的一生,令后人对他的经历更加好奇。

在生命中的前 50 年,荣赫鹏自卑羞怯、紧张而内向。随着年龄增长,他对别人对他的看法不像过去那么在乎,对于自己也抱着较轻松的态度,能随和地接受自己的个性。他出生于严格的福音派基督教家庭,19 岁离家到印度,入侵西藏后,又对形而上学的信仰产生了深厚兴趣,决定将生命中所剩的日子用于传播民族主义思想。

1918 年,荣赫鹏曾一度认为,印度要走向自治至少再需要 100 年的时间。这种想法和他一贯的种族优越论有关——他认为"优越的民族"具有"保护、引导及激发较低等民族"的责任。1925 年,荣赫鹏在演讲时提到,殖民地在得到自由之前,必须能"证明"本身已有自治的能力。他还认为印度人"是一群敏感的人","若我们就此撤退,他们的痛苦将会比我们留下来更剧烈。"这种在本质上属于温和派的种族优越论,逐渐受到民族主义、反殖民主义思想的攻击。

与同时代的老维多利亚人相比,荣赫鹏最特殊也堪称少见的特性之一,是随着环境的变动或在受到启发时,愿意改变自我的想法。进入20 世纪 30 年代,圣雄甘地已经逐步开始和缓的独立行动,印度的政情渐趋于鼎沸。印度民族主义派积极展开各种集会,鼓励反抗英国的统治,意图将英国势力逐出印度。而这一时期,荣赫鹏对英属印度的看法有明显改变。他在 1930 年出版的《印度之曙光——英国人的意图与印度人的渴望》中强调,英国正面临一个艰难的抉择,"我们必须信任印度"。

对于圣雄甘地，荣赫鹏盛赞他为"真正的民族英雄"，其"名字将被印度历史永远夸耀为印度最伟大的圣者之一"，而甘地也缠着裹腰布和象征性的围巾，前往自金汉宫赴会，与荣赫鹏讨论印度的前途。此时，荣赫鹏突然被视为印度革命新论点的重要人物，英国广播公司以"印度前瞻"为主题，请他上节目发表意见，而他则强调"非西化印度"具有高度的重要性。从来不曾感受过如此自信的荣赫鹏，大部分时间都花在与各类圣者、思想家和政客人士的会面上。

作为一名毫不松懈的运动分子，荣赫鹏积极参与并组建各类协会、组织，即便在退休后也是活跃的公众人物。第二次世界大战爆发前的几个月，他激烈批评法西斯主义，号召所有的宗教应该团结一致，"为世界缔造真正的和平"。他铆足精神，全力四处奔走推广世界情谊的联结，以及促进宗教对话。荣赫鹏算不上是和平使者，但他想以实际的努力解决纷争，以神秘的感情联结作为途径，开创超越世俗的世界和平。

藏族与周边民族文化交流研究

[美]罗伯特·B.埃克瓦尔

一、学术经历

从地理上讲,安多藏区处在青藏高原的东北部,幅员辽阔,是亚洲许多大江大河的发源地,被早期西方探险家称之为"亚洲之心";从地缘文化讲,安多藏区是藏缅文化、汉文化和阿尔泰文化三种文化的交汇之处,有着丰富的民族学、人类学研究素材,其中蕴藏着欧亚大陆古代民族向现代民族演变的进程。到 20 世纪初,西方植物学、动物学、民族学、人类学都提出了对这一地区进行探索的要求。特别是安多藏区存在许多不为西方人所知的"盲点"。

罗伯特·B.埃克瓦尔(Robert B. Ekvall)中文名艾明世,于 1898 年出生于甘肃岷县(今甘肃岷县)。他的父亲大卫·保罗(David Paul Ekvall)和叔叔马丁·埃克瓦尔(Martin Ekvall)是第一批进入藏区的宣道会传教士。童年的埃克瓦尔跟从父母学习,母亲教英文拼写,父亲教文学;年纪稍大一点时,他又跟随父亲学习拉丁文并接触瑞典语。在埃克瓦尔的记忆中,每天下午 3 点,父亲常常为他阅读经典文学著作,像《伊利亚特》《奥赛罗》《天路历程》等名著和一些从瑞典语和冰岛语翻译过来的作品,这为他的语言天赋和文学才华打下了基础。

父亲去世后,埃克瓦尔随母亲回到美国。他于 1913 年至 1916 年间在纽约威尔森纪念学院就学;1916 年至 1920 年在惠顿学院获学士学位。1937 年至 1938 年,他还在芝加哥大学做人类学研究。惠顿学院是一所基督教大学,很多传教士的子女都在这所学校读书。也正是由于这个原因,埃克瓦尔曾被要求返回中国传教,他会讲汉语被认为是一种宣教优势。

1922年,埃克瓦尔循着父母的足迹,在宣道会的资助下启程赴中国,开始了在甘肃汉藏边界地带的传教历程。他一度在他父亲所建的甘肃圣经学校教课,传教工作也总是伴随着对当地文化的学习。作为汉藏边界传教士的第二代人,汉语亦是埃克瓦尔的母语,他对汉、藏文化充满兴趣,这使得他有机会接触到当地的学者和知识分子,利用游行传教的机会到汉人和穆斯林街区访问,并多次在藏区做短期旅行,向当地人传教和学习藏语。他学习藏语的方式很特别,他告诉前来的僧人教师:你不必教我藏语,我只想听你说。"我想体验一种新的教学方式——从声音到意义,而不是从意义到声音。不是通过查字典找出拼写方法,而是先听到声音,从自然中学会语言。"

1929年夏,埃克瓦尔与家人到达今天甘南藏族自治州碌曲县传教。1930年,经当地头人的允许,埃克瓦尔一家在达仓拉莫地方住了下来,这次经历为他写作《西藏的地平线》提供了丰富素材。他在书中提及了在郎木寺地区创立传教点的过程,当地人称他为"外国的僧人"。在今天来郎木寺的西方人中,有不少人是通过埃克瓦尔的著作获悉此地的。由于国内政治军事形势的动荡,埃克瓦尔于1935年返回美国。在美国休假期间,他开始着手写作宣道会在中国西部教区的历史。在芝加哥大学社会科学部举办的"种族与文化的关系"会议上,埃克瓦尔提交了《甘肃汉藏边界的文化关系》一文,这是他第一部人类学意义上的著作。

1940年前后,埃克瓦尔曾短暂回到甘肃。1941年至1943年,他去看望他在法属印度支那的传教士儿子,不幸被后来偷袭珍珠港的日军拘留。获释后,由于他会讲汉语和对亚洲的熟识,美军要求他加入在印度支那的部队,并授予他上尉军衔。不久,埃克瓦尔被派往中国重庆的美军指挥部,在军中做翻译工作。1944年的7月,埃克瓦尔在战事中受了重伤,住院长达9个月。康复后,他被派往马歇尔使团(Marshal Mission)工作。当时马歇尔正在为国共两党的停战做调停工作,他在马歇尔官邸担任翻译。1951年,埃克瓦尔以少校职衔退役后开始涉足学术,但朝鲜战争爆发后,他再次应征入伍,被授予中校军衔,参加了板门店谈判和日内瓦亚洲会议。1958年,埃克瓦尔再次退役,成为一名研究员。

退役后,埃克瓦尔于1958年至1960年出任华盛顿大学亚洲研究项目主席,1960年至1964年出任华盛顿大学远东学院研究教师,1965年至1969年任华盛顿大学托马斯·布克纪念馆(the Thomas Burke Memorial Museum)名誉馆长职务,以及1969年至1974年任华盛顿大学人类学学院研究助理,并于1974年退休。中美建交后,埃克瓦尔得以再一次访问中国。他到达过西安,但没有重返曾经传教过的甘肃省。

上世纪40年代,西方藏学研究中心仍在欧洲,而美国藏学研究尚未完全起步。埃克瓦尔从事学术研究后,利用自己的语言优势,成为二战后美国最重要的藏学家之一。埃克瓦尔著有大量关于藏区文化及其传教的学术著作,仅中国学者整理统计的就有10余部。与一般的传教士不同,他对土著文化有着浓厚兴趣。在藏区时,他穿藏服、用藏名、交藏族朋友,过着与藏族人一样的生活,颇有自得其乐之势,这也为他转向人类学研究奠定了基础。他的著作往往能跳出前一时期西方探险家泛泛而谈的叙述,对文化自觉、文化交融、文化排斥等问题进行深入研究。此外,埃克瓦尔也是学术活动的组织者,并经常发表藏学研究的书评。

二、代表著作

《藏族与周边民族文化交流研究》评议①

埃克瓦尔所著《甘肃、青海交界地方的文化关系研究》一文,是研究早期基督新教在中国边疆传教和广义之甘南区域族群关系的珍贵史料。埃克瓦尔从未到过今天的西藏,书中使用的"Tibet"指在1929年成立青海省之前的甘肃南部藏区。除了包括今天的甘南地区、临洮、临

---

① 参考[美]罗伯特 B. 埃克瓦尔、[美]波塞尔德·劳费尔:《藏族与周边民族文化交流研究》,苏发祥、洛赛译,北京:中央民族大学出版社,2013年。

夏等地,还包括今天甘肃的河西、天水、陇南以及青海甚至四川的部分地区。

在本书中,埃克瓦尔以第一人称叙述了他及家人在该地区的生活经历,内容涉及了当地藏族社会基本方面,如寺庙的社会干预功能和僧人的社会角色、彼此独立而又相互对立的各大藏族部落、部落间的世仇和恩怨相报等,还详细描述了游牧藏族的生活和风俗习惯、价值观和处世方式等。身为一名西方人,他从开始的传教士身份介入当地牧民的社区里,并逐渐融入当地人的生活中,直到"成为一名真正的藏族人"。这之间发生的许多意外事件及生活趣事都在他的笔下熠熠生辉,具有极强的可读性。

埃克瓦尔第一次概括了安多区域边缘汉族、穆斯林、定居藏族和藏族牧民的族群关系,从整体上观察安多区域的各族群的文化关系。他在全书中用四章的篇幅论述了本地区四组文化的互动关系:汉族与说汉语的穆斯林、汉族和藏族农民、穆斯林和藏族牧民、藏族牧民和农民,并对这四组文化关系从生态、贸易、经济生活、族际交往、心理特性、宗教、人口生育等视角予以审视,通过一系列的参与观察进行论证。

在汉族与穆斯林的对比中,基于相似的经济基础,埃克瓦尔更重视两个族群在精神层面上的差异和隔阂,分别从宗教、丧葬、人口增殖等方面着笔,特别在饮食细节上注意到汉族和穆斯林分别对牛肉和猪肉的禁忌。

在汉族与藏族农民的文化关系上,他注意从疾病、生育等方面着手,深刻细致地描述了藏族农民的河谷农业生活以及汉族向藏族农区的人口流动。他对所谓"半番子"(半藏半汉)的形成过程提出了有说服力的解释,敏感地指出:出于藏族农民被汉族和牧民双方嘲笑,他们本身更愿意强调"西藏出身"这个事实。

在定居藏族与游牧藏族的文化关系上,埃克瓦尔比较了藏族农民和牧民在部落组织和宗教信仰上的差异,相比较牧民而言,农民是藏族中宗教的最虔诚信仰者,更容易受到寺院的控制。他强调虽然同为藏族,他们之间的区别不仅在于居住、职业、习惯等方面,还体现为他们在行为标准和人生一般看法上的不同。他注意到藏族牧民的优越感和农民对牧民生活的向往,"他们在有荫护的生活中,获得了更多的安全与舒适,但他们认为马背和帐篷的生活才是理想的。"埃克瓦尔从社会控制、生活必需品的产出、生活态度等方面给出了不少佐证。

在穆斯林与藏族牧民的关系上,埃克瓦尔则论述了穆斯林的藏区贸易和牧民在汉藏边界的贸易方式。为了寻求财富,穆斯林男性多达数月在藏区过贸易生活,接纳了很多藏族的生活方式。宗教上的信仰对于他们长期的冒险生活起了重要作用。他甚至用了一个有趣的例子来描述藏族劫匪对汉族商队和穆斯林商队的不同态度:当被抢的商队喊出"老天爷"时,我们就知道商队的货物是我们的了,当商队喊出"安拉胡大"时,我们知道这是穆斯林的商队,那就麻烦了。

藏族人的汉化、汉族人的藏化一直是安多区域研究中的重要课题。埃克瓦尔深入描绘了安多区域的人口流动规律,对汉族人进入藏族人农区、藏族人农民进入牧区给出了合理的解释,并按照一定的步骤揭示了"汉化""藏化"的演变规律。按照他的研究,安多藏区从汉藏边界到藏区内部的人口流动呈以下方式:由于藏族在人口繁殖上的劣势,汉族常以入赘和移民的方式迁入这一地区,进入藏地的汉族在初期开始"藏化",表现在从藏俗、穿藏服、学习藏语甚至信仰藏传佛教;藏族农区接近牧区的地方却常常发生农区家庭的分化,一部分人口开始从事牧业,向牧民转化,尤其是富裕的农民在农区未经开垦的山地建立黑帐篷——这被认为是游牧的象征。

以上的讨论之后,埃克瓦尔得出结论回应四个双箭头的意涵:

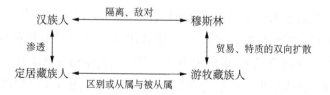

美国著名社会学家赫伯特·布鲁麦尔(Herbert Blumer)等 5 位教授对这一结论的评价是:"四个群体之间最为明显的差异似乎在于各群体对外来影响所表现出来的抵制,还表现在最易发生变迁的生活领域。

穆斯林和游牧藏族人看似两个秉性坚韧,或者说有较强抵抗意识的群体。相比之下,汉族人较为温顺,但汉族人有自己的汉文化底蕴,使其持续绵延,并凭借程度最小的冲突将汉文化渗透到其他群体中。也许我们能够以心理学为定位,找到一种更为严密而准确的方法,通过这些差异来研究不同的关系。"

他们进一步认为,埃克瓦尔的个案研究强调社会和文化之间的接触和相互关系,而不是进行单个群体的独立研究。"他也提醒我们注意这样一个事实,即尽管每个群体与其他的群体之间有接触,但由于每个群体都有自己的文化和生活方式,同时其内部也在经历着发展和变化,因而没有强制性的接触。"

总的来说,上世纪 40 年代,在美国学界关于族群关系和族群理论的研究尚未兴起,但埃克瓦尔的研究显然已触及这一当今学术热点。历史上,毗邻内地的当今甘肃、青海藏族地区除了世居此地的藏、汉和穆斯林民族外,一直是多民族居住、交流的走廊。这里也就成为各种军事、政治、经济、文化等力量角逐的场所,同时塑造着这里的多族群、多文化的共存共融以及相互影响。即使在今天,研究这一地区民族间的互动,对认识历史上和当今这一地区的民族关系和民族关系模式仍然十分重要。埃克瓦尔率先从"族群关系"的角度来认识和分析安多藏区,这些珍贵的素材和跨学科的研究方法至今仍具有很大的启发意义。

三、其他研究

埃克瓦尔的一生大致可分为传教士、从军翻译和藏学家三个阶段。作为美国藏学研究的开创者之一,他著述颇丰,尤其是他对安多藏族牧区的人类学研究成果,现已成为从事藏区人类学研究者不可或缺的参考书目。国内对埃克瓦尔的介绍还只是"冰山一角",在已翻译的作品中,他的研究还涉及藏区人类学调查、萨迦派的政治体制研究和藏戏研究等方面。

(一)藏族游牧生活研究

埃克瓦尔出生在甘肃藏区,成年后也在该地区生活多年,对藏族游牧生活的研究构成了他藏学研究的核心。凭借 1930 年到 1935 年之间和 1940 年前后在甘肃藏区的生活,他写成了《西藏的地平线》①,该书以第一人称叙述了他及家人在该地区的生活经历,内容涉及了当地藏族人社会基本方面,如寺庙的社会干预功能和僧人的社会角色、彼此独立而又相互对立的各大藏族部落、部落间的世仇和恩怨相报等,还详细描述了游牧藏族的生活和风俗习惯、价值观和处世方式等。

埃克瓦尔在该书的引言中写道:"本书既不是讲述一个传教士家族像传教士们通常采取的冒险行动一样去完成传教工作,也不是记述传教士如何进行传教,然后提出自己的需要和酬金。书中没有任何想以藏族人为衬托,来显示我自己和我的家族的意图。相反,我们在那里的生活将成为读者了解我的藏族朋友们和生活在这块土地上的人们的窗口。"他在书中文采横溢,既有"远处,在地球和天空连接的地方,苍白阴暗的流雪勾划出地平线的轮廓"的自然景观,又有"牲畜群和旅行队在远处徐徐蠕动,然而牧民们的那些黑色帐篷依然耸立在狭长的草地上"的人文情怀,藏族游牧生活的浪漫和他们生活中的艰难困苦被刻画得淋漓尽致。该书于 1951 年出版后,受到美国学界的广泛关注,埃克瓦尔还获得了"作家"的赞誉。

1961 年至 1964 年期间,美国华盛顿大学连续举行题为"西藏社会和文化"的学术研讨会,埃克瓦尔在参会的基础上写作了《蹄上生涯:藏族游牧生活的中心》一书。这本书共十章,涉及地理位置和特点、高海拔地区的生态、作为资源单位之牲畜、牧民与文化认同、牲畜之照料、牧场上的播种与收割、文化之非物质领域等。该书每章内容篇幅不长,但描写深入细致,体现了作者对安多藏族牧区及牧民生活的熟悉程度。

埃克瓦尔在书中认为,牧民们机敏、刚毅、傲慢、富有侵略性和慷慨大方。他们携带的文化由三种不同的模式所构成:源自农业和定居社区的文化模式、高海拔环境中特有的文化模式和从较早时期的一个狩猎生涯适应传承下来的模式。"他们是佛教徒,按说不应杀生,但作为

---

① 参考[美]罗伯特·彼·埃克瓦尔:《西藏的地平线》,刘耀华译,拉萨:西藏人民出版社,1992 年。

草原游牧人,为了生存,他们必须杀生。他们的神灵不单单是藏区定居农民的神灵,因为他们拥有自己特有的山神,这是根植于高海拔地区才有的民间信仰的一种宗教。"

该书对藏族游牧地区许多因素之间复杂的相互依赖关系,包括自然与人文环境造就的独特人格特征、社会结构、角色的分配等。对藏族传统游牧生活和游牧文化的研究一直是国内外学界所关注的热点之一,埃克瓦尔可以说是西方从事藏族牧区文化研究的第一人,他的研究提供了有关高原人生活的至为重要的认识图景。

(二) 藏戏研究

作为八大藏剧之一,《弟弟顿月》的名称和它讲述的故事在藏区几乎妇孺皆知,但关于剧本之作者、主要情节之来源等,研究者寥寥无几。1924 年之后,一些西方学者陆续将《诺桑王子》《苏吉尼玛》《囊萨文波》《白玛文巴》和《赤美更登》等剧目的全部或部分内容翻译成了英文,但《弟弟顿月》一直没有英译本。从 1951 年开始,埃克瓦尔与人合作翻译和研究《弟弟顿月》,但直到 1969 年才出版发行。全书由前言、译文、书目、注释和藏文原文五部分组成,还有少量的插图。

《弟弟顿月》有很多不同的名称,如《顿月顿珠》《小顿和大顿》等,该书是一部以第三人称叙述形式撰写的"带有政治目的的寓言故事"。17 世纪中叶以后,四世班禅罗桑确吉坚赞在格鲁派统一西藏的过程中立功至伟,他也因此受到了当时包括蒙古汗王在内的格鲁派上下的普遍尊敬。但到五世班禅时期,正是五世达赖喇嘛阿旺·罗桑嘉措和第巴桑杰嘉措假借五世达赖喇嘛之名掌权时期,加上清朝中央政府的大力支持,以拉萨为中心的贵族牢牢掌控了甘丹颇章地方政权,以日喀则为中心的班禅势力集团在权力斗争中处于不利地位。五世班禅罗桑益西撰写《弟弟顿月》的政治寓意显而易见。

为此,埃克瓦尔等人在书中认为:"故事有两个独立而鲜明的主题:一个是有意识安排和策划的主题,从一开始就已阐明;另一个是热情而充满感情的主题,没有计划而徐徐展开,似乎不太关注对戏剧'信息'的过分强调。前一主题带有政治性,关注为权力而展开的阴谋和斗争,但主要依靠宗教的观念和制裁而展开。后者是展现同父异母兄弟间真挚友爱之情的民间主题，广为人们喜闻乐道，从而取得了其重要性。前面所引用的各种不同名称就说明了这一情感主题的流行程度。"

随着藏传佛教格鲁派在藏建立起政治权威，围绕以拉萨为中心的达赖喇嘛势力范围与以日喀则为中心的班禅喇嘛的势力范围之间的矛盾逐渐凸显。1642 年，固始汗授权达赖喇嘛掌握对所有藏区的世俗权力和达赖喇嘛在宗教领域对班禅喇嘛的优越感，引起了藏区部分势力集团的极度不满。《弟弟顿月》就是在这样的权力斗争背景下被创作出来的，"试图树立班禅喇嘛在宗教上的优势地位"。

关于五世班禅所著的《弟弟顿月》与藏戏《弟弟顿月》之间的关系，埃克瓦尔等人认为两者根本就是一回事，而《藏族文学史》中认为两者在内容上没有什么出入，所不同的是藏戏剧本是说唱本，而五世班禅是用陈述手法描写故事情节。国内学界似乎对此尚无定论。

（三）藏族宗教研究

埃克瓦尔于 1964 年与人合作出版了《西藏的宗教仪轨》，这是一部讨论藏族宗教仪式的著作。他在书中提供了一个简便的结构，将藏区普通佛教徒的生活通过 6 个不同的方面清晰地展现出来：信仰的态度、言语的宗教实践、供施、礼赞活动、转经和占卜术。在通过多个章节展示这些宗教仪式之前，他从环境和心理的影响两个方面勾勒了藏传佛教形成的概貌，并且重构了远离知识范围的这一背景——原始佛教的信仰与实践。

《活佛转生故事：一部西藏传奇的诞生》于 1981 年出版，讲述的是格尔底寺活佛转世的故事，以及这件事怎样成为寺院和牧民政治生活的中心。埃克瓦尔在序言中说，这些故事的人物是真实的，他还亲身见证了部分事情。此外，埃克瓦尔有大量的论文发表在西方的人文社会科学杂志上，如《命价：藏人的生命赔偿习俗》（《社会学家》杂志，1954年第 2 期）、《西藏萨迦地方对水的利用和支配》（《亚洲研究》杂志 1963年第 3 期》）、《藏人游牧部落的和平与战争》（《美国人类学家》杂志1964 年第 5 期）等。

作为长期在藏区工作的传教士，埃克瓦尔在传播福音的过程中接触过形形色色的藏族人。他很熟悉藏族人带着怎样的世界观来观察和理解基督教，又对基督教的哪些内容最先发生兴趣。为此他论述了藏族人对基督教的认识：

例如，《主寻亡羊歌》是基督教范围内最受欢迎的名歌之一，典故源于《圣经·新约》的《路加福音》15 章"迷失的羊"。这首曲子描述的是神以爱寻找亡羊，不遗弃罪人。若从字面意思看来，是拥有 100 只羊的好牧人找寻丢失的一只羊的故事。埃克瓦尔在分析接触基督教的藏族人为何喜欢这首歌时，讲道仅仅是因为他们也是"牧羊人"。藏族人是很单纯的喜欢，并没有顾及这个比喻背后的宗教内涵。1935 年，埃克瓦尔在甘肃认识了一位藏族基督徒。这个人曾是一位巫师，后来承认了基督教，原因是藏传佛教相信转世，如果他选择信仰基督教是个错误，他仍能在来世获得修正的机会；但如果信仰基督教是正确的，他就永远失去机会了。

在总结自己的传教工作时，埃克瓦尔认为他的独特贡献在于考虑到了藏族对宗教的理解和感受。从中可以分析一个信仰发生动摇的藏族人，是怎么利用藏传佛教世界观中的关于"轮回"的观念来安抚自己不安的内心，并把它作为自己转向基督教的一种实用性策略。

中部西藏与蒙古人——元代西藏历史

[意]卢西亚诺·伯戴克　著

一、学术经历

卢西亚诺·伯戴克(Luciano Petech)生于 1914 年。他 1936 年毕业于罗马大学,获文学博士学位,1955 年担任罗马大学教授,1989 年至 1995 年担任国际藏学会(IATS)主席,后任意大利罗马大学东亚研究所荣誉退休教授,于 2010 年辞世。伯戴克是继朱塞佩·图齐(Giuseppe Tucci)之后意大利最杰出的一位藏学家,也是在国际上具有广泛影响力的著名藏学家之一。

伯戴克的学术研究主要集中于中国史和中国印度关系史、印度历史地理研究领域,特别是中国西藏研究和喜马拉雅地区的历史研究成果突出。他出版了 14 部专著并发表了 100 多篇论文,不少研究被翻译成多种文字,对世界藏学界产生了极大影响。伯戴克具有非凡的语言能力,除了藏语、梵语、汉语、乌尔都语和欧洲的古典和现代语言外,他还掌握阿拉伯语、尼瓦尔语、印地语、蒙古语和日语。

在吐蕃历史文献与历史研究方面,伯戴克发表了《敦煌编年史考释》《伯希和藏文卷子 1287 号的结构》《吐蕃王朝的瓦解》等文章。

在元代西藏历史研究方面,伯戴克发表了一系列有重要影响的成果。例如,《桑哥,元朝中国的一位藏族宰相》,伯戴克在研究中依照藏文史书《汉藏史集》等书籍的记载,认为担任元朝右丞相的桑哥是藏族人。他的《蒙古在西藏的括户》一文专门探讨了元朝在西藏进行户口清查的问题,《元代西藏边缘地区的机构》分析了设立在西藏本部地区边缘地区机构的情况,而《元代和西藏有关的帝国王子们》则考察了参与经营西藏并与涉藏事务有关的几位元朝王子的情况。此外,他还对《吐蕃与宋蒙关系》进行了分析研究。

在清代西藏历史研究领域,伯戴克教授著有多部具有很大影响的著作,诸如《18世纪初期的中原和西藏》和《1728—1959年西藏的贵族与政府》,后者较为系统和深入地研究了清朝西藏贵族的历史,对于厘清地方上层之间的关系、所扮演社会角色,以及帮助人们了解清代西藏上层贵族家族历史,提供了很好的范本。他的《拉藏汗:西藏的最后一个和硕特统治者》对这位和硕特蒙古汗王拉藏汗的生平事迹作了系统和扎实的研究,而《西藏的达赖喇嘛和摄政:一个编年史研究》一文,则对清朝西藏地方的另一项制度——达赖喇嘛和摄政制度的历史脉络进行了勾勒。他的《1860—1880年到西藏的中国和欧洲旅行者》还探讨了内地入藏旅游者和欧洲前往西藏的旅行者的相关史事。

在西部西藏区域史研究领域,伯戴克同样做出了突出的成就,这方面的代表性著作包括:《拉达克编年史研究》《公元950—1842年的拉达克王国》《1681—1683年的西藏、拉达克、莫卧儿战争》《在西部藏区和拉达克的止贡派》《雅泽、古格、普兰:一个新的研究》《古格普兰地区年表》等。

在西方传教士在西藏活动历史方面,他编著的《去西藏和尼泊尔的意大利传教士》(7卷本),是研究意大利传教士在西藏活动无与伦比的重要资料;《藏文文献中有关特纳和博格尔出使的记载》,则利用藏文资料补充了特纳和博格尔出使中国西藏地方的史事。此外,伯戴克还著有《尼泊尔中世纪史》《亚沙史选集》和《水经注中的北印度》等与西藏历史研究有关的成果。

作为一名历史学家,伯戴克尽可能从一种批判的角度来论证资料的可信度,从而避免论述受意识形态或宗教成见的影响。他的许多研究成果曾被翻译介绍给中国的学术界。仅专著就有《中部西藏与蒙古人——元代西藏历史》《18世纪初期的中原与西藏》和《1728—1959西藏的贵族和政府》,《拉达克王国:公元950—1842年》也以论文连载的形式与中国学者见面。此外，国内学界还陆续翻译了他的《1681—1683年西藏、拉达克以及莫卧儿的战争》等论文。应该说，伯戴克在西藏地方史及其与周边地区关系的研究，是国内相关领域研究的重要参考资料。

伯戴克师从于意大利著名藏学家朱塞佩·图齐，也是后者最为亲密的学生之一。朱塞佩·图齐收集的西藏文献为伯戴克的研究提供了极大帮助，使他能够将当时在西藏社会中的各种关系清晰地呈现出来。

如果把朱塞佩·图齐比喻为意大利的现代佛学研究之父，那么伯戴克、马里奥·卡尔利（Mario Carelli）、拉尼埃罗·尼奥利（Raniero Gnoli）和科拉多·彭萨（Corrado Pensa）等人则构成了第二代学者的中坚力量。目前担负起继承意大利的印度—西藏和西藏研究传统任务的是第三代学者，他们在与西藏相关的考古学、艺术史、历史、哲学和文本考据学等方面仍具有相当的国际影响力。

二、代表著作

《中部西藏与蒙古人——元代西藏历史》评议①

《中部西藏与蒙古人——元代西藏历史》是伯戴克晚年的一部力作，同时也是他 10 余年来研究元代西藏地方历史的一个总结，系统反映了他对元代西藏史上许多重要问题的看法，也是近 20 年来国外元代西藏史研究领域水平较高的一项成果。全书大致围绕两条线索展开：元朝西藏地方与中央的关系演变和元朝关于西藏的制度结构设置。

伯戴克从元朝与萨迦地方政教势力合作关系的建立起笔，以 1260年为界分为前后两个时期。前一个时期被作者描述为这种关系初步确立阶段，探讨了蒙藏的早期接触，阔端邀请萨迦班智达前往凉州会谈，确定西藏归附大蒙古国之下，以及蒙哥汗对西藏的治理，八思巴从窝阔

---

① 参考［意］伯戴克：《中部西藏与蒙古人——元代西藏历史》，张云译，兰州：兰州大学出版社，2010 年。

台系转至托雷系的忽必烈麾下等。"在 1258 年,八思巴开始依照藏传佛教的神秘教义,向忽必烈传授。这一事件,依照后世萨迦派的说法,把它看做是西藏人在蒙古人世界传教的真正开始。在同一年,他参加了第三次佛道辩论会,在此之后,他的晋升得势趋于稳固。忽必烈明确地选择他作为自己在西藏问题方面的顾问和工具。"

后一部分则考察了 1260 年忽必烈登基以后,任用八思巴,在西藏地方实施各项政策与制度,以及平息西藏地方出现的叛乱事件;对八思巴在西藏的活动,本钦释迦桑布、白兰王恰那多吉、桑哥、阿迦仑等重要人物的事迹,处死贡嘎桑布、平定"止贡之乱"等事件。

在"元朝-萨迦统治的稳定时期(1290—1330 年)"部分,伯戴克重点探讨了昆氏家族嫡系后裔达玛巴拉(恰那多吉之子)去世(1287 年)、"止贡之乱"(1290 年)、桑哥被处死(1292 年)和忽必烈晏驾等一连串事件之后,西藏地方历史所发生的一些变化。主要围绕两个线索:一是历代本钦管理乌思藏地方事务及相关业绩情况,例如阿迦仑的出色成就等;二是萨迦昆氏家族内部发生的变化,即原来受到排斥,被放逐到江南普陀山的达尼钦波桑波贝,因为达玛巴拉的去世萨迦昆氏面临绝嗣而被召回萨迦,并众娶妻子,繁衍后裔。公元 1322 年,在衮噶罗追坚赞的主持下,西藏地区一分为四,形成细托、拉康、仁钦岗和堆却四大拉章,这也导致并预示着萨迦政权势力的衰弱。

伯戴克最后论述了萨迦政权的衰落与崩溃,以及代替萨迦地方政权的帕木竹巴势力的崛起。首先,伯戴克重点分析了以今西藏山南乃东地方为根据地的帕木竹巴政教势力的早期活动,萨迦派面对帕木竹巴的崛起,联合蔡巴、唐波且、雅桑等,在本钦的领导下联合对付绛曲坚赞。其次,伯戴克分析了绛曲坚赞和帕木竹巴万户的危难与成功。元朝曾经在 1344 年和 1345 年连续派出两批钦命使者,前往乌思藏清查人户或者校订人户数额,审理纠纷,并恢复地方正常秩序。绛曲坚赞既面临着挑战萨迦权威自身政治上的合法性问题,又面临着强大联军军事上的压力问题。经过艰苦努力,他克服了一个个困难,在赢得军事上成功的同时,也获得了越来越多的支持,从而度过了最艰难的时期。第三,作为西藏地方新的帕木竹巴巩固的政权,绛曲坚赞成功抵挡住来自本钦甲瓦桑布部联军所带来的压力,逐渐控制了乌思藏地区局势。1261 年,绛曲坚赞在大局已定的条件下派人到元朝廷,请来了"大司徒"的印信,从而获得合法身份,名正言顺地取代了萨迦地方政权。

伯戴克用中心章节详述了元朝西藏制度结构。内容包括:第一,元朝设立在中央的机构即总制院和后来的宣政院和职官设置等情况。第二,伯戴克认为帝师是帝国政府中一个常设的职位,他享有无上的荣耀,部署重大安排,在总制院以及后来的宣政院中发挥着极为重要的影响力,宣政院的院使之一是由他推荐的。第三,是元朝廷设在乌思藏地区的机构,即乌思藏、纳里速、古鲁孙等三路使司都元帅府,也即乌思藏宣慰使司。随着机构的设置,蒙古的大量职官和机构用语也引入西藏,元朝在那里驻扎着军队。第四,是本钦问题。伯戴克认为:"本钦以他自己的权力管理萨迦寺的土地财产,除此之外,他以其能力作为帝国的一名官员在宣慰司的控制下行事。在此前提下,他是中部西藏自治政府的首领。"同时,他也分析了"乌思藏宣慰使"与"本钦"之间的关系。

此外,伯戴克还考察元朝在西藏地方实施的人口普查问题。分析了人口普查的时间、承担普查的官员及乌思和藏两部分的范围、计量单位(霍尔都)、计算上的十进位制、僧户和俗户,以及最后获得的人口数据。元朝之所以在西藏地方清查人户,其目的就是为了实施征税,在帝国全境实施有效的统一政策。他依据藏文史书《汉藏史集》的记载,考察了元朝在西藏设立的十三万户。在驿站方面,他认为驿站对元朝与乌思藏的交通联络是极为有益的,并分别考证了驿站的位置。

在元朝西藏制度结构的章节中,伯戴克吸收学术界的相关成果,对帝师的地位、权力以及他与皇帝的关系等原则性问题作了更加明确的论述。他认为:"我们必须永远记住:不管帝师如何受到尊敬,他只是皇帝设在朝廷的一名官员,很难进行任何违背蒙古人利益的行动。在中部西藏,他的法旨如同皇帝的圣旨一样具有效力,但是,他的命令是在地方机关官方文件的范围之内传达的。如夏鲁文书所示,帝师发布命令是在皇帝的权力之下才有意义,尤其是在财产和特权的批准方面。除此之外,他没有直接参与对于中部西藏政府的实际管理。"关于元代西藏地方的地位,伯戴克将西藏视为元朝的一个地区,"被赋予一种在所有边疆地区所建置的制度",清晰地指明了元朝中国中央政府对西藏地方行使有效管理的客观事实。

从史料来看,全书较为充分地利用了研究这一时期历史的最基本的藏汉文资料,如《红史》《新红史》,尤其是《汉藏史集》《司徒遗教》《朗氏宗谱》和《萨迦世系史》,以及收录在图齐《西藏画卷》中的《夏鲁文书》。在汉文史料上,全书主要利用的是明初官修的《元史》。伯戴克对这些史料做了十分认真的甄别和辨正工作,并对藏汉文史料用心加以对勘,使许多含糊的资料得到落实,大大提高了史料的价值,也使立论有了坚实的基础。但受该书的篇幅所限,一些较为重要的资料没有被利用。例如释迦仁钦岱的《雅隆尊者教法史》、噶托仁增才旺诺布的《阿里贡塘世系》等,有助于说明萨迦派在这一地区的施政。除《元史》外,对元人文集和其他资料的发掘却还存在着不足之处。

尽管如此,丝毫不能否认该书在元代西藏历史研究中的价值。这是伯戴克一生从事学术研究的总结性著作之一,他充分利用藏汉文文献,并认真将两者相互对勘,能从元朝中国历史的大背景中去认识西藏地方史的内涵的方法,更是值得人们学习和思考的。研究西藏地方史绝对不能离开中国史,但藏文史料中往往缺乏年代、缺乏背景,汉文史料对西藏的记载缺乏事实细节。伯戴克对两者进行了认真对证,使史实落到实处,这是由长期以来汉藏两族以及中国境内各族文化相互交流的历史决定的,也充分说明了西藏历史发展的趋势和归宿——成为中国领土不可分割的一部分的客观事实。

三、其他研究

伯戴克是继图齐之后,意大利最为杰出的藏学家之一。他的研究也继承了师门的传统,在西藏政治、宗教、历史、艺术等方面均有所涉猎。根据已被翻译成中文的文献,还可以从以下几方面了解到这位藏学家的研究成果。

(一) 18 世纪前期的中原和西藏[①]

这是伯戴克对西藏地方与清朝政权关系的研究,伯戴克分析 18 世纪前期在西藏所发生的重大政治事件后认为,"它决定了西藏地方后来将近两个世纪,当时造成的政治状况一直延续到 1912 年。"这说明了这半个世纪的历史进程对于西藏地方的发展是有着极其深远的影响。在书中,伯戴克对于这段时期发生的重大事件和重要人物进行了全面剖析,他能够在征引大量文献资料的基础上尊重历史事实,提出新的看法,受到中外学者的重视和好评。

伯戴克认为,清康熙、雍正和乾隆皇帝在位时(1661—1796 年),中国在西藏的政策可以分为以下几个时期:一,1705 年以前,这个时期的特点是在西藏没有直接的政治行动,满洲皇帝只占有自元朝和明朝继承下来的模糊不清的宗主权形式;二,1706 年至 1717 年,康熙皇帝试图在没有军事占领和正规的驻扎官的情况下,仅仅依靠他的朋友拉藏汗的忠诚,实行对西藏的保护,并于 1710 年正式宣布对西藏的保护;三,准噶尔入侵风暴过去以后,从 1721 年至 1723 年清朝在拉萨的驻军对西藏政府实行监护;四,从 1723 年至 1727 年雍正皇帝试图恢复到第二个时期实行的办法,撤走军队,不控制藏政府;五,从 1728 年至 1750 年又开始第三时期的主导思想,在拉萨有两位驻藏大臣和驻军,但他们无权干涉西藏政治,他们的任务是向皇帝奏报西藏的情况;六,1751 年对西藏实行保护的组织机构已经形成,除 1792 年略有变动外,一直持续到 1912 年,授权给驻藏大臣对西藏进行控制和监护,并于 1792 年以后参与西藏政府。

伯戴克耗费了大量笔墨论述"清朝中央通过驻藏大臣和驻军在西藏行使主权,达赖喇嘛和摄政王及郡王在中央的支持保护下,通过噶厦政府在西藏地方进行行政管理",以及西藏地方与准噶尔及不丹、尼泊尔、拉达克之间的关系。他认为,"中国政府走过几经周折的道路,找到了控制西藏唯一可行的方式,持续了 160 年没有受到严重的挑战,直到

[①] 参考[意]L. 伯戴克:《十八世纪前期的中原和西藏》,周秋有译,拉萨:西藏人民出版社,1987 年。

中国旧秩序崩溃以后方才消失。"这些论述基本符合这一时期的史实，但将清朝中央对西藏地方行使主权仅仅看作是一种"监护"，有欠妥当。

伯戴克认为，18 世纪初期汉藏之间建立起来的政治上亲密的关系，在某种程度上对于他们的文化和生活方式起了相互影响的作用。他从"正统的孔教不会、也不可能在西藏树立它的影响，另一方面喇嘛教在清朝皇宫里大得欢心"，分析了汉藏文化之间的交流。在文学上，藏族文学几乎全是宗教的文学，不能影响汉族文学，而驻藏大臣大多是满族世家，对藏族文学抱着居高临下的态度。但在日常生活中，藏文里借用了许多汉语词汇，而有些藏语词汇成了汉族商人用语的重要部分。汉族的绘画对西藏绘画影响很深，西藏绘画在 14、15 世纪时已经吸收了汉族绘画的成分，到了 18 世纪藏族绘画已受汉族绘画深远的影响。"在拉萨和较大的地方的建筑物，在某种程度受汉族建筑术的影响，尤其是汉族式的屋顶更为突出。在汉藏新的关系中，汉族艺术的影响也许是永久存在的丰硕成果。"

这本著作秉承了伯戴克一贯严谨的治学风格，除英文外，涉及古梵文和法、德、意以及藏、蒙、满文等少数民族的语言文字；在内容上又涉及清朝历史、蒙古史、西藏史和准噶尔史等。其中，《七世达赖喇嘛传》《班禅二世传》《颇罗鼐传》《达隆首领史》《青海史》《甘丹寺法台传》等此前很少被利用的藏文文献得以在书中呈现，对研究这一时期的西藏历史提供了宝贵的资料来源和重要的线索。

（二）西藏的贵族和政府(1728—1959 年)①

对 1728 年至 1959 年西藏的贵族和政府的研究是伯戴克的另一部重要著作的内容，其目的是收集和分析有关西藏贵族中显赫家族的资料，研究对象是上层显赫贵族及其个别成员。"作为一种规矩，我只给1959 年以前为官的贵族成员（只要他们的身份能够被确定）立传。当今这一代，不管是留居西藏还是旅居国外，一概略而不论。"

西藏政府基本上可被分为世俗和僧侣两支，后者不在伯戴克的研

---

① 参考[意]毕达克：《1728—1959 西藏的贵族和政府》，沈卫荣、宋黎明译，北京：中国藏学出版社，1990 年。

究范围之内。世俗官员的骨干由 175 名贵族成员组成,只有他们才能谋取为俗人保留的政府官职。他们的官品根据 1792 年引进的清朝体系加以确定,然而清九品制中只有 5 种品位被正常使用,即从三品到七品。达赖喇嘛和班禅位居官品之外和之上。只有噶伦和汉式头衔的拥有者可被授予三品;多数高级官员属于四品。皇帝有时也赐予一名官员以高于正式属于他职位的个人品位,例如一名噶伦可被擢为二品。

从清朝乾隆时期到 1959 年以前,西藏政府的世俗部分以噶厦地位最高。噶厦实际上是在大昭寺附近的衙门的名称。作为西藏的最高行政机构,噶厦在大多数时间内享有与达赖喇嘛直接接触的权力。噶厦是向贵族开放的真正重要的官府之一,它对西藏政策的制定经常起决定性的作用。噶厦受制于驻藏大臣,但在日常行政事务方面仍执有最高权力。在 1912 年中华民国成立并撤离驻藏大臣后,噶厦成为实际上的西藏地方政府。

噶厦由 4 名三品官员组成,通常简称为噶伦,他们被认为高居于政府职业文官之上。噶伦之间地位平等,不设主席,资深者仅在威望和仪式次序上优先。他们的作用如同一个不设专门部门的委员会。当中 1 人经常被派遣执行一项特殊任务,包括去边远地区担任推事,或者偕同驻藏大臣四处巡视。噶厦拥有一批文职人员供其支配,包括 5 名噶仲。政府的税收和支出由孜康(意为财政部门)控制,孜康由三四名官列四品的世俗官员负责,称为孜本。噶厦有 3 个金库,其中最重要的是拉章恰宗,位于大昭寺附近,布达拉宫内还有一个达赖喇嘛的私人金库。由于不存在完备的司法,噶厦仅在拉萨有专职司法官员,地方长官在民事和刑事案件中兼任法官。军队的最高级官员是四品的代本。

伯戴克认为,早在 18 世纪 20 年代上列概述的中心政府结构即已存在。几乎所有官员头衔在当时的藏文文献和意大利传教士的书信、报告中均可寻见。“在此以后的整整 200 年中没有什么重大修改。这是西藏传统社会的内在的、保守主义的又一例证。”

1751 年以后,西藏置于达赖喇嘛的世俗统治之下。在这种神权政治中,贵族处于一种附庸的伙伴关系。一个家族政治势力最明显的标志是其在噶厦中占有的席位。行政机构为了协调僧侣与贵族之间的关系,通常不允许平民担任中、高级官职。如特殊需要,必不可少的前提是将这位平民封为贵族。除非因犯罪或行为不轨而可能被没收财产以外,贵族的经济地位是牢固而有保障的。贵族的权力依赖于他们的土地庄园和农奴,因而也就依赖于农业。

伯戴克认为,西藏的贵族分为三类:一是亚豁,包括前任和现任达赖喇嘛的家族;二是第本,包括 5 个最高层贵族;三是其余贵族,其中拥有土地者被称为格巴,约有 200 个家族,多数从未在政治上起过作用。"前两类贵族垄断了贵族所拥有的绝大部分权力"。这些史料的运用与论述对了解旧西藏的政府社会机构、经济社会结构,以及中央政府与西藏地方的关系提供了重要价值。

(三) 拉达克政权的研究①

从 13 世纪到 17 世纪的近 400 年里,西藏地区先后出现了萨迦政权、帕木竹巴政权、仁蚌巴政权等地方政权,每个政权都基于一定的家族势力来扩张领地,并且每个家族都以自己所推崇的宗教派系来维护其世俗统治,各个地方政权相互征伐,权力频繁更迭,社会陷入混乱。

拉达克位于喜马拉雅山西南麓,在西藏阿里以西,印控克什米尔东北部,以列城为中心。拉达克与普兰、古格统称"阿里三围",其土王都是吐蕃赞普朗达玛之孙赤德尼玛衮的后裔,他们在西藏西部并立的局面延续了数百年,一直同西藏的地方政权保持着政治藩属关系。就在西藏各教派纷争不断之时,拉达克受到克什米尔默格本王朝巴尔蒂土王阿里·谢尔·汗的侵扰。印度莫卧儿帝国控制克什米尔以后,慑于武力威胁,拉达克成为其藩属。

17 世纪初,拉达克开始向东扩张势力,不断蚕食古格的土地并断绝了与西藏地方政府的传统关系,拒不入贡。此时,新兴的格鲁派势力正在崛起,宗教势力压倒世俗权力成为当时西藏地区总的发展趋势。

---

① 参考[意]伯戴克:《一六八一至一六八三年西藏、拉达克以及莫卧儿的战争》,汤池安译,选自《国外藏学研究译文集(第十二集)》,拉萨:西藏人民出版社,1995 年。[意]伯戴克:《西藏西部拉达克地区的止贡噶举派》,王永红译,选自《国外藏学研究译文集(第九集)》,拉萨:西藏人民出版社,1992 年。[意]伯戴克:《拉达克政权的衰落》,杨铭、方琳译,藏学刊,2010 年。

随着西藏地方与拉达克矛盾的加剧,1681 年,五世达赖喇嘛和达赖汗(固始汗之孙,达延汗之子,1571—1701 年在位)随即派出一支以蒙古骑兵为主力的蒙藏联军,由达赖汗的兄弟噶丹才旺贝桑波为指挥官,率军迎击拉达克军队。

伯戴克在他 1947 年发表的《1681 至 1683 年西藏、拉达克以及莫卧儿的战争》一文中认为,"此战仍鲜为历史学家们所知晓"。现有研究忽视了战争对西部喜马拉雅的前途的重要性,"它决定了拉达克王室短命的喜马拉雅帝国的毁灭,建立了拉萨政府在整个群山北坡的最高统治。"伯戴克在文中认为这场战役是来自西藏地方的一次侵略,双方"订立和约"。但史学界对这一结论存在争议,学者汤池安在《颇罗鼐传》等史料基础上认为,"噶丹颇章地方政府在政治经济方面,对拉达克只会约法三章,谈不上什么平等地位的签约问题。"

1684 年,拉达克与西藏地方政府结束了长达 3 年的战争,恢复了以前的宗藩关系。西藏与拉达克之间的宗藩关系是与贸易关系紧密联系着的,拉达克作为清朝西藏地方政府的藩属,直接由噶厦政府负责。由于清朝中央政府一直没有视拉达克为中央的属国,只是将其作为西藏地方政府的藩属,因此对拉达克的重视程度不够。清朝政府一贯以维持西藏地方的安宁和归属中央的现状为第一要务,在此前提下,清朝政府不过问拉达克与西藏关系的发展。正是由于这种不重视的态度,为以后拉达克落入英国之手埋下了隐患。

百万农奴站起来

[美]安娜·路易斯·斯特朗

一、学术经历

安娜·路易斯·斯特朗(Anna Louise Strong)是美国记者和作家。他 1885 年出生于美国西部内布拉斯加州的弗兰德城,父亲是个牧师,母亲是当时当地少有的受过大学教育的妇女之一。斯特朗曾先后在美国的三个大学里读书。1907 年,年仅 22 岁的她就获得了芝加哥大学哲学博士学位,是当时芝加哥大学最年轻的博士。

毕业后,斯特朗开始从事写作、编辑和儿童福利展览等社会工作。后来适逢第一次世界大战爆发,斯特朗反对美国加入第一次世界大战,成为了西雅图市的一位反战运动领袖。她活跃于当地的政治生活,并接触到当时迅速发展的工人运动。她担任了《西雅图工会记录》的编辑,在上面发表了许多关于莫斯科和列宁格勒革命情况的材料,使这家报纸成为美国第一家支持布尔什维克革命的报纸。1919 年,斯特朗参加了有名的西雅图总罢工,声援造船工人要求增加工资的斗争,但罢工却实质性失败了。她放眼俄国十月革命的胜利,对各国工人运动和民族斗争产生了浓厚兴趣。

1921 年,斯特朗前往俄国。初期从事短期的救灾工作,到后来定居莫斯科长达 30 年,她在这期间写了很多关于苏联社会主义建设的著作,其中最著名的是 1935 年的自传《我来到改变了的世界》。对于大部分西方国家读者而言,她是当时唯一报道和解释社会主义国家事态发展的记者。随着共产国际的发展,斯特朗也将目光投向了中国正在进行的革命运动。

斯特朗生平6次来华采访报道,她来华的时间都是中国革命处于最富戏剧性的时刻。早在1925年,斯特朗从莫斯科首次来到中国,她的活动地点主要集中在广州。当时广州是第一次国共合作的中心地,正值省港大罢工时期,她亲眼目睹了省港大罢工的壮举,结识了孙中山夫人宋庆龄以及许多进步人士,采访了正在为廖仲恺先生办丧事的何香凝女士。

1927年,斯特朗第二次来到中国。此时,蒋介石发动了"四·一二"反革命政变,在上海大肆屠杀共产党人和革命志士,中国正处于一片白色恐怖之中,斯特朗在上海目睹了这场血雨腥风。斯特朗访问了当时位于武汉的国民政府,前往湖南湘潭等地区调查了农民运动。她看到了中国大资产阶级的叛卖革命,以及中国革命从城市到农村的转变,搜集了农民革命运动的第一手材料。这两次中国之行,斯特朗写成了一本关于中国革命的著作《千千万万中国人》。她描述了毛泽东在《湖南农民运动考察报告》中提到的农民的伟大觉醒,并强调了同样的看法。

1937年到1938年中国抗日战争期间,斯特朗第三次来到中国。此时中国正处于国共合作统一战线的高潮时期。斯特朗来到了山西省五台山区的八路军总部,不仅第一次会见了朱德同志,还会见了参加敌后地区军事会议的彭德怀、刘伯承、贺龙等同志。她在这里看到了中国的新型军队,向世界报道了人民军队的成长和胜利的前景。她说:"他们正在取胜,因为他们得到了一向仇恨丘八老爷的农民的全力支持。共产党使农民看到了一种新型的兵士,他们从不奸淫抢劫,而是尊敬农民,帮助农民收割庄稼,而且特别是还教育人民,使农民相信自己的力量,教他们怎样进行战斗以争取胜利。"

1940年底,斯特朗来到重庆开始了第四次访华。中国抗日战争正处于僵持不下的阶段,日军已占领大部分城市,并诱使蒋介石投降,而蒋介石却准备消灭仍在坚持抗战的共产党领导的军队,国共统一抗战路线开始破裂。周恩来将一些国共冲突的重要材料交给了斯特朗。1941年1月初,国民党军队伏击了渡长江向北转移的共产党领导的新四军。已经回到美国的斯特朗利用周恩来给她的第一手资料在《纽约时报》上揭露了新四军事件的真相,为中国共产党在国际上赢得了舆论的支持。

1946 年 6 月,斯特朗对中国进行了第五次访问。在抗日战争胜利的背景下,国民党正在积极准备内战,斯特朗在这段时期访遍了整个解放区,赴延安采访了 6 个月。她访问了毛泽东、朱德、刘少奇、周恩来等共产党领导人,与毛泽东的一次具有历史意义的谈话为她赢得了"纸老虎女士"的声誉。1947 年初,八路军被迫撤出延安进行战略转移。斯特朗原打算跟随部队一起转移,但毛泽东劝说她已经了解到解放区的所有情况,"应该带着这些情况走向世界"。斯特朗根据这次解放区的采访完成了《中国的黎明》一书,并在对毛泽东、刘少奇、陆定一等人采访的基础上完成了《毛泽东思想》一文,发表于美国的《美亚》杂志。这是外国人第一次论述"毛泽东思想"的文章。

因苏联和美国对左派记者的打压,斯特朗对社会主义国家的报道一度中断。1958 年,已是 72 岁高龄的她终于第六次来到中国,并在北京定居。晚年她的新闻采访活动主要集中在两个方面:一是 1959 年完成了西藏之行,采访了西藏的上层官员、宗教界人士、普通农牧民等,记录了西藏人民推翻农奴制的历程,完成《百万农奴站起来》一书;二是1962 年创办《中国通讯》杂志,以每月一期的形式对外发行,主要内容是以个人通信的形式报道中国的政策,反映中国的动向。这本刊物一共出版了 69 期,直到 1970 年斯特朗去世时才停刊。

斯特朗在中国享有很高的荣誉,她与艾格妮丝·史沫特莱(Agnes Smedley)、埃德加·斯诺(Edgar Snow)并称为外国记者在中国新闻界的"3S"。他们有一个共同特点——对人民的前途、对社会主义的前途抱有坚定不移的信念。斯特朗晚年手指因患关节炎变粗,但她还是坚持翻来复去地写稿、改稿,对中国革命和建设事业的热爱成为她生活中的强大动力。作为中国人民的一位老朋友,周恩来总理和夫人邓颖超、外交部长陈毅以及她早年结识的一些领导人都要前去给她祝寿,但她从来都没有把这些接触仅仅看成是外交性和礼节性的活动。对她来说,这些接触都是提出问题,交流思想,了解和讨论国内国际问题的大好机会。

作为一名新闻记者要保持客观独立,但是思想激进的斯特朗将自己与革命融为一体,她的新闻报道不可避免地出现了倾向性。《纽约时报》在讣闻中称斯特朗"向全世界兜售共产主义,共产党人也当然为此而喜欢她"。斯特朗也认识到这一点,但在她看来,"中国革命,是这个世纪中伟大的反帝革命,无论是在它的成功还是失败的方面,都提供给世界其他反帝革命所希望吸取的最好的教益。"半个世纪以来,无论是在中国人民争取民族解放的艰苦岁月里,还是在新中国成立之后的社会主义革命、社会主义建设的年代里,她始终不渝地支持中国人民的革命和建设事业,向世界各国人民介绍中国发展的真相。

二、代表著作

《百万农奴站起来》评议①

1959 年 3 月,西藏地方政府上层叛乱分子公然违背 1951 年 5 月西藏地方政府和中央人民政府签署的关于和平解放西藏的"十七条协议",发动武装叛乱。西方主流媒体出于政治习惯和偏见,大肆曲解西藏发生的这些历史事件,臆断西藏是"独立的国家",声称中国入侵西藏,侵犯人权,限制宗教信仰自由,对尚不能够较多了解新中国的国际受众而言,中国的形象再次受到严重歪曲。

为了让世界人民更好地了解西藏的平叛和民主改革的情况,回击国内外反动势力的造谣诬蔑,1959 年 8 月,根据中央指示,人民日报社组织了 11 个国家的 19 位记者、作家和广播电视的工作者,以及 1 名人民日报社记者对西藏进行了采访。在记者团之中,就有美国著名进步女作家、记者安娜·路易斯·斯特朗,当时已 73 岁高龄的她是记者团中年龄最大的成员。

报道团在西藏不足 1 个月。斯特朗要在此间展现西藏民主改革的伟大历史变革,仅仅资料罗列和宏观叙述是显然不足的。她采访了大

---

① 参考［美］安娜·路易斯·斯特朗:《百万农奴站起来》,北京:中国藏学出版社,2009 年。

量能反映当时西藏历史时期的典型人物：一是西藏高层和贵族，包括中央驻藏代表张经武、西藏地方政府代表阿沛·阿旺晋美、十世班禅额尔德尼·确吉坚赞、阿沛夫人、朗顿夫人等。高层人物和贵族成为斯特朗透视西藏社会发展变革的高端窗口，有助于作者从宏观上把握西藏变革的本质和走向。二是翻身农奴，作为斯特朗西藏报道中新闻人物的中坚，翻身农奴的经历、苦难和新生正是西藏社会变革的缩影，采访的数量也最大。三是僧人，作为特殊群体，僧人中不仅有享有农奴主特权的高僧，还有饱受欺凌、命运其实与非僧农奴一样悲惨的下层僧人。他们的经历，正好可以成为旧西藏宗教状况和本质的形象写真。四是国家工作人员，与她打交道的工作人员细节看似随手拈来，但正是他们串联了采访者与被采访者，他们的形象也反映出平叛后人们建设新西藏的憧憬。

斯特朗首先采访了西藏地方政府噶伦之一、1950 年与中央人民政府谈判的首席代表阿沛·阿旺晋美，并与他有过多次接触。采访的内容比较多，有关西藏的历史、西藏宗教发展的历史、达赖喇嘛与班禅喇嘛的关系，也谈到阿沛本人对平叛改革的看法和他自己的情况。斯特朗认为，"西藏与中国的这种松弛但却持久的关系得到了各国外交上的承认。七个世纪里，没有一个国家派驻过使节到拉萨，也没有谁承认过西藏是独立的。"这种对西藏历史归属的准确认知，构成了斯特朗 1959 年西藏报道的政治基础。在新闻传播作品中，事实的重要意义和巨大说服力，一点也不亚于历史叙述的重要性。斯特朗的历史叙述并不钟情于那些似乎经典的概念，而是撷取最重要、最关键的事实，突出历史的骨骼，勾勒出历史清晰的轨迹，由此建立自己脉络醒目的历史框架。

斯特朗十分关心西藏的妇女问题，也很想了解西藏上层妇女的情况，便采访了阿沛的夫人才旦卓嘎、西藏军区副司令员桑颇的夫人和十三世达赖喇嘛的侄儿朗顿的夫人。阿沛夫人说：这几年有不少贵族到内地参观了不少地方，亲眼看到了现代化生活的方便和好处，对他们的影响不小，所以进步贵族妇女渴望改变旧的生活方式和观念，想和内地一样过上新生活。斯特朗甚至专门开辟一章介绍大昭寺工作组成员娜珍。作为昌都地区的农奴，娜珍 13 岁投奔解放军，被送到中央民族学院学习,后来到大昭寺工作。她的经历、气质、禀赋和志向,成为当时西藏藏族青年的样本。斯特朗毫不掩饰对娜珍的喜爱,形容她由"可爱、富有魅力的姑娘转而成为一位威严的领导者",关于娜珍恋爱的素描,饶有趣味,使新闻人物具有文学形象那样的个性光彩。

值得一提的是,斯特朗对笔下的新闻人物较少采用记者的口吻叙述,而更多的是人物自陈。大篇幅的人物语言占据书中,不仅借此表达人物心迹,还展示最个性的一面。即使是作为"政治人物"来陈述,斯特朗也试图表现人物人性化的一面,避免标签化和单极性,从而构建既富于政治意蕴,又犹如邻家乡亲那样亲切逼真的西藏大变革时期的新闻人物。书中出现的人物几乎都有完整的姓名,大大增强了人物的真实感和历史感。学者周德仓认为,很有必要探究新闻人物在西藏传播中的意义,"与其说斯特朗留给我们一本西藏民主改革和历史发展的著作,不如说她奉献给人们一个活灵活现的人物阵容。"人物是特定历史时期社会生活变迁的承载体和媒介,人物从不同侧面展示了西藏的历史,其传播力和影响力要远远超过记者提供的数字和思想,"这是斯特朗西藏传播的杰出之处"。

与走马观花式的采访不同,斯特朗深入许多农奴家中,走访了过去的差巴、堆穷和朗生,了解农奴制度的组织结构,进而对阶级关系状况进行了剖析。新闻作品中,细节往往决定成败,斯特朗笔下的自然风景、人物装饰、节日礼仪、寺庙建筑、农田耕作、民居生活等方面的细节十分逼真,没有生涩环境下经常出现的那种囫囵吞枣,她善于将整体分解,化大为小,从细节、场景入手。其中最令人印象深刻的细节,莫过于关于农牧新旧生活的对比。她写道:"一直跟着我们的一群孩子见我有照相机,都非常愿意被拍照,以至于我难于选到特写镜头或人少点的镜头。农奴制在他们那小小身躯上留下了营养不良的痕迹,但他们那种热情的精神状态迅速反映了他们对短短五个月自由的激动兴奋。"翻身农奴们充满快乐感的细节跃然于纸上。

斯特朗的报道有力地批驳了西藏反动分子和西方帝国主义鼓吹所谓"西藏独立"的言论。书中写到的"中央建造了连接西藏地区和内地的公路和该地区部分乡镇间的道路",以及"中央政府帮西藏建设了一批工厂、学校、医院、实验农场和拉萨发电站"等,也是时至今日中央对西藏发展给予的优惠政策。在特殊时间节点邀请外国记者赴藏采访,展现西藏经济社会发展取得的成就,消除西方社会对西藏不切实际的想象和误读,也成为了此后西藏对外宣传的重要手段之一。

在开放的世界和信息多元时代,人性化传播、客观性报道原则等国际公认的传播理念,逐渐成为西藏对外传播新的手法。正如与斯特朗同时期的著名记者伊斯雷尔·爱泼斯坦(Israel Epstein)认为:"读斯特朗的书,人们可以了解到西藏人民是怎样,又是为什么最终选择走社会主义这条道路的。"

三、其他研究

斯特朗的一生经历了"三种文明"——美国文明、苏联文明和中国文明。她的前30年是在美国度过的,为妇女、劳工参与政治等争取权利;中间30年在苏联,见证了第一个社会主义国家的建设;在她的后半生中,逐渐认识到中国革命是十月革命的继续,不仅向世界各国人民宣传中国革命的真相,还始终不渝地支持新中国成立之后的社会主义建设事业。在富有传奇性色彩的一生中,她写作了30多本专著,并见证了多个重要历史时刻。

(一)斯特朗与苏联社会主义建设

1919年,斯特朗是个激进分子的名声已经闻名美国。当俄国十月革命爆发后,她做出了去苏联的决定,认为那是她干一番事业的地方。她写信告诉父亲:"只有两种人能从生活中找到乐趣:或者是那些赤裸裸的自私自利分子,他们不问世界会变成什么样子;或者是真正的布尔什维克,他们清楚地看到,革命明天就要到来,使一切事物走向正轨。"

早在为美国公谊会工作时,斯特朗就曾到过苏联。1922年,她又作为西雅图劳工协会的观察员参加了在莫斯科举行的"赤色职工国际大会",并最后在莫斯科定居下来。上世纪30年代初,成千上万的美国工人和工程师来到苏联,参加五年计划的经济建设。为了适应这些人的需要,斯特朗发起出版了《莫斯科新闻》,并担任主编。这是苏联出版的第一份英文报纸,由最初的周报发展为日报,还曾一度发行到中国。斯特朗也借此平台尽心尽力地为苏联社会主义建设宣传。

在以莫斯科为活动中心的将近 30 年中,斯特朗经常往来于纽约和莫斯科之间,但每年至少要在苏联住上半年。1922 年,她与第一批带头到北极圈开采云母矿和长石的人们在极寒地带安搭帐篷,然后又到了丰产石油的巴库,看到了生活在极度困难条件下的总工程师们的艰苦奋斗。1928 年,她访问了苏联的中亚地区,了解当地的妇女状况,之后又到帕米尔高原旅行,报道了 10 年内将在苏联消失的旧时代的游牧部落生活。进入上世纪 30 年代后,她又陆续出版了《苏联人征服小麦》,反映苏联工农业的迅速增长;出版《人的新世界与新世界的人》,论述社会主义社会区别于资本主义社会的发展和变化;出版《苏维埃新宪法:关于社会主义民主的研究》,论述苏联新宪法的历史、内容和意义。

1941 年苏德战争爆发后,斯特朗又出版了多本专著和小册子,分别介绍了苏德战争的起源、背景和战争将怎样发展,描写苏联社会主义建设和卫国战争中的英雄人物,以及向美国青年介绍苏联各民族丰富多采的生活和斗争等。

然而,正如苏联在社会主义建设中遭遇到的曲折,斯特朗的报道也非一味地宣传成就。她认为苏联在 1933 年为赢得丰收而进行的艰苦斗争,是隐瞒了真实情况;她抗议莫斯科不断删改她的作品,"人民可以讲真话,意思是清楚描绘我们的斗争的总概貌,说明它的严肃性,它存在的问题的类型。但是,不能提供耸人听闻的未加分析的'真实',这样做没有任何益处。"随着 1936 年一大批党的高级官员被起诉,她看到了自己过去赞扬过的苏维埃政权的许多英雄们承认自己是叛国贼后,内心充满矛盾和痛苦。

1949 年,斯特朗被投入苏联监狱,并以"间谍"的罪名被驱逐出境。虽然苏联的经历使斯特朗忧郁,但是她仍然坚信自己的信念。当她重获自由时,她选择来到中国,对中国的社会主义革命和建设寄予了美好的期望。

(二) 首个揭露"皖南事变"的外国记者

1938 年,抗战进入相持阶段,国民党顽固派再次暴露出他们反动的本质,对中共进行长达 4 年的全面封锁。1940 年底,国民政府军事委员会要求在大江南北坚持抗战的新四军于 1 个月内全部开赴黄河以北,并对新四军进行缩编合并。这在表面上是军事布置,背后是对新四军的刁难——如果新四军不听指挥,就有破坏国共合作之嫌。

此时正逢斯特朗第四次访华。她与周恩来在重庆多次彻夜长谈,周恩来向她详细介绍了国共合作的情况,也介绍了国民党"消极抗日、积极反共"的真面目。周恩来交给她一份长达 26 页的文件和资料,并告诉斯特朗:"我们不希望过早地揭露这些冲突而加剧摩擦,不过,我们愿意把这些资料交到值得信任的外国人士手中,以便在蒋介石展开疯狂进攻时及时揭露。"得益于美国记者的身份,重庆海关并没有对斯特朗进行严格检查,斯特朗带着周恩来交付的机密文件登上返回美国的轮船。

1941 年 1 月 4 日,皖南新四军军部直属部队等 9000 余人,在叶挺、项英率领下开始北移。1 月 6 日,当部队到达皖南泾县茂林地区时,遭到国民党 7 个师约 8 万人的突然袭击。新四军英勇抗击,激战 7 昼夜,终因众寡悬殊,弹尽粮绝,除傅秋涛率 2000 余人分散突围外,少数被俘,大部壮烈牺牲。军长叶挺被俘,副军长项英、参谋长周子昆突围后遇难,政治部主任袁国平牺牲。这就是震惊中外的"皖南事变",是国民党第二次反共高潮的高峰。

斯特朗在乘船返美途中,就从广播中听到了"皖南事变"的消息。到达旧金山后,她发现许多报纸上采用国民党的说法,称此次事件是"新四军叛乱"。1941 年 2 月初,斯特朗在美国收到了一封盖有马尼拉邮戳未署名的信,信里有中国共产党中央关于重建新四军的正式命令和一份声明。斯特朗明白这一定是周恩来的指示。她把周恩来提供给她的原始材料都交《纽约先驱论坛报》,并告诉该报负责人"我不认为这些资料是我个人的财产",希望他将材料在报上发表出来。

《纽约先驱论坛报》立即用斯特朗给的材料写了一篇文章,详细阐述皖南事变的真相和国共冲突的来龙去脉,指出冲突的真正制造者是国民党顽固派。不久,斯特朗又发表了《不适时之中国奋斗》和《中国国共两党的危机》等评论文章。这些报道颠覆了"皖南事变"爆发后国民党公布出来的歪曲宣传,在美国各界引起了巨大反响,美英等许多报刊随后纷纷予以转载,最终使"皖南事变"的真相大白于天下。

(三)"一切反动派都是纸老虎"

1946年8月6日,毛泽东在延安杨家岭会见了第五次访华的斯特朗。这是毛泽东在第二次世界大战结束不久,关于国际形势和国内形势的一篇很重要的谈话。在这篇谈话里,毛泽东提出了"一切反动派都是纸老虎"的著名论断。

当时,毛泽东对斯特朗提出的美国是否可能进行反苏战争的问题作了比较深入和系统的回答。斯特朗提出这样一个问题:"如果美国使用原子炸弹呢? 如果美国从冰岛、冲绳岛以及中国的基地轰炸苏联呢?"毛泽东自信地回答说:"原子弹是美国反动派用来吓人的一只纸老虎,看样子可怕,实际上并不可怕。"他进一步解释道:"一切反动派都是纸老虎。看起来,反动派的样子是可怕的,但是实际上并没有什么了不起的力量。从长远的观点看问题,真正强大的力量不是属于反动派,而是属于人民。"

当时担任临时翻译的美国医生马海德最初把"纸老虎"一词译成"稻草人",斯特朗一时不理解,脸上显露出迷惑的神情。毛泽东忙请斯特朗解释英文中"稻草人"是何意思。听了斯特朗的解释后,毛泽东摇了摇头,他告诉斯特朗这里所说的"纸老虎",不是插在田地里用来赶鸟和吓唬小孩子的稻草人,而是样子看起来像只可怕的老虎,但实际上是纸糊的,一受潮它就发软,一下雨就会把它冲跑。

毛泽东解释后,在谈话中继续使用"纸老虎"这个词。他说:"在1917年俄国二月革命以前,俄国国内究竟哪一方面拥有真正的力量呢? 从表面看,当时的沙皇是有力量的;但是二月革命的一阵风就把他吹走了。归根结底,俄国的力量是在工农兵苏维埃这方面。沙皇不过是一只纸老虎。""希特勒不是曾经被人们看作很有力量的吗? 但是历史证明了他是一只纸老虎。墨索里尼也是如此,日本帝国主义也是如此。"毛泽东坚定地说:"蒋介石和他的支持者美国反动派也都是纸老虎。"毛泽东娓娓而谈,斯特朗听得津津有味。谈话结束时,已是深夜。

后来,斯特朗撰写了《中国人征服中国》一书,详细介绍了这次访谈,向全世界传播毛泽东"一切反动派都是纸老虎"的著名论断。这个论断很快传遍国内外,增强了中国人民的胜利信心,在人民解放战争中起到了极其伟大的作用。1960 年,斯特朗在撰写的文章《一个现时代的伟大真理》中,又回忆起这次谈话:"毛主席是 14 年前在延安时说帝国主义和一切反动派都是纸老虎的。现在这已成为有历史意义的历史名言了。"

第二部分

西藏的宗教、民俗、社会

西藏宗教之旅

[意]朱塞佩·图齐　著

一、学术经历

对中国藏学界而言,朱塞佩·图齐(Giuseppe Tucci)可谓声名显赫,因为他的不少著作和论文已经被译成中文,其数量是所有西方藏学家中最为丰富的。图齐对西藏的研究涉及西藏的考古、历史、宗教、艺术、语言、文学等各个领域,并且在每个领域都卓有成就,他的不少见解也被中国藏学界所引用和吸收。因此,对图齐的学术经历和主要著述作一全面的介绍,为从事各种不同课题研究的学者提供各自所需的信息是很有必要的。

图齐于1894年6月生于意大利的马切拉塔,与16世纪来华的意大利耶稣会传教士利玛窦(Matteo Ricci)是同乡。他在家乡完成小学、中学学业后,考取了罗马大学。第一次世界大战期间,图齐中断学业,于1915年12月1日应征入伍,赴前线服役,1917年获中尉军衔,1919年10月退役。他同年毕业于罗马大学文学系,并进入国会图书馆工作。

1925至1930年,图齐以意大利驻印度外交使团成员身份居留印度,负责大学教育事务,在印度国际大学和加尔各答大学教授意大利文和中文。1929年,他当选为意大利皇家学院院士,1930年11月应聘在那布勒斯东方大学中国语言文学系任教,1932年11月又被聘在罗马大学文学系和哲学系任教,讲授印度与东亚的宗教和哲学。1933年,图齐创建了意大利著名的中东和远东研究所,除了教学活动,图齐还组织参与了一系列实地调查活动。

图齐所获得的众多声誉,大部分应归功于他在 1928 年至 1948 年间在喜马拉雅地区的长期考察。他曾先后 8 次深入西藏,如果没有他历次游历中所从事的科研考察活动的成功,就无法理解那些尚不为学者所知的遗迹在历史、艺术、考古上的重要价值,不会把自己一生中的主要精力都倾注在藏学研究领域,亦无法完成其名著。

伴随着第一次世界大战对西方社会的重创,国际学界将目光投向了古老的东方。图齐认为:"我渐入富含魅力且光彩夺目的东方学堂,因为随着我对亚洲文献和哲人的亲近,我开始发现解决我疑惑困扰的新方式;此外,印度与中国哲学的慎思明辨、诸种体系的逻辑生发、由光明怖畏交织于灵肉之中的神话所显示的事物,乍一看似乎与我们相距甚远,但一旦读懂其符号表述,则在灵性方面与我们的世界近在咫尺,凡此种种都让我兴奋不已。"

图齐早年间在拉达克地区考察,因为入境手续和自然原因断断续续,比较成功的考察集中在上世纪 30 年代。1933 年,他从马纳里攀越罗塘山口,沿着钱德拉山谷在罗萨尔进入司丕提河沿线。他详细考察了位于该地与仁钦桑布相关的拉隆寺、塔波寺和那果寺,然后由朗杰进入萨特莱杰河谷,通过什布奇山口进入西藏。他在热布加林的寺院发现了 17 世纪的壁画,对底雅及热尼一带进行了极为详尽的考察。两年后,他从阿尔莫拉出发,通过里普列克山口到达西藏境内的普兰。他接连访问了科加寺,再赴玛旁雍措和冈底斯山及周边的所有寺院,然后西行考察了曲龙古镇遗址。他接下来到达阿里地区的达巴,参观了两座有着精美壁画和塑像的寺院,并在玛朗寺发现了精美的古代壁画等,最后经噶大克沿着印度河返回印度。图齐在西藏西部重点考察了寺院的历史艺术,这些成果收在著作《梵天佛地》中。

1937 年开始,图齐把注意力转向卫藏。他首先来到江孜,详细考察了十万佛塔和其他古迹,又于 1939 年参访萨迦考察今已荡然无存的寺院的藏书和法物。离开萨迦后西行至雅鲁藏布江边沿河道前行,相继考察了觉囊寺的七万佛塔、彭措林等古迹。从日喀则出发,图齐参访了著名的那塘印经院,在夏鲁寺记录了 13 世纪的壁画,并在部分寺院中拍摄了约3000余卷经卷,收集各种图像和风格的唐卡等。他不仅发表了主要古迹的考察成果,还撰写了这些地区的简史和艺术流变史。

1939年德国入侵波兰,1940年意大利向英国宣战,作为英国敌对国公民的图齐不得不停止在西藏的考察。直到第二次世界大战结束后,他于1948年再次进入西藏,这次他拜会了年轻的十四世达赖喇嘛,游览了拉萨附近的哲蚌、色拉、甘丹三大寺;在雅隆河谷他参访了雍布拉康,调查了琼结附近7至9世纪的吐蕃赞普陵墓;在贡嘎寺发现了一些重要的梵文写本等,最后途经岗巴返回锡金。

在数次入藏考察中,图齐的语言天赋极大地促进了他和社会各文化阶层民众的联系。得益于近乎完美的汉语、藏语和梵语,他可以毫不困难地说服寺院僧人,能以流利的各种现代印度语言和当局周旋,和背夫商贩讨价还价等。这是他与当时大多数只钟情于书面语言的学者的最大相异之处。图齐认为,单纯的文献掌握远远不够,任何严肃的研究必须是田野调查和书案工作的并驾齐驱。在考察期间,他常常检视古老书志对寺院圣地的描述和实际情形的相异之处;他还计划编写西藏碑铭集,并且为了写作藏族简史而收集实物和文献等。

在西藏的多次考察与探索之旅中,图齐用大量的文字和照片忠实地记录了藏文木刻长条书、梵文手稿、碑刻、庙宇、乡村节日等。他系统地收集资料,予以详细记录,从历史和理论发展的角度对这些资料进行解释,并把这些资料放到原来的历史背景下。他撰写了大量关于藏学的著述,如《拉萨与藏传佛教》《梵天佛地》《1933年西藏西部科研考察日志》《未知的西藏圣人和土匪》《西藏生死书》《西藏画卷》《西藏的宗教》《西藏考古》等,将藏学研究向前推进了一大步。

从1950年起,图齐担任"罗马东方丛书"主编,1953年在德里大学获名誉博士学位,1962年起任意大利中东和远东研究所亚洲考古发掘与研究中心"报告和论文集"主编。1955年至1978年间,他又先后在巴基斯坦、阿富汗、伊朗等地进行考古发掘工作。1984年4月,他于意大利蒂沃利市逝世。

图齐对世界藏学界的影响并未由此消失,他当年收集的文本、图片和唐卡现保存在罗马的意大利亚非研究院图书馆和国家东方艺术博物馆。藏品涵盖范围广泛,不仅包括古迹、经书,还有很多关于风景、人物以及日常生活变迁的内容。部分刻本和写本做工精湛,是如今已不复存在的古代图书印制工艺的见证。这些都为藏学研究提供了关于西藏历史文化的宝贵信息。

二、代表著作

《西藏宗教之旅》评议[①]

图齐一生中有关西藏的著作有 10 多部,论文 100 多篇。在这些研究中,《西藏宗教之旅》可谓占据提纲挈领的地位。该书最初与德国著名蒙古学家海西希(Walther Hessig)的《蒙古的宗教》合订为一册,于1989 年以《西藏和蒙古的宗教》为名翻译介绍到中国,后来才以现在的书名单独出版。《西藏宗教之旅》面世后受到了国际藏学界的高度评价,现有德、法、意、英、中等诸种译本,且大部分译本均由图齐先生校订,适当增补,是西方认识西藏宗教的重要参考书。

这本书图文并茂,分 7 章论述西藏的宗教。从叙述的内容来看,这7 章可以分为两大部分。前五章为第一部分,集中论述西藏佛教,分别介绍了西藏宗教的起源、前弘期及后弘期佛教、西藏喇嘛教的特点、主要教派的教理、僧侣的寺院生活以及宗教节日;后两章则是第二部分,论述西藏的民间宗教和苯教。这样的章节安排体现了图齐比较宗教学的视角以及他对西藏佛教不同教派教理的重视。

图齐在第一章为全书搭建了一个政治、经济、宗教共面性发展的框架,为后面的叙述埋下伏笔。在图齐的叙述中,宗教从来就不是脱离社会政治、经济而存在的。佛教不是西藏本土的宗教,传说佛教在吐蕃的首次传播应该归功于松赞干布赞普以及他的两位王妃——尼婆罗公主和文成公主。佛教传入运动的推动者都是上层,向僧侣布施、修建宗教性建筑成为了积累功德以获得解脱的方式。寺院因此积累了大量财产,使得国家失去了人力、财力,这也是导致朗达玛灭佛的政治经济原

---

① 参考[意]图齐:《西藏宗教之旅》,耿升译,北京:中国藏学出版社,2012 年。

因。之后，亲印度派的寂护与汉地教派在教理、修习内容上存在巨大分歧，汉地禅宗宣称修习无益，积累功德并不能获得解脱，而寂护则宣称必须进行长期修习才能获得菩提心。在前弘期的佛教教理方面已经出现了各个教派的萌芽，而且佛教传入西藏之后混入了各种思想，并很好地吸收了吐蕃的巫术仪轨以及苯教思想。

图齐认为，西藏的佛教实际上是以喇嘛教为代表的，大概在 15 世纪末就已经形成了固定的教理结构和仪轨。当然这些教理和仪轨在印度佛教的基础上吸收了很多吐蕃本土的巫术仪轨和守护神，从而表现出混杂的状态。这种思想的混杂体现为喇嘛教存在着多种教派，这些教派可以按照大师、寺院或者神话传说来分类。他叙述了属于不同教派的宗喀巴、八思巴、布顿等大师的贡献。吐蕃各教派之间既存在历史继替关系，又存在对立混合的关系。吐蕃历史一直在掌握资产的大家族的分裂与统治家族的统一愿望之间摇摆，在寺院组织崛起成为政治经济组织之后，世俗政权与宗教政权合一的趋势开始了。他还叙述了达赖封号的由来，以及达赖喇嘛与班禅喇嘛之间的权力扭转。

尽管图齐叙述了不同教派之间的教理差别，但是他认为"各特定教派之间存在的分歧始终都不太深刻……这些分歧大都出自于救度祈祷法的某些方法、理论上的备修期、偏爱于某种宗教经典或解释由所涉及的密教经典透露的方式等"。这些教派教理的出发点就在于存在苦厄，人类向往排除苦难而达至解脱。解脱之法就是向佛法僧寻找庇护，接受中观学派观点的大乘以及龙树的"他空见"，这种可靠性都表现在"资粮道""交合之道""见道""静修之道"以及"无学"这五种路线的宗教体验上。

由于"西藏的一整部政治和文化史都是在寺院中决定和形成的"，有必要考察寺院中的僧侣等级和寺院生活。僧侣的全部生活都受有规律地重复仪轨条文和实践的支配。宗教活动是由诵经和仪轨程序组成，目的在于讨好某尊神，或是有助于神的成就。图齐在叙述西藏佛教的时候，不断强调这种外来宗教与当地民间信仰的融合，并具体阐述了这种民间宗教。西藏的民间宗教不限于神话、仪轨以及对守护神的虔诚态度,它也是宇宙起源论及其传说、特定的集团和家族的世系传说等的协调行为。

图齐还在最后谈到了苯教问题。苯教从佛教那里获得了很多教义和思想,但是并没有在佛教的遏制下消失。苯教的许多经典诞生较晚,在借鉴了佛教的情况下苯教形成了自己的《甘珠尔》和《丹珠尔》。他详细介绍了苯教的神谱、神山、有关宇宙起源的神话、苯教的发展阶段、苯教徒的工作分工、九乘等。

《西藏宗教之旅》以庞杂、细致而又明了的分类,阐述了西藏人的宗教史、宗教观以及教理思想。对藏传佛教不太熟悉的人,对于图齐详细阐述的西藏喇嘛教多种教派以及受度、灌顶等仪式,必定觉得难以理解。像图齐这样既在藏区作过长时间的实地考察,又"对宗教和神秘体验更怀有由衷敬意的学者",才能够自如驾驭。

中国藏学开创人之一李安宅曾早于图齐近 30 年就作了类似的研究,他的代表作《藏族宗教史之实地研究》曾定名为《西藏宗教史》。有学者对两部著作进行比较后认为,对图齐来说,西藏的宗教是思想的表现方式,宗教教理都是必须潜心修习的内容;而对李安宅来说,西藏的宗教是一种制度,可以类比汉地的教育体系。虽然他们都强调不同教派之间的差异没有外表看起来的那样大,但是制度与思想的不同导致他们的行文出现了很大差别。李安宅论述了藏传佛教在教育、纪律、政治和心理方面的优劣,图齐则详细分析了藏传佛教各个教派的宇宙论、西藏人的宇宙观以及他们对文明混杂性的包容。同样是研究宗教史,李安宅体现了他的社会学视角和人文关怀,而图齐关注西藏人的宇宙观以及藏传佛教背后表露出来的思想和哲学,两者相得益彰。

三、其他研究

图齐曾在 20 世纪 20 年代至 40 年代间多次到西藏各地进行实地考察,收集和拍摄了大量的实物和遗址,对西藏考古、西藏文化起源等多方面的研究工作进行了概括总结。他从事藏学研究的特点是不拘泥于文献资料,故他的成就超过了许多前人及其同辈,且他拍摄的某些遗址、艺术品现已被毁或失传。因此,他的这些研究对于当前研究西藏考古、西藏文化及其起源都富有启发性的参考价值。

(一) 西藏考古①

考古学是图齐人生中最重要的一部分,也是在其生命的几个重要时段里投入了最多时间和精力的工作之一。他曾说:"我非常尊敬那些考古学家们,不仅因为他们努力工作,还因为他们的职业要求一种书斋与漂泊生活的完美结合:既要研读浩若烟海的文献,也要在穷乡僻壤间从事田野发掘……大概刚过 12 岁,我开始着手学习梵文和希伯来语,后来又开始了对中亚、伊朗的研究。逐渐的,我陷入东方研究的迷宫之中,并为之着迷,从中得到许多启发。当我渐渐熟知有关亚洲的书籍和智慧的时候,我脑海中隐约闪烁着关于如何揭开那些困扰与疑惑的新灵感……我曾对考古学的期许是:这门学科能够提供一套具有想象力的方法,使得古代的人和事物'复活',即便仅是惊鸿一瞥。"

在西藏的考古学领域,图齐认为当时对西藏适当的、有指导的挖掘几乎为零,尽管中国的学者已经开始就西藏最古老寺院中存留的艺术珍品发表了一些初探性的文章,但在任何其他地方都没有进行过具有考古性质的挖掘,中国游记的参考书目中也缺乏这类研究的引证。因此,不同于那个时期将主要兴趣集中在地理学、社会学和宗教学上的西方藏学家,图齐把精力放在了更为严格的西藏考古与艺术史领域。他认为一项迫切需要完成的任务是根据现存的资料、可利用的历史资料及依据等,把各地传入西藏的艺术品列出一张清单,确定出这些艺术品传入西藏的年代。

为此,图齐根据自己在西藏的考察所获,出版了《西藏考古》一书,里面包含了 200 余张图片,概括性地总结了几十年来他所致力的西藏文化艺术史,尤偏重于对西藏文化艺术起源的探讨。他认为,考古不仅包括资料的收集及对所拥有的、如此有限的考古资料的使用,还要对艺术史这一更广泛的领域进行研究,特别是对西藏艺术起源所处的环境进行探讨。在对西藏 13 世纪至 15 世纪的调查报告中发现,那时各种

---

① 参考[意]G.图齐:《西藏考古》,向红笳译,拉萨:西藏人民出版社,1987 年。

艺术派别掺合在一起,使西藏艺术的特点更为鲜明,其结果体现了一种感受力很强的表达方式。

西藏建筑所遵循的大都是本身的传统模式,但其艺术性却显示出受到西藏以外地区的诸多影响。在所有的艺术时期,印度雕像中常出现石雕或金属铸造的施主像,而在西藏艺术中几乎从未出现过。如果它们确实出现在某些"唐卡"上,也是受到尼泊尔的影响。同时,从西藏东部以及护法王、阿罗汉这类塑像上,可以发现西藏在绘画方式上所受到的外部影响。他在彭措林发现了一些文献,里面也谈到了五世达赖喇嘛时期使用的印度工匠。

图齐总结道:西藏不是一个与世界各地完全隔绝的孤岛,而是一个多种文化的交汇之地,是印度、喜马拉雅地区、中国内地、伊朗及中亚施展过多种影响的地区。对西藏考古的考察,需要建立在对亚洲不同文化深入而广泛了解的基础上。中国考古学家面临的迫在眉睫的任务是编纂一本详细目录,包括所有现存的、有关考古及艺术方面的资料。要确保资料可以记录和拍照,并承担起对一些具有特殊意义的遗址的挖掘工作。

(二)西藏的宗教艺术①

图齐主要依托考古学的方法研究西藏,这种方式是非常新颖的,即旨在不忽略任何一条证据的前提下用历史性的视角重建某一地区的历史。他在西藏考古中表现出对宗教艺术的强烈兴趣,这不仅体现在他的大师级巨著《西藏画卷》一书中对精美的佛教艺术品的研究,还可见于其另一部对西藏文化贡献巨大的著作《印度—西藏》中对那些不为人注意的"擦擦"的关注。这些著作中包含了数量繁多、价值不高的西藏绘画作品,是所有研究西藏艺术和图像志必备的参考书。

图齐认为,藏族长久以来生活在宗教的统治下,西藏文化是宗教文化,西藏艺术也以同样的方式包容了独有的宗教内容。通过符号象征,西藏的艺术表述了复杂的直观视觉,是对藏族灵魂、宗教生活及其历史全貌的一种展示。"出于这一原因,如果我们没能使这些肖

---

① 参考［意］图齐等:《喜马拉雅的人与神》,向红笳译,北京:中国藏学出版社,2012 年。

像在它们所处的环境中形象化的话,就不可能透彻地理解其含义。"
他认为,研究西藏艺术至少需要熟悉其发展之宗教背景的大致轮廓,
这样才能详细阐述与西藏文化有关的那些东西。西藏的艺术在很大
程度上是从印度那里继承得来的,但通过它自己的经历使之得到极
大的丰富。佛教后期独特的一面在印度早已销声匿迹了,却在雪域
高原扎下了根基并兴盛起来。

在西藏考察期间,图齐特别喜欢进出寺院,在寺院里收集到的资料
使他能够与其他国家的艺术派别进行比较,这些艺术派别在形成西藏
独特的艺术形式及艺术派别上曾经起过作用。"这并不是一件轻而易
举就能完成的任务。因为寺庙中的塑像及绘画都杂乱无章地堆放在
一起,而由于每年要举行宗教仪式的原因,塑像又经常用金漆涂抹得
丑陋不堪。"在对西藏绘画起源之精神世界的主要方面进行更广义的
概述之后,他能够探讨西藏绘画的起源和特点及其与邻国绘画之间
的关系。

图齐认为,藏族处理色彩的方式应该引起关注——他们渐次调
和阴影,并使阴影紧密邻接赋予整体一种彩虹色写生的效果。这种
绘画方式的长处完全在于它的质朴和对色彩的把握。这种质朴给每
一张画都赋予了神召的特质。藏族绘画重塑了藏族的灵魂,它像一
面镜子,从中我们能感悟到这个民族从印度、中国内地或中亚学到的
东西,也能看出他们主动性的创造。"当我们仔细观看一件又一件作
品时,我们能从他们展示的肖像中看到他们的文化及民族精神的历
史",这种技巧和智慧是作品之价值所在。

在西藏考察中,图齐从不同区域收集了172幅唐卡,他还意识到
当地的部分艺术、历史、文学遗产正在遭受着荒疏和圮废的威胁,进
而认为对此类古迹至少应该有照片记录。图齐采用看似毫无关联、
通常被当时学者所忽略的民俗、歌曲、法器等来研究藏族的史前阶
段、古代史和藏传佛教,因而他书中的照片涵盖主题非常广泛。这些
照片是获取西藏和喜马拉雅历史和文化遗产信息的无与伦比的宝贵
来源。

（三）西藏的苯教①

苯教是在佛教传入之前，经过受佛教的压制和与之斗争之后又勉强维持下来的宗教。图齐对西藏苯教的论述原是《西藏宗教之旅》的一章，但该部分内容相对完整，译者耿升也曾以论文的形式单独发表，因而在此对图齐的论述作简要的介绍。

苯教对人的一生共区别出了三个时刻：自我存在，即永远存在和处于一种不活跃的地位（不依他人）；作为活跃者的存在（现行、昔行、行）；生灵自我发展和在自身中起差异的物质因素。苯教还把一些大山作为先祖神山，如冈底斯苯日山（冈底斯苯教之山）、象雄苯日山（象雄苯教山）、拉日山（灵魂山）、拉日江噶（灵魂大雪山）。象雄的灵魂山也是登天或下界的天梯（善趣之梯），其作用如同把天地联系起来的攀天光绳一样，辛饶的幻体也落到了该山上。

图齐认为，苯教的教义就相当于法性，因而也就是空，即原始以来的教主。后来又自这种固有状态中出现了一种解脱，也就是一种救度的过程。苯教有三个阶段：交尔苯、异常苯和变幻苯。交尔苯可能为第一个阶段，其中仅仅是指降服有害神灵；异常苯是发展中的第二个阶段，主要负责殡葬仪轨；第三个阶段变幻苯就是"已有变化的苯教"，因为苯教必须披上它过去所缺乏的一种外装，也可能会改变其某些仪轨，甚至还会获得一大部分佛教教理。这可能是由辛饶米沃传入的。辛饶米沃是如同佛陀那样的苯教祖师。大家甚至把降服地方山魔的功劳也归于了他，有关莲花生的传说中则把他当作巫师。

西藏经典中提到了各种苯教徒，如天苯教徒、墓地苯教徒等。这主要是指一种工作的分工，可以从中得到"辛"（苯教徒）的九种分类，也就是九种巫术。它们各自的目的是由辛饶米沃确定的，各自相当于一种乘。苯教徒们都根据他们的各种体系而讲"九乘"，其经文主要分成"四门"和"五库"。在举行苯教仪轨之前要用净水净身并要求举行焚香仪式。这种仪轨的主要内容是三步舞、三部曲和三秘咒等。在举行这种

---

① 参考［意］G.图齐：《西藏的苯教》，郑炳林主编：《法国藏学精粹》，耿升译，兰州：甘肃人民出版社，2011年。

仪轨中要以鼓乐相伴,所以它与萨满教又具有某些相似性。

　　苯教也如同佛教一样承认五身:本身(相当于佛教徒的化身)、受用身(相当于佛教徒的报身)、化身(相当于佛教徒的化身或应身)、天然身(相当于佛教徒的自身)、毗卢遮那观正佛身(相当于佛教徒的菩提身)。苯教也向佛教借鉴了经文分类法,拥有它自己的《丹珠尔》和《甘珠尔》。苯教还由于吐蕃与中亚、汉地的接触而受到了其他外来教理和思想的影响,其中有些教理还可能是来自勃律和象雄。

西藏史诗与说唱艺人的研究

[法]石泰安　著

一、学术经历

石泰安(Rolf Alfred Stein)是法国著名的汉学家、藏学家。他于1911年6月生于德国施韦特茨的一个犹太人家庭。1933年,他在柏林大学取得了汉语课程的文凭,后为逃避法西斯当局的迫害而移居法国。他从巴黎东方现代语言学院汉语学科毕业后,成为法国中国高等研究所的学生,得以师从汉学大师葛兰言(Marcel Granet)等研习藏文。1936年,石泰安在东方现代语言学院又取得日语学科的毕业文凭,第二年又在巴黎大学获得了文学士称号。1939年,他入法国国籍。

早在1940年,石泰安就被法国科学院推荐为法兰西远东学院的助理研究员,但由于战争,未能获得批准,直到1946年才受到破格提拔,并追认他从1941年起就享有助理研究员职位。第二次世界大战间,石泰安被派往印度支那服军役,充当山炮炮兵。他在印度支那遭到日本军队的迫害,曾一度被俘。日法协定签订后又被遣返法国军队,任法军司令部翻译官,从事日语和汉语的翻译工作,一直到1945年为止。1946年至1949年间,石泰安被法兰西远东学院派往中国昆明、成都、北京、内蒙古、四川和云南等地从事实地考察工作,后又在巴黎大学北京汉学研究所工作。新中国成立后,石泰安希望留在北京继续从事中国学研究,但由于中法当时尚未建交,他只能回到法国任教。

从上世纪50年代起,石泰安确定了其终生的研究方向——汉学和藏学,他1951年任法国高等实验学院教授,讲授中国语言和宗教。

1954年和1960年,他前后两次对包括锡金王国在内的喜马拉雅山南麓进行了旅行考察,并在第二次旅行的归途中访问了日本和美国。

1960年,石泰安撰写的博士学位论文《西藏史诗与说唱艺人的研究》获得通过,引起了国际藏学界的广泛好评。在1960年到1964年间,他接受了洛克菲勒财团的援助。为了发展藏学研究,他聘请4名藏族人到法国,于1963年在东方现代语言学院开讲藏语学课程。同一年,他还在中国高等研究所讲授有关哲学和宗教的中国古籍。从1966年起,石泰安任法兰西学院教授,主持西藏社会文明讲座,他的开讲题目是《中国习俗与观念的研究》。1968年,他接受日本京都大学和东洋文库的邀请,再度访问日本,作了《敦煌西藏文献》《关于西藏戏剧的宗教考察》等主题演讲。

1981年6月,石泰安再次来华访问,与我国的学者进行学术交流。他于同年退休,出任法兰西学院名誉教授。1983年至1992年间,他陆续撰成总题为"西藏古代文献汇编"的系列论文6篇。这组关于敦煌藏文写本的精湛研究,以其体大思精的手笔成为敦煌藏学的经典之作。石泰安于1999年辞世,法国《远东亚洲丛刊》"敦煌学新研"专号刊出远东学院郭丽英教授所撰的长文,缅怀并表彰了他一生的学行。

石泰安的学术视野兼涉东方学的诸多领域,心仪于西藏研究,又不拘泥于藏学一途。他有关西藏历史的主要论著有:《远东和高地亚洲的住宅、社会和人类集团》(1957年)、《桑耶寺古史〈拔协〉》(1961年)、《有关吐蕃古代史的两条注释》(1963年)、《圣神赞普名号考》(1981年)、《敦煌藏文写本综述》(1984年)等;有关西藏宗教的著作有:《西藏占卜中的33根签》(1934年)、《喇嘛教》(1959—1960年)、《喇嘛教跳神中的身相崇拜》(1957年)、《顿悟》(1977年)、《敦煌藏文写本中有关苯教仪轨的记述》(1971年)、《有关吐蕃苯教殡葬仪轨的一卷古文献》(1970年)、《未经诠释过的摩羯罗嘴》(1977年)、《有关金刚橛的古文献》(1978年)、《吐蕃赞普墀松德赞在选择佛教为国教时有关摩尼教的记载》(1980年)、《对古代吐蕃和于阗密教阐述的一种特殊方式》(1988年)、《印度和西藏的神话》(1985年)等。他有关西藏语言和书目学的主要著作有:《藏文辞源考》(1980年)、《西藏学近作》(1952年)、《苯教象雄语》(1971年)、《珠巴衮雷传中的藏文辞汇》(1942年)、《藏语语义群》(1973年)等。石泰安辞世后,他的"西藏古代文献汇编"系列论文及其在1967年至1970年在法兰西学院的年度讲义,也于2010年编译成为《西藏古代文献丛考》一书出版。

石泰安非常注重于研究西藏及周边地区的文化、民族、历史、地理、宗教、习俗与文学诸学科。他的具体研究方法是:应用过去那些被人忽视的西藏资料,通过对周围民族文化形态的对比研究,探讨了中国文化的特点。他认为这一地区各民族文化,是在汉族文化的影响下,分别以离心或向心的方式发展起来的。从藏文资料的研究可以看出,石泰安的研究态度非常认真和严谨,他以独特的见解对资料作了整理,并经过精细的剖析,对疑难问题作了处理,给后来的学者提出了藏学研究的新的可能性。

从石泰安的经历和全部学术生涯来看,他对中国始终都抱有友好感情,甚至法国汉学界称他为"亲华派"学者,没有卷入国际上屡次发生的反华浪潮。1959年西藏叛乱之后,在国际反动势力与西藏叛乱分子的煽动下,反华活动甚嚣尘上。一些著名藏学家都不同程度地参与了这场反华大合唱。但石泰安不受政治环境的蛊惑和影响,潜心写作,著书立说,用了多年功夫写成了他的西藏学名著《西藏的文明》,书中的观点是相当客观公允的。这在上世纪50年代末和60年代初恶劣的国际形势下,实为难能可贵。

总而言之,石泰安教授继承和发展了其师葛兰言和伯希和(Paul Pelliot)的研究领域和研究方法。在伯希和去世后,石泰安实际上成了伯希和的继承人,是法国东方学的旗手,并在藏学领域始终保持着极为重要的地位。目前活跃在法国藏学界的学者,也大都是他的学生和再传弟子。

二、代表著作

《西藏史诗与说唱艺人的研究》评议[①]

"史诗"是经过诗歌加工修饰过的历史的再现,是集史学、美学、语

———————————

① 参考[法]石泰安:《西藏史诗与说唱艺人的研究》,耿升译,拉萨:西藏人民出版社,1994年。

言学和演唱艺术于一身的一门科学。任何一个民族或地区的"史诗"都是其历史文学形式的反映,必定要在很大程度上反映该民族或该地区的真实历史。

在中国各少数民族和诸多史诗中,藏族的长篇史诗《格萨尔王传》最为著名,历史也最悠久,流传最广泛。该部史诗生动地再现了藏族的古代史,尤其是部落斗争史,它不仅仅流传于今天的西藏,以及甘、青、川、滇等省的藏区,而且也传到了蒙古族人(《格斯尔土传》)、裕固族(西拉裕固尔)人、土族(蒙古尔)人及西藏的其他毗邻民族中。尽管根据地区和语言不同,"格萨尔"以不同形式出现,但故事情节大同小异。从18世纪起,《格萨尔王传》开始在欧洲文化中引起注意,到今天已成为一门国际性的学科。

石泰安对《格萨尔王传》的研究,在世界上影响很大。他于1946年就写过一部《西藏的民间史诗》,首次触及到了格萨尔问题。为了实地调查格萨尔史诗,他于1946年至1947年在四川藏区考察,遍游打箭炉(康定)、德格、邓柯、理塘、松潘诸地,从寺庙、土司、豪门富户和流浪说唱艺人那里搜集到了德格版(他后来又称之为林葱版)的3部格萨尔史诗著作,并到达尼泊尔、不丹、锡金和拉达克等地区调查格萨尔史诗。他于1956年出版了对德格版《格萨尔王传》史诗的法文译注本《岭地喇嘛教版本的西藏格萨尔史诗》,1957年又出版了《格萨尔史诗的西藏绘画》,主要是刊布、介绍和研究他从打箭炉获得的整套有关格萨尔生平的绘画。他在此后写作的《西藏的文明》《西藏的戏剧》《西藏的一位上师诗人》《珠巴衰雷的藏文著作》《珠巴衰雷的生平与歌曲》等都使用了格萨尔的资料。

《西藏史诗与说唱艺人的研究》是石泰安在1959年写作完成的博士学位论文。这部著作洋洋洒洒70余万字,以其精深详细的资料工作和文献考证,为西方的"格萨尔"研究做了总结工作,至今难以有第二部著作在深度和广度上超越它。石泰安在书中主要围绕以下5个问题展开研究:

一是恺撒和格萨尔的关系。石泰安在努力探究格萨尔外来问题的过程中表达了一种重要的思想,即西藏文明的多元构成和格萨尔史诗的复杂内涵。"大家到处都会面对一些名为纯西藏的,而事实上同样也与外来因素相联系的事件。英雄人物和说唱艺人的形象具有一种跨国跨地区的特征,我们寄希望于这一部已超越了纯西藏问题的著作的意义恰恰在于此……西藏史诗,其英雄人物及说唱艺人都具有双重意义。了解这一切,西藏文明之形象就会更加充实和浑厚起来。但在西藏之外,它们却高度地涉及到了从伊朗到中国中原和从西伯利亚到印度的整个亚洲文明史。"

在石泰安的笔下,作为格萨尔史诗起源形成和发展背景的藏族文化是一种多元的而不是单一的、是开放的而不是封闭的、多来源多层次的文化。它决定了格萨尔史诗的研究将是超越纯文学范畴的复杂问题,它将涉及到整个西藏甚至亚洲的文明史。他对西藏文明的这种认识是基本正确的,以这个学术思想作指导另辟蹊径研究西藏史诗,才能有所突破。

二是格萨尔艺人和他的帽子。石泰安把格萨尔艺人分为神通艺人和普通艺人两大类型,并主要研究神通艺人。石泰安认为,格萨尔艺人具有双重性格,他既是萨满,又能代表和体现史诗英雄和神祇。史诗艺人是在兴奋狂舞状态下学会和演唱史诗的,具有巧妙的技巧,既有萨满跳神的特征,又有喇嘛教"现观"即冥想静修招神的内涵,但其演唱内容的来源则是现实的、客观的。

石泰安对史诗艺人的研究不仅仅是对艺人现象的描写研究,他把艺人的问题与史诗的起源、组成内容和史诗英雄的性格特征联系在一起,将其视为构成史诗全部内容的主要构成部分。他研究了史诗艺人的行为特征与服装道具,以便从中解释艺人和史诗的各种问题,其中对格萨尔艺人帽子的研究最引人注意。

三是"疯子"上师。石泰安指出,格萨尔史诗不是前佛教的产物,也不是从世俗民众中间产生的,而是从喇嘛中诞生的。他非常强调史诗创作的宗教背景。史诗中虽然有苯教的影响,但史诗并不是苯教徒的产物。这个苯教并不是单纯的原始苯教,而是已经和佛教结合起来的复杂化了的苯教。同样的观点也见之于他对萨满的分析上,认为纯粹意义上的萨满已不复存在。

石泰安认为佛教的宁玛派和噶举派两个教派对格萨乐史诗的形成起了重要作用,但噶举派的贡献更大,其中以"疯子"大师著称的宗教诗人们扮演了举足轻重的角色。他对"疯子"大师的研究是由格萨尔史诗作者的密教喇嘛传说引起的。传说中,密教喇嘛在醉酒状态下创作了该史,这位喇嘛的家乡在西藏东北部。他从密教喇嘛醉酒状态下创作史诗的分析中引出了密教徒、"疯子"上师一类人与格萨尔史诗的密切联系。

四是祭山仪轨与新年狂欢。石泰安在格萨尔史诗的研究中特别注意到西藏各种宗教节日庆典活动。他认为,天神参与帮助了西藏宗教庆典活动中的节目表演,与人类共享欢乐。谜语歌和说唱故事的比赛如同刀剑的比赛一样,确实对于五谷丰登和畜群兴旺具有某种影响。天神和人类利用大型节会斋供的欢庆机会而结合在一起,社会的对立显示出来了,但同时又得到了缓和。这一批人与其历史(世界和先祖的起源)和居住地(先祖神山)联系了起来,并受到了重新锤炼锻造。

在石泰安对西藏节日庆典和格萨尔史诗的研究中,正是西藏的这种狂欢型节日庆典及其内容孕育出了格萨尔史诗的题材和体裁,其中的仪式和藏族先祖传说相结合,并移植到史诗中来。他非常熟练地驾驭了狂欢化诗学的理论和方法,并以之分析格萨尔史诗,这与狂欢化诗学理论原创者巴赫金(M. M. Bakhtin)的某些研究具有异曲同工之妙。

五是小丑和国王。格萨尔具有双重性格:一面是勇士和具有神性的荣耀国王,另一面是具有妖魔外表的小丑和淘气者。有的人因为史诗的前半部分里英雄以小丑的面貌出现,在后半部分里以荣耀国王的面貌出现,而且其行为正好相对立,所以得出结论:格萨尔史诗是由截然不同的两部史诗加起来而形成的。

石泰安研究了英雄双重面貌的功能及其形成的原因,即英雄落难期理论和喇嘛有意安排,以及这种双重面貌的原型和文化英雄恶作剧者、西藏宗教节日的背景。他反驳这种观点,指出格萨尔史诗的前后两个部分本来就是统一的整体,格萨尔既是小丑又是国王的双重性格正好保持了史诗的这种统一性。格萨尔的双重性格是其固有的和必须的,他把格萨尔定性为狂欢国王。

《西藏史诗和说唱艺人的研究》出版后在藏学界获得了极高声誉，虽然书中的一些观点在今天已经有些落后，但学术思想和研究方法以及对格萨尔史诗的分析策略是有生命力的。石泰安突破当时只把格萨尔史诗当作文学作品来研究的学术观念，拓宽了格萨尔史诗的研究领域，为格萨尔史诗的研究注入了新的血液。在具体研究中，他以严谨的体系、丰富的材料、详尽而深刻的分析、谨慎的态度，多角度、多层次、多种方法的整合，构建了自己的理论体系，使该书成为格萨尔史诗研究中最杰出的一部著作。

三、其他研究

石泰安在藏学领域的研究涉及到民间文学(格萨尔)、宗教(佛教、苯教、景教、道教和其他土著巫教)、语言(藏语、象雄语)、历史、文化、地理、民族、社会、艺术、建筑、神话和风俗等，经翻译成中文版的就有多部著作与数十篇论文。仅仅用一部代表著作，甚至本文的篇幅，都只能展现其在藏学领域成就的冰山一角。

(一) 西藏文明的历程①

在西方藏学界，不少学者并没有亲身到过西藏，而国际政治势力往往将西藏视为"神秘的封闭高原"，不惜歪曲历史以达到其政治目的。石泰安是当时法国少有的几位能同时熟练地使用汉藏两种文字史料的藏学家，长期从事西藏文化史的研究。他于 1962 年出版了《西藏的文明》一书，从地理风貌、历史概况、社会生活、宗教习俗和文学艺术等五个方面，详尽地描绘了他所认为西藏文明的重要方面，具有强烈的"学术拨正"色彩。

该书在结构上看似是分门别类的介绍，实则记述了西藏文明从神话时代到历史时代的整个发展历程。石泰安试图从西藏人的视角来解读遥远的雪域文明，而非简单地将相近的西方概念移植到西藏研究上。若想真正理解西藏的现状，就必须从古老的吐蕃王朝、藏传佛教的起源

---

① 参考[法]石泰安：《西藏的文明》，耿昇译，北京：中国藏学出版社，2005 年。

发展以及这两者的关系之中去寻求西藏文明的真实脉象,从关系性视角理解西藏文明的开放性,以及与周边文明的复杂关系。

石泰安认为,在神话时代的初期,藏王的神性不仅在于他们来于天并归于天,还在于他们与神女的结合。进入历史时代以后,"吐蕃赞普们的征服活动往往伴随着联姻关系",在赞普的身体滞留于人间后,赞普的去神化以及世俗化过程也同步完成了。随着王后出身的改变,藏王无法再依托其神性,只能不断利用新的外力联姻以巩固自己的世系和疆域的扩张,于是与邻国、属民的关联日趋紧密。最终,以联姻为核心纽带的王臣关系,弥补了赞普在去神化过程中所错失的神圣政体,而代之以本土化、世俗化的君权政治。

藏王由于失去了王权的神性,在世俗层面,他与自己的臣子、王后并没有区别,所以难以拥有在信仰上作为王的特权,导致其君权政体的统治难度日渐增大。为解除这一困境,藏王试图借用宗教的解释力,以求再度神圣化,从而确立自己在各部族属国之中的统治权威。例如,制定并颁布律法、广建寺院或拉康等。简而言之,进入历史时代之后,以松赞干布为代表的赞普提倡对"人间教法"与"神仙教法"的弘扬,前者是指风尚道德方面的传统,而后者主要是指苯教或佛教。

但在引入佛教的过程中,王、臣双方的博弈日渐激烈,赞普与王臣都意图借助弘教来巩固自己的势力,同时,僧侣阶层作为权力手段介于两者之间,并逐渐发展为一股新的势力,而不再简单地是王、臣博弈的工具。当宗教势力演化到甚至王、臣都感受到威胁时,他们便又有联合,抑佛运动在所难免。王、臣、僧三者之间微妙的张力体现在西藏各类文学作品与文献中,石泰安单辟"文学与艺术"一章来说明这一问题。正是由于从神话时代到历史时代转变中西藏文明与佛教、苯教的如影随形,才造成了西藏文明充满波折的历史进程与自成整体的性格。

《西藏的文明》的序言中,石泰安写道:"企图撰写一部有关西藏文明的著作,似乎显得有些过分雄心勃勃了,甚至显得有点不可思议。其原因首先是因为我们对西藏的了解还非常肤浅。真正的西藏学研究才刚刚有 100 多年的历史,而且只有少数学者投身于这项事业。"他采取的方法是一种纵横结合的研究路径,即"我选择了一种既是同时性而又是惯时性的办法,使我们的视线从一个时代游移到另一个时代。"于是,他一方面在阐述文明要素的时候,将神话、传说、历史文献结合起来使之具有历史感;另一方面,则在介绍西藏历史时,将之与不同的文明事实结合起来,使观念的变迁具有明显的具象性。

在石泰安看来,"一种文明应该是包罗万象的一个统一整体",既关注文明的生成性特征,又关注文明的关系性特征。西藏是由各种自然与人文环境并列存在的现象,他对西藏的关注并不局限于作为西藏文明集中代表的上层阶级,也格外关注处于社会下层的托钵僧、民间艺人等,特别是处于社会边缘的说书人的独特作用。他对西藏文明历程的研究展示了关系性研究路径与研究方法,为当前的民族研究提供了文明语境的借鉴意义。

(二) 汉藏走廊的民族与部落[①]

石泰安着重于对汉藏走廊(甘肃、青海、四川与西藏交界处)的民族、文化、历史和地理的研究。他 1951 年在《法兰西远东学院通报》中发表了《弭药与西夏》一文,又于 1966 年以《新红史》为基础写作《有关弭药和西夏的新资料》,发表在《戴密微先生祝寿文集》第 2 卷中。他根据汉文、藏文和西夏文资料,说明古代的弭药位于今天的西康地区,在打箭炉的西北,后来成为西夏王国的组成部分。当西夏王室后裔们与成吉思汗断绝关系时,吐蕃人就允许弭药人居住在羌塘一带。石泰安教授不仅考证了弭药人的地望,而且还追述了他们的世系、历史及其宗教信仰。此外,文中还论述了北方酋主世系谱以及于阗、西夏和羌人的关系。

石泰安对汉藏走廊古部族的研究则主要表现在他发表于 1957 年至 1958 年的《高等实验学院宗教系年鉴》中的《汉藏走廊的古羌族》一文,以及 1961 年作为《高等中国研究所丛书》第 15 卷在巴黎出版的《汉藏走廊的古部族》一书中。他根据敦煌吐蕃文书以及晚期的藏文史料而论述了有关这些部族起源的各种传说。他认为这些部族实际上都生活在西藏的东南部,但传说中都把他们置于了西藏中部,这是羌族人向

---

① 参考[法]石泰安:《汉藏走廊古部落》,耿升译,北京:中国藏学出版社,2013 年。

西藏中部迁移的结果。这些部族都对吐蕃社会和文明的形成起过巨大作用。

羌族自殷商时代出现以来的历史共分为三个阶段：第一个阶段是从公元前1500年至公元200年左右。他们居住在距商人不远的地方，即陕西和山西的西部。第二个阶段是从汉朝至唐朝时期。他们活动在陕西、甘肃和青海一带，吐蕃中部藏人的先祖。第三个级段是，羌人迁移到了四川西北部的金川、洮河与岷江流域、杂谷脑和汉川地区。他们与嘎族人作斗争，与吐蕃人有着密切的关系。吐蕃人的原始部族叫"猕乌"，与党项羌人自称"赫猴种"有着一定的相关。此外，吐蕃人与羌人之间在建筑、占卜、祭祀、圣物等方面也有着联系与影响。

汉藏走廊地区的吐蕃"原始部族"主要有色、哲、董、东、珠、嘎、玛、沐、自和高族等十大部族。石泰安分别对他们的起源、历史、地望、宗教信仰以及他们各自对藏族文化形成的贡献都作了详细论述。这些古代部族大都出现在传说和神话故事中，但他们又都确实存在过。现在要对他们的发祥历史进行钩沉则并非易事。但石泰安依据大量敦煌写本、晚期的传说故事及史料，对每个部族都提出了他的一家之说。

石泰安认为，汉藏走廊的这些古部族在历史上经过了反复变化和发生过大规模迁徙。所以我们会在不同地方发现同一部族名称。如东族和董族人曾先后归附过南族、鲜药族、苏毗族，但有时又认为他们与拉萨东北方向的彭域有关。西藏传说中认为6个"原始部落"都位于中藏地区，但在东部地区又发现了许多与这些神话部族有关系的名称。羌族人与古代吐蕃人具有许多亲缘关系，但又明显不同，不过羌族是吐蕃民族形成的一种重要成分。吐蕃王朝的中心是在拉萨东南的雅碧江流域，东部汉藏走廊地区的古部族在吐蕃中部的王权建立之前曾起过重要作用，来自西藏东北部的民族或部族对吐蕃民族文化的形成作出过重大贡献。但同时也出现了由吐蕃西部向东部迁移的动向，而背部平原巴塘地区则变成了大迁移的走廊。

"西藏文明中的许多因素并不完全是由'藏族'人创立，它还包含着许多土著成分。"石泰安认为，西部和南部居民甚至还对西藏文明带来了一种外来成分（象雄地区的贡献更为明显），而东部地区在语言方面则更为接近历史上的吐蕃人。通过这种研究便可以看到西藏传说的连续性，从敦煌写本直到晚期传说始终如一，而且其中还明显地受汉文史料的影响。他在研究中使用了大批藏文文献，既有古老的敦煌写本，又有 14 世纪之后的传说性资料，主要论点为这一领域的研究提供了许多启发。

（三）敦煌写本研究①

　　自伯希和从敦煌带走大量敦煌文献后，法国藏学界便将敦煌藏文写本研究视作"己任"。石泰安继承了雅克·巴科（Jacques Bacot）、玛塞尔·拉露（Marcelle Lalou）以来的法国敦煌藏学传统，他认为："只有通过对敦煌写本的研究，我们才能摸清晚期文献中各种混乱资料的线索，并区别出其中之主要成分来。"石泰安扎实的藏、汉双语的学术功力以及比较宗教学方法为他在敦煌写本的研究上提供了铺垫，经翻译后介绍到中国的相关论文就达 10 余篇。其中，他于 1983 年 2 月在中法学者敦煌壁画和遗书讨论会上的报告《敦煌藏文写本综述》是一个提纲挈领的总结。

　　石泰安认为，敦煌和沙州地区是中国通往西域和伊朗的重要交通枢纽之一。当时中国中原地区与其他强大政权都保持着联系，不仅包括吐蕃和突厥回鹘地区，还与操印欧语言的和属于印度宗教文化圈的诸绿洲保持着交往。"敦煌藏文写本的发现对于我们了解古代吐蕃（约为公元 1000 年之前），具有决定性意义。"他认为，这一领域的研究不仅限于敦煌的石窟和写本，还必须扩大到西域诸绿洲（新疆、中国和俄国突厥斯坦），尤其是于阗、吐鲁番和龟兹的大量发掘物（包括写本），从各种资料的参照、比较中作出结论。

　　西方、中国和日本的许多学者都对敦煌藏文写本做了大量研究，这些著作促进更新和明确了学界的古代吐蕃知识。但尚有许多问题有待于解决，例如大部分敦煌藏文写本中未标注的时间等。部分汉学家认为敦煌藏文写本完全是属于吐蕃占领该地区时代的（781—848 年），事

① 参考［法］石泰安：《敦煌藏文写本综述》。郑炳林：《法国藏学精粹》，耿升译，北京：中国藏学出版社，2011 年。

实上绝非如此,甚至在唐王朝重新收复该地区(除了陷落于回鹘人手中的部分领土之外)之后,吐蕃人和其他非汉族居民继续生活在那里。现已证实,一直到公元1000年左右,藏语在那里一直作为一种通用语言,尤其是作为与于阗国王通信的语言使用。

石泰安论述了敦煌藏文写本中的一些新发现:在关于禅宗方面,汉传禅宗由墀松德先赞普于公元8世纪末组织的中印僧侣大辩论期间传入吐蕃,最早的研究成果归于戴密微(Paul Demieville)的《吐蕃僧净记》。在有关吐蕃历史的新发现中,吐蕃赞普及其阁僚们可能大部分都不懂汉语,他们通过藏译本而清楚地获知了这一切。事实上,当时似乎并不是只举行过一次僧净会,而是持续了一个阶段的辩论,禅宗的传播一直持续到9世纪初叶。这一活动引起了吐蕃与密宗的接触,无疑促进了吐蕃古旧派大圆满巴的形成。

在疑伪经问题上,大量疑伪经藏译文的存在证明了典型的汉传佛教在吐蕃所占的重要位置。敦煌写本中同样也存在着这些疑伪经的汉文写本,甚至有时还有粟特文和回鹘文译本。除了禅宗教理之外,这些疑伪经为吐蕃人带来了另一种典型的汉传佛教内容,即"忏悔"行为。部分疑伪经包括有典型汉族观念,有许多是赞扬"孝顺"观念。尤其是《佛说天地八阳经》,抨击了民间宗教或无名宗教的阴阳诡辩、占卜、使用巫医、婚丧仪轨等诸多方面。在一些纯粹的藏文文献中也有类似的内容,如由和尚们传播的道德和智慧格言等。一些藏学家由于没有掌握汉文文献,所以误认为是发现了吐蕃非常古老的宗教和习俗的特点。

石泰安还就敦煌写本中发现的《周易》《礼记》《论语》等汉文经典的引文与一些佛教格言同时存在,为墀松德赞记功的碑文与《书经》藏译本中的观念可能存在互相借鉴的关系,《汉文辞书》和《古老辞书》辞汇汇编中的尊号使用等问题的最新发现进行了论述。

吐蕃僧诤记

[法]保罗·戴密微　著

一、学术经历

　　法国汉学在第二次世界大战中遭受重创:1940 年葛兰言(Marcel Granet)因德军入侵愤郁而死,1945 年马思伯乐(Henri Maspero)卒于纳粹德国集中营,随后伯希和(Paul Pelliot)也不幸病故。三位有影响的法国汉学大师先后弃世,给原处于鼎盛状态的法国汉学造成了巨大真空,而这一真空随着保罗·戴密微(Paul Demieville)的继起而得以填充。他以丰富的汉学知识和坚强的意志,力排万难,为法国汉学在战后的发展做了大量工作,成为法国汉学界新一代的领袖人物。

　　戴密微于 1894 年 9 月出生在瑞士洛桑,父亲是一名医学教授。他 1911 年于伯尔尼中学毕业后,又先后赴慕尼黑、伦敦、爱丁堡和巴黎求学深造,学习并掌握了德、法、英等欧洲主要语言。1914 年,他以一篇有关中国音乐的学位论文而获得巴黎大学的博士学位,接着在伦敦学习汉语,后来到法兰西学院投靠汉学大师沙畹(Edouard Chavannes)门下。出于对中俄关系史的研究,他还掌握了日文和梵文。1919 年,戴密微被提名为位于河内的法兰西远东学院的公费寄宿生,并于 1920 年 2 月乘船到达印度支那。

　　1921 年 6 月至 1922 年 1 月间,戴密微由法兰西远东学院派遣赴中国考察。他居住在北京,在与中国文人的交往中感受到了博大精深的文化修养。两种特征似乎从青年时代起就确定了他终生的风格:对一切事物都具有一种经久不衰的兴趣和一种令人瞠目结舌的工作能力。戴密微重视从田野调查中掌握一种文化的实质与表现,也不因此而忽视苦读,他为《法兰西远东学院学报》撰写书评,为有关中国中原和西藏的著作专栏撰稿,同时还撰写大批佛学论文。他写成的这些早期著作在资料方面翔实可靠,已经崭露出了其以后高屋建瓴著作的头角,而这一特征后来成为了戴氏著作的标志。

戴密微在法兰西远东学院的聘期于 1924 年末结束后,接受了前往新创办的厦门大学任教的邀请,在那里开设形式极为多样化的课程:法文、印度文明和佛教史、中国与西方国家的文化关系史、亚洲史。此时,戴密微已表现出一位优秀语文学家的素质,他发表了一篇长达 258 页"哲学—宗教性"对话的论文,系统地掌握了梵语、巴利语、汉语和藏语等佛教的主要语言,从而运用比较方法研究了公元 3—9 世纪间根据印度文原本而在远东译制的不同译本。他于 1926 年 7 月离开厦门前往日本,直到 1930 年被召回法国为止,在东亚地区长达 10 年的生活丰富了他作为汉学家的经历。

从 1931 年起,戴密微受聘为法国东方现代语言学院教授,一直到二战结束。其间,他重点研究佛教和敦煌文书。他花费巨大精力研究在敦煌发现的白话诗和变文中那些晦涩难懂的文献,它们均起源于佛法的传播。他写道:"至于哲学与诗篇之间的关系,可能不会有比在中国文化中更密切的了。"诗的灵感接近于顿悟,如同禅宗大师们所设想的那样。禅宗大师也往往通过诗来表达自己的思想,如公元前 4 世纪同时是思想家、作家和诗人的庄子。戴密微也善于分析印度的文学体裁通过佛教的媒介作用而对中国文学体裁所施加的影响,分析印度哲学传统对于中国思想的演变所施加的影响,如他指出了中国的天道观和佛教教法观念在朱熹身上是怎样结合在一起的。

1945 年,戴密微被任命为高等研究实验学院第四系的研究导师,讲授佛教文献学;1946 年,他在法兰西学院主持中国语言和文学讲座,初讲《庄子》,接着研究和讲授中国上古历史、文学和先秦哲学。对禅宗和先秦哲学的研究,使他系统地掌握了中国思想的两大来源。从 1952 年起,他在法兰西学院还同时研究俗文学,并讲授变文,发表变文的法译文。这一时期的戴密微已继承了伯希和与马思伯乐等前辈的学术意志,也是他学术成果最为辉煌的一个时期。他深入研究了敦煌石室所出的中国禅宗文献,讲授六祖慧能坛经和神会禅学,并于 1962 年完成了藏学名著《吐蕃僧诤记》。

戴密微对敦煌写本的研究成果十分丰富:他于 1964 年在《通报》中介绍了列宁格勒所收藏的敦煌写本情况;1970 年又于同一刊物上发表了《敦煌学近作》一文;1971 年与饶宗颐合作发表了《敦煌曲》,此外还有大量有关敦煌变文和通俗文学的作品。从 1968 年起,戴密微的研究从佛诗转向中国传统文人诗。他在 1963 年至 1964 年给法兰西学院作的最后一次讲座题为《谢灵运研究》。最大的成就是辑录了敦煌石室所出的王梵志诗残本,汇为《王梵志诗·附太公家教——敦煌写本唐代俗语诗的校辑、翻译和注释》一书。由此可见,戴密微的主干研究历程大致如下:由敦煌写本至禅宗,由禅宗至先秦哲学,由先秦哲学至敦煌佛教文学(包括佛诗、变文、佛曲等),由敦煌佛教文学至中国传统文人诗。

荷兰莱顿大学于 1973 年出版了《戴密微汉学论文集》和《戴密微佛教学论文集》两部合集本。前者包括他于 1924 年至 1970 年间发表的43 篇论文,后者包括他于 1929 年至 1970 年发表的 17 篇论文,而且还整理了他的主要书目,包括近 140 部(篇)论著或论文,近 90 篇书评。他有关西藏学、佛教学和敦煌学的著作还有:《西藏古代史》(1923 年)、《佛教学研究现状》(1927 年)、《〈大乘起信论〉真伪辨》(1929 年)、《真谛论佛教教宗之起源》(1932—1933 年)、《唯识宗史》(1932 年)、《汉藏关系》(1949 年)、《佛教对中国传统哲学的渗透》(1956 年)、《佛教和战争》(1957 年)、《有关中国禅宗的两卷敦煌文书》(1961 年)、《〈维摩诘经〉汉译文》(1962 年)、《中国佛教》(1970 年)、《中国的禅宗和诗词》(1970年)。

戴密微因毕生研究中国历史与中国古典文化,其思想、行为也酷似中国传统文人,如严肃、勤奋,喜欢烹调、山水、花卉等,且怀乡之情浓烈。正如他以音乐为主题的博士学位论文,音乐在他的生活中占有一种很重要的位置,他在河内的一位邻居称:"深夜,戴密微正在演奏巴赫。您无法想象,如此轻快和明朗的节奏,在这种寂静的、萎靡不振的和炎热的气氛中,会散发出什么样的思乡情绪。"戴密微于 1978 年 3 月与世长辞,他通晓与汉学有关的各种语言,在中国哲学尤其是佛教、道教、敦煌学、语言学、中国古典文学等方面都有杰出成就,迄今整个国际汉学界都十分敬重他所取得的成就。

二、代表著作

《吐蕃僧诤记》评议①

伯希和留下的遗产在戴密微这里得到了很好的继承。他从文献中考证了发生在 1000 多年前的一场吐蕃与唐朝僧人的辩论,于 1952 年完成了《吐蕃僧诤记》一书。他的学生——现任法兰西学院汉学教授的谢耐和(Jacques Gernet)认为:"这部著作名扬四海,书中有许多学识横溢的注释,每一条注释都堪为百科全书的一重要条目。"这部书成了当代西藏学、佛教学和敦煌学的代表作,既发表了许多新文献,又提出了许多新观点。戴密微也因此而声名远播。

约公元 781 年,唐朝僧人摩诃衍应邀从敦煌前往吐蕃腹地讲禅,不少王室贵族成为其信徒,百姓官僚修禅之风盛行,这给由部分王室贵族扶持的印度佛教带来了不小冲击。约公元 792 年至 794 年,赞普于桑耶寺主持了以莲花戒为代表的印度中观瑜伽行思想和以摩诃衍为首的汉地禅宗思想的佛法辩论,史称"顿渐僧诤"。

辩论的核心问题主要围绕观行、观心和佛性等诸多方面展开,以及对修习实践的认识。莲花戒为代表的渐门派源于印度瑜伽中观自续派,该派认为众生始有佛性,注重"观行修",主张修行必须通过循序渐进的理论学习才能获得无分别智;以摩诃衍为首的顿悟派依止北宗禅师,融汇了北宗禅和南宗禅初期思想,该派认为众生本有佛性,只要"观心""不作意",便能获得无分别智,轻视繁琐的理论学习,重视离一切言相说、离一切心分别相的"无想说"。深层剖析,两派在实践修习上的不同,是因为佛性思想认识的差异。

既然吐蕃僧诤是两种思想文化对佛教的不同诠释,就其辩论内容

①　参考[法]戴密微:《吐蕃僧诤记》,耿升译,拉萨:西藏人民出版社,1984 年。

而言不存在双方孰输孰赢的判定。但吐蕃赞普出于文化、政治和社会发展等诸多层面的考虑，最终选择了莲花戒为代表的印度瑜伽中观派。戴密微在《吐蕃僧诤记》中对这次事件进行了深入分析，归纳了摩诃衍失败的原因：

一是摩诃衍的地位低下。戴密微认为，摩诃衍的政治处境决定了他的社会地位，而其社会地位又决定了他的论争地位。他从当时吐蕃与唐朝之间的政治关系出发，吐蕃在 790 年左右占领敦煌、沙洲等地。摩诃衍当时在敦煌一带活动，因为此时奉旨抵蕃，其身份是唐朝俘虏。这种低下的社会地位，决定了摩诃衍在论争中只能处于守势，导致在论争中失败。

二是仇唐一派的压制。戴密微认为，吐蕃中有"敌视"唐朝的派别存在，这对推演摩诃衍的论战处境非常不利。他依据《顿悟大乘正理诀》的《叙》文认为，汉地唐朝来的人或事物都是唐朝的"替代品"，而吐蕃对唐朝的仇恨也势必会在这些"替代品"上表现出来。在摩诃衍的教徒中只有宗教徒和女性，没有一位大臣和世俗的高级人物，论争双方的主角人数也不均，这种"敌视"转移到了汉僧摩诃衍身上。

三是军事力量的缺失。戴密微推论，摩诃衍的禅宗在吐蕃失利也是因为没有得到军事力量的支援。因为吐蕃"敌视"唐朝一派存在，禅宗在宗教中取得胜利后，会使敌视派"焦虑不安"。如果在军事集团内有禅宗的支持者，则可能与"敌视"唐朝一派形成对立。这是包括"敌视"唐朝一派在内，每一个军事集团的人物都不愿见到的结果。他进一步认为，禅宗得不到军事贵族的青睐，是因为这个军事贵族集团轻蔑唐朝——他们曾击败过唐朝；也可能是由于他们惧怕唐朝，因为他们非常了解唐朝的实力。

戴密微得出的结论是，这次论争是印、汉两方为争夺吐蕃佛教的主导地位而进行的一次论战，而将汉僧摩诃衍在吐蕃僧诤中失败的原因，从政治层面归结为吐蕃的"民族偏见"。汉僧处于劣势，印度的正统教占了上风。在经过一段受印度和唐朝僧侣们轮番影响的时期之后，吐蕃的佛教终于堕入到了印度婆罗门教的范畴中。

中国学者对吐蕃僧诤的分析认为，论争的结果是集宗教、文化、政治和吐蕃社会的发展等诸多方面的复杂化因素所致。戴密微在分析这次事件的政治背景时，将其引入唐蕃民族关系之中，将唐朝与吐蕃之间的不和归结为摩诃衍在争论中失败的政治原因，抹杀了主体选择性的重要问题，即吐蕃本身根据自己的宗教需要在顿、渐之间选择的可能性，进一步而言，就是忽略了宗教与政治之间的关系问题。

从宗教和政治的关系来讲，宗教是统治阶级的思想工具。7世纪初，松赞干布建立统一的吐蕃政权后，从中原与印度引进佛教，他借鉴佛教的伦理思想与律仪戒规，建立起吐蕃政权的管理体制和法律条文。这便从社会层面上使佛教从它传入吐蕃的那天起就贴近吐蕃社会，顺应吐蕃社会的政治、经济、法律、道德的潮流而发展。松赞干布的这一举动，为藏传佛教的形成和发展指出了方向。

9世纪中期，在经过一系列的佛苯斗争后，赤松德赞正式将佛教立为正教。在王室的大力支持下，佛教兴盛起来，顿悟与渐悟的佛教矛盾也随之凸显。宗教要适应社会的发展，由此来衡量顿、渐两派的佛学思想。禅宗学说使政治意识和宗教信仰脱节，有碍吐蕃社会的正常发展；而渐悟派的学说与吐蕃已有的佛教思想一脉相承，有利于吐蕃政治的稳定发展。所以并不像《吐蕃僧诤记》分析的那样，由于吐蕃统治集团"敌视"唐朝而导致摩诃衍失败；相反，废停禅宗本身就是吐蕃的一项政治决策，因为通过政治手段无法实现，所以要组织论争名正言顺地废停禅宗。

总而言之，吐蕃僧诤是两种思想文化体系对佛法的不同阐释，更是吐蕃统治阶层权力斗争的体现。虽然僧诤以顿悟派的失败告终，但摩诃衍传播的禅宗思想并没就此中断。他离开卫藏后，仍在藏地活动数年，于敦煌传法收徒。他的禅宗思想融合了北宗禅的渐悟说和南宗禅的顿悟说，将"看心""不思不观""除妄念"等思想以及禅法修定带入了吐蕃，不仅对吐蕃社会的发展起到推动作用，促进了唐蕃文化的交流，而且对后世藏族禅宗的发展奠定了基础。同时，对后弘期藏传佛教宁玛派、噶举派、萨迦派、觉囊派在佛性论的认识、修行方式上也都产生了一定影响。

三、其他研究

戴密微学识渊博,治学严谨,兴趣广泛,是一位难以逾越的学问大家。他一生著作宏富,所撰专著、论文及书评多达 300 余种。他对敦煌文献、佛教经典的成果集中体现在《戴密微佛学论文选集》《吐蕃僧诤记》等书中,并将《临济语录》《六祖坛经》等中文佛经翻译成法文。在汉学和法国汉学史方面,他著有《戴密微汉学论文选集》《法国汉学研究史简述》《亨利·马伯乐》《亨利·马伯乐与汉学的未来》等。在中国古典文学方面,他主编出版了法文版的《中国古典诗歌选集》,搜集、翻译和注释中国古代的临终诗作数百首,编成《中文临终诗》一书出版。此外,他在中法文化的交流方面做出了重大贡献,对于研究佛教在东亚的传播及其宗派与教义的史学家们给予过很多帮助,这也是其最荣耀的贡献之一。

(一) 西方汉学的创建初期①

戴密微是西方著名汉学家、藏学家,对这一学科的历史作过必要的梳理。"人们常说西方中国学是由法国人创建的。如果把'中国学'(汉学)理解作对中国的学术研究(我也是主要论述或完全是论述中国学的这一方面),那么这一说法就是正确的。"但最先将中国介绍到西方的,并不是法国人,而是与法国相邻的葡萄牙、西班牙和意大利探险者。

葡萄牙人于 16 世纪初叶最早到华,其后便是西班牙人接踵而来。在欧洲出现的第一批有关中国的著作之一,就是根据由他们的传教士和士兵所搜集的资料而写成的。门多萨(Gonzales de Mendoza)的代表作《中华大帝国史》于 1585 年在罗马用西班牙文刊行后,立即被翻译成包括法语在内的几乎欧洲所有文字。该书是对中国的全面描述,把中国描绘成了没有贫穷、没有乞丐、一个"贤明和谨慎"的民族。这完全如同文艺复兴时代的知识分子们,热衷于在已向他们揭示的遥远国度

---

① 参考[法]戴密微:《入华耶稣会与西方中国学的创建》。选自[法]戴密微、谢耐和:《明清间耶稣会士入华与中西汇通》,耿升译,北京:东方出版社,2011 年。

进行发现或想象一样。利玛窦(Matteo Ricci)被视作西方中国学的鼻祖,他不仅牢固地掌握了汉语知识,还是一个精明能干的思想家和值得仰慕的观察家,留下了有关明末中国的第一手资料。

法国从最早得到中国的有关资料时代起,就产生了一种亲华的"中国热"。但法国在向远东的经济和贸易渗透中落后于其他国家,直到17世纪中叶,路易十四才开始关心这些地区,他要求在北京创建一个法国传教区,该传教区按照由利玛窦及其继任者们采纳的布教策略,力求与中国掌权的绅士阶层保持联系并研究中华文明。这种研究的目的不仅在于彻底地了解中国,以便更好地使它接受归化,还有完全是科学方面的目的,这就是推动更透彻地认识中国的研究。归根结底,这并不是为了有益于中国,而是使欧洲科学受益。

这时的中国正值满清王朝,康熙对西方科学表现得非常热衷和醉心。康熙令人给法国传教士们开设汉文和满文课,还为他们划拨了一块地盘,以使他们在皇城之内修造一座教堂。在1735年的《中华帝国全志》中,刊载了由耶稣会士们提供的少见的纯文学作品的译文之一。这一时期《诗经》和一些诗歌的编译文进入法国,欧洲问世了一部最佳汉语语法书《汉语语言概论》,而《赵氏孤儿》的编译本向欧洲揭示了中国戏剧的面貌。当时法国著名的汉学家是钱德明(Joseph-Marie Amiot),他以《中国古今音乐篇》(1776年)、《满文—法文辞典》和一部多种语言(梵文、藏文、满文、蒙文、汉文)辞典以及其他许多著作而出名,还是把《孙子兵法》介绍到欧洲的第一人。

"中国热"催生了18世纪在巴黎的中国学学派,与在北京开花结果的传教士们的中国学相呼应。其中,弗雷烈(Nicolas Froret)对中国历史及其年代问题特别感兴趣,他还曾写了一部《论汉语语法》,其后附有汉文辞汇。戴密微认为,这一时期西方汉学的遗憾是没有在翻译汉文典籍方面付出更大努力,而欧洲有关基督教或科学论著的译著则占据了很大比重。

西方汉学在18世纪末和法国大革命期间发生了巨变:一是欧洲在政治、科学、艺术方面的革命与发展,使西方人的注意力又转向了欧洲文化;二是作为知识分子的耶稣会士,不仅遭受本国政治和宗教派别斗争的影响,还面临其他国家传教士们的竞争;三是从雍正 1724 年执政起,便禁止传教士们在中国内地居住,其财产被没收,他们被放逐到广州,然后又退避到了澳门,唯有那些在北京宫廷受录用者除外。这些因素导致汉学在一段时期不再时髦,在巴黎开创一个中国学运动的尝试急转直下。法国作家们的著作中不再提及中国了,夏多布里昂(Chateaubriand)、斯汤达(Stendhal)和雨果(Victor Hugo)等人都对中国一无所知。在拿破伦帝国覆灭之后,法国的汉学研究又在全新的基础上进行了改组。1814 年法兰西学院创建一个中国学讲座之后,中国学研究才又重新开始。

(二) 中国与欧洲早期的哲学交流①

戴密微认为,学术界对于中国与欧洲近代早期交流的历史,至今仍主要是从政治、经济交流的观点,或者是根据其宗教表现形式而进行研究的。在文化方面,更具体地说也就是在这些交流的哲学影响方面,仅由一些不太熟悉欧洲文献史料的中国学者们,或相反是由未充分利用汉文著作的欧洲史学家们来论证的。他在对清朝中国思想家的研究中,触及到了耶稣会传教士们当时向中国传入欧洲思想的某些问题,"我本人主要是研究中欧之间的早期交流所引起的中国人的反应问题的,而不是欧洲人的反应问题"。

明朝晚期及清朝前期的中国思想史,是受一场强大的文献考证学运动主宰的。这种考证学首先是反对"宋学家"们的,也就是说反对 12 世纪时由朱熹所集中代表的儒家经典诠释。这种反对宋代正统思想的反应有时表现为一种改革现象,有时又呈现出一种文艺复兴的表象。戴密微将改革运动追溯到了顾炎武,他认为,顾炎武一方面奋起反抗宋代的经院哲学,尤其是沾染了密教和禅宗特征的唯心论;另一方面提倡赋予儒教一种经世致用的意义,并把它作为一种实用的理论,强调了积累知识和功德对世界施加影响的意义。他认为顾炎武身上体现了卢梭(J·J·Rousseau)和伊拉斯谟(Desiderius Erasmus)的品格。

---

① 参考[法]戴密微:《中国与欧洲早期的哲学交流》。选自[法]戴密微、谢耐和:《明清间耶稣会士入华与中西汇通》,耿升译,北京:东方出版社,2011 年。

　　16 世纪末,中国文士们接触的第一批欧洲知识分子是耶稣会的传教士。传教士们对明末中国文人的影响并不仅限于数学、天文学、地图学等科学方面,还触及到了思想领域。例如,利玛窦可能推动了废弃宋代的经院哲学,把掺和在朱熹诠释的儒教中的佛教内容又剥离了出来,并强调了溯源的必要性。冯友兰在其《中国哲学史》中暗示说,西方的影响直到清末才起作用。梁启超认为最初的耶稣会传教士们向中国人打开了新的思想境界的大门,其中欧几里得(Euclid)的几何学比中国直到那时所掌握的逻辑法要先进得多,受影响的一部分学者从传统的正统观念中解脱出来。然而,传教士们对中国思想复兴中的影响大都是间接的,中国的当政者也倾向于贬低耶稣会传教士们在中国科学思想发展中的贡献。

　　戴密微认为,由于基督教在清朝中后期遭到禁废,因而已受归化的或关心基督教的中国文士们或有社会影响的人物,都"置身于这些交流之外"。一个例子是戴震,"如果戴震懂得评价西方科学,那么他就不会对纯科学之外的西方其他所有东西缄口不语。同样也无可争议的是,西方科学的发现在戴震的文化修养中起了决定性作用。他在学习这些科学时养成的精确和严密推理的习惯,不仅表现在其训诂学著作中,也表现在他的哲学思想中,甚至一直表现在其文风中。"当时中国的学者们一边学习由耶稣会教士为他们翻译或用汉文写成的著作,从中获得更新的学科知识,一边从事他们所特长的哲学研究。

　　在中国哲学对欧洲哲学的影响方面,早期欧洲著名的哲学家们都介入了中国的问题,孟德斯鸠(Montesquieu)、伏尔泰(Voltaire)还深入到了哲学以外的中国政治、经济理论及宗教、艺术和风俗等领域。"那些认为中国曾为法国大革命作了思想准备的'启蒙哲学'的主要源泉之一的史学家,实在不乏其人",甚至有人希望在意大利文艺复兴的源头中寻找中国的影响。他认为,耶稣会传教士们所起的中欧之间的纽带作用对于欧洲的重要性,似乎并不比对于中国的重要性弱小多少。欧洲发现中国所产生的成果,并不比中国发现欧洲逊色。

　　戴密微引用在厦门大学任教时的同事林藜光所说:"中国人行动迟缓,如此之缓慢,以至于可以使人认为他们有些麻木了;但当他们产生某种思想时,最终则要利用由此而促生的全部成果。"他认为,中欧之间的早期哲学交流对于双方来说,仅是一种笨拙的触角游戏,明显是很肤浅的,但它可能产生了深刻的影响和作用。这些交流丰富了地处古大陆两极的两种文明,今天仍需要对此作明确的解释。

(三)《往津日记》的发现及与饶宗颐的交往

《往津日记》由越南阮朝末年重要官员阮述所著。阮述于 1880 年、1882 年两次奉旨经香港、广州,往上海、天津等地。《往津日记》中记述的资料尤能凸显当时中、法、越三国之间的复杂关系,对于研究 19 世纪后期中越外交关系、历史和文化交流等,不失为重要材料。戴密微在 1920 年至 1924 年居住河内时期发现了这份资料,并随他辗转厦门、横滨等地后,最终带到法国,足见戴密微的重视。

饶宗颐是香港中文大学名誉教授,世界中国学贡献奖(上海)获得者,是中国现当代东学西渐的一位代表性学者。戴密微与饶宗颐结识于 1956 年在巴黎召开的国际汉学会议,会后戴密微曾带着饶宗颐游览巴黎各处的名胜。他们在年龄上相差有 23 岁之多,当时学术地位相差也较为悬殊,但却因研究领域的相似性而结下了友谊。1966 年,饶宗颐访学巴黎,在戴密微家中得见《往津日记》。饶宗颐在 1979 年 8 月《阮述〈往津日记〉》一书的《阮荷亭〈往津日记〉抄本跋》文中,叙述了与《往津日记》之学术因缘:"记一九六六年春在法京,时余治敦煌曲,且留心清词。偶于国家图书馆见《苇野合集》而悦之。一日,于戴密微教授家插架上,检得阮述此书写本,爱不释手,戴先生慨然相赠,余乃携归。"

1968 年至 1973 年间,饶教授时任新加坡大学中文系,复就《往津日记》撰为《跋》文。1975 年,饶教授寄奉《往津日记》《跋》文请戴密微指正,此时戴密微记忆力衰退,不复记当年如何在越南获得此书,且对该书是刻本、影印本、抄本还是稿本一概忘记。1977 年 8 月,饶宗颐教授将原《跋》文整理成篇,宣读于第七届亚洲史学家会议,是为研究阮述《往津日记》的第一篇论文。1978 年 6 月,戴密微以《往津日记》为孤本,嘱请饶宗颐等人早日将书出版。《往津日记》最终于 1980 年由香港中文大学出版社发行。

戴密微收藏《往津日记》数十年,慨然赠书,又关心书稿研究与出版事宜,可见他与饶宗颐的深厚的情谊。《往津日记》的发现与收藏,戴密微自是功不可没,而饶宗颐率先撰文研究,推动《往津日记》的出版,亦证明不负其所托。

2012 年,香港大学饶宗颐学术馆出版了原稿影印版的《戴密微教授与饶宗颐教授往来书信集》。他们之间现存的历经 20 余年、往来共 80 封的书信,大部分与学术合作有关。戴密微对饶宗颐的学术研究非常重视,而饶宗颐多次为戴密微答疑,并为戴密微的研究提供了启发。他们之间最重要的合作是《敦煌曲》,该书收录了 30 个敦煌曲子,附有饶宗颐的说明文字和戴密微提供提要译文等内容;《敦煌白画》则由饶宗颐撰中文介绍,戴密微撰导言与附录。他们还在书信中讨论了准备中的《敦煌本文选》《中国史学上之正统论》《新加坡早期中文史料》《往津日记》等。收录书信内容涉及学术交流、出版合作、个人友谊等多方面,凸显了中法两代学人亦师亦友、平等对话、相互帮助的关系。

西藏的神灵和鬼怪

[奥]勒内·德·内贝斯基·沃杰科维茨　著

一、学术经历

勒内·德·内贝斯基·沃杰科维茨(Rene de Nebesky-wojkowitz)
于 1923 年出生在今捷克东部的摩拉维亚地区。他在布拉格完成中学
教育后,进入柏林大学和维也纳大学从事西藏和蒙古地区的民族研究。
1945 年,他在维也纳大学获得博士学位后,留校任教,供职于该校人类
学博物馆。在他人鼓励下,他致力于藏学研究,先后发表了几篇关于苯
教的论文,又于 1949 年 11 月至 1950 年 7 月到意大利接受了著名藏学
家朱塞佩·图齐的指导,并前往伦敦大学亚非学院继续学业。

1950 年至 1953 年期间,他参加希腊和丹麦王子组织的中亚考察
队,在印度和锡金边境地带搜集资料,对藏传佛教的护法神产生强烈兴
趣。他认为:"关于西藏人作为佛教的护持者和守卫者而加以崇拜的神
灵的造像,在藏学界还属于一块几乎不被人所知的研究领域。无以计
数的种种保护神中包括许多的原始神灵,他们属于西藏古老的苯教信
仰万神殿中的神灵。"除了对藏传佛教中的护法神进行研究外,还涉足
藏传佛教传入之前的西藏苯教、苯教发展中所体现的早期萨满教成分
的关系、对护法神的崇拜等。

在沃杰科维茨的年代,西方社会对上述领域的研究困难重重,且存
在大量空白。例如,藏文的文献对佛教护法神的形貌和崇拜记述得非
常少;文献中使用古代词语和一些含混的表达词语在词典中无法查找,
因而这些文献经常是很难解释的;西藏人对于护法神崇拜,特别是仪式

舞蹈、占卜、黑巫术和天气施咒等的神秘感也是不可忽视的研究障碍。沃杰科维茨利用此次考察机会,在印度、锡金和西藏边境地区搜集了大量关于西藏护法神及其崇拜的材料。

　　上世纪 50 年代初恰逢解放军进军西藏,十四世达赖喇嘛率领噶厦政府官员、僧侣向西逃亡,其中部分人留在了印度噶伦堡,这为沃杰科维茨的调查提供了方便。达多仁波切出生于藏川交界处的打箭炉,曾在哲蚌寺学经。达多仁波切将自己珍藏的内容广泛、有价值的藏文木刻本和手抄本的书籍交给沃杰科维茨使用,还向他赠送了部分书籍。沃杰科维茨从这些木刻本和手抄本中摘抄、复印了部分内容。他经常向达多仁波切请教研究资料时遇到的问题,并在达多仁波切的帮助下观看了很多的藏族宗教仪式。沃杰科维茨从 1951 年起跟随札幢仁波切学习和研究。札幢仁波切是格鲁派活佛,曾在哲蚌寺学经 9 年,此后又在拉萨一座寺院内作了 8 年的密乘僧。他从札幢仁波切手中获得了各种密乘教义、特殊的宗教传统,以及盛行于东部藏区的宗教实践活动资料。此外,他还从齐美仁增活佛手中获得了关于宁玛派和与之相关的其他宗派的宗派教义、仪式方面的资料。

　　沃杰科维茨在一位原噶厦噶伦代理人尼玛的帮助下翻译获得藏文资料,学习藏语口语,向周围的藏族朋友请教一些较为复杂的宗教理论的解释。他还从噶厦官员那里获得了关于噶厦政府宣谕神的选拔、生活、仪式等方面极有价值的资料。在对锡金境内族群原始宗教调查的基础上,他撰写了《1950—1953 锡金喜马拉雅人种学研究报告》一文。

　　沃杰科维茨随后返回欧洲,受荷兰莱顿民族博物馆长的邀请,整理和分析了该馆所藏的藏文木刻本和手卷。在莱顿停留的 5 个多月里,他又搜集和补充了许多藏传佛教方面的相关资料。1956 年,他出版了学术生涯中的扛鼎之作《西藏的神灵和鬼怪》。该书对西藏宗教护法神进行了广泛而细致的研究,使欧洲学者对于西藏宗教和文化传统的认识有了巨大飞跃。中国著名藏学家王尧对该书的评价是:"太需要对西藏的宗教深入了解了,不深入了解宗教,就不能深入了解历史与现实、社会与人生、哲学与伦理、文学与艺术,也就不能真正了解西藏和西藏人。这本书恰恰是应西欧人士的要求而生的。"

1956 年,沃杰科维茨再次访问了噶伦堡,还前往尼泊尔寻找新的考察地点。1958 年至 1959 年间,他在尼泊尔停留了 3 个月,为维也纳人类民俗博物馆搜集了大量资料和实物。在这期间,他被诊断出患有肺炎,并影响了他继续在喜马拉雅地区的考察。出于健康原因,他不得不回到维也纳。他的藏学研究还有《何处的上帝是山》《西藏的宗教舞蹈》专著,以及《对西藏造像的一个贡献》《维也纳人类学博物馆藏藏文木刻本和手抄本书籍》等论文。正当事业出于上升期时,沃杰科维茨却于 1959 年 7 月死于肺炎,年仅 36 岁。

沃杰科维茨生前曾任教的奥地利维也纳大学藏学与佛学系,是奥利地藏学研究的主要机构。奥地利虽然不算大国,但它对西藏的关注程度完全不亚于西方其他国家。奥地利人与西藏的接触可以追溯到 17 世纪传教士在西藏的活动时期。由于欧洲人与印度人在血缘、语言上的亲密关系,欧洲人研究印度的目的就是寻求他们最古老文化的一部分。历史上印度古老文化和宗教的几次大的更迭,很多文献资料未能保留下来或变了样,而这一切却几乎都收藏在西藏。于是部分研究人员开始涉足藏学研究领域,奥地利的藏学研究几乎和印度学研究同时得到发展和壮大。

奥地利藏学研究重视传统基础,在长期从事梵藏文佛典校勘研究工作中积累了丰富的经验,形成了一套具有系统方法和特色的"维也纳学派"。目前奥地利在因明梵藏典籍方面具有权威地位,维也纳大学的中观学、佛教艺术、西藏人类学等的研究也有其独特之处,在国际藏学界也有一席之地。奥地利藏学研究较少涉及当代政治,再加上学者的知识结构和学术素养较为突出,使藏学研究基本保持比较客观公正的态度,中国与奥地利在藏学领域的合作也在不断深入。

二、代表著作

《西藏的神灵和鬼怪》评议①

在欧美人的心目中,西藏一直被蒙上一层神秘的面纱。凡是对西

---

① [奥地利]勒内·德·内贝斯基·沃杰科维茨:《西藏的神灵和鬼怪》,拉萨:西藏人民出版社,1993 年。

藏感兴趣的人,除了对巍峨崇高的雪山、粗犷浩瀚的原野、别具特色的风俗感到震惊以外,更多的人对它的宗教狂迷倍觉好奇和惊讶。著名藏学家王尧认为:"人们在寺庙见到各种各样的画像和塑像,狰狞恐怖者有之,慈眉善目者有之,庄严肃穆者有之,青面獠牙者有之,特别是一些手持人头颅骨、张开血盆大口,胯下飞腾神骏、腰间缠绕蛇蟒……谁也弄不清究竟是怎么一回事。"

西藏的宗教从古至今大致经历了原始宗教、苯教、藏传佛教三个时期。其中佛教从公元 7 世纪开始传入西藏,在与西藏固有的苯教的不断斗争融合中,吸收了其神明和仪式,逐步形成了适应与符合西藏本土的宗教,即藏传佛教。藏传佛教是藏族文化的核心与主体,也是藏族人最重要的信仰对象,它对藏族人的价值取向、道德规范、思维模式、心理素质等方面具有深远而持久的影响。

从宗教理论上讲,宗教得以发挥其功能的前提在于"神俗二分",即必须要有一种与一般事物相区别的神圣事物,才能使人们产生对宗教的崇拜。这种神圣性的塑造很大程度上依托于神灵。沃杰科维茨详细论述了藏传佛教中的护法神及其崇拜,从而解开了西藏宗教的神秘面纱。

《西藏的神灵和鬼怪》第一卷介绍了护法神的分类、形貌和标志。在藏传佛教中,维护佛教教义的完善是一类重要神灵的职责,这类神灵就是护法神。护法分为两大类:第一类是具有超大神力的高级神灵,即出离六道轮回之神灵;第二类是仍然生活在今世间的神灵。大多数护法神是怒相神灵,只有小部分以和善相出现,他们一般穿戴盔甲,带各种帽子,以动物为座椅,佩戴各类兵器,用来消灭佛法之敌,惩罚背弃教法的信徒。有的护法神还佩戴珍宝、乐器及其他各种标志。

"出世间护法神"是具有超大神力的高级神灵。具体如下:班丹拉姆是第十等级的女神,是藏传佛教格鲁派的主要女保护神,她有众多化身。大黑护法是属于第十等级的佛教重要护法神。多闻子、丑身、宝藏神是第八等级的神灵,是西藏最重要的复合佛教财神。多闻子除了做财神和库主之外,还是北方的护方神。阎摩是第八位的神灵,是死者的判官,有各种身形,主要的是"外修""内修"和"密修",合称为"内外密三身形"。姐妹护法或皮铠甲护法是出世间护法神,其众多特征与仍然居住在世间的护法神相似,还占据着战神的位置。

"世间护法神"是仍然生活在今世间的神灵。具体如下:根据格鲁派的观点,世间护法神的主神是白哈尔,梵天仅占次要的位置。叙述梵天崇拜口头传说是在班智达、阿底峡入藏后开始传播的。具善金刚被莲花生降伏,变成了佛教护法神。居士白毡神是世间护法神,居地在印度那烂陀,由班智达阿底峡迁至藏地。西藏最重要的世间护法神之一是"赞"系神"载乌玛保",继白哈尔神后做了桑耶寺的护法。属于班丹玛索女神系统的众神有两组:长寿五姐妹和十二丹玛女神。格鲁派认为,长寿五姐妹是居住在尘世外的虚空女神,据说她们是古代的山神,被莲花生大师击败后,立誓成为佛教护法。在西藏,任何一座山峰都被认为有属于世间护法神的神灵居于其上。西藏的各个地方、寺庙、大贵族家庭都有各自的保护神,其崇拜仪式会代代相传。厉神常用来指众多较低级神火女神。战神被认为是专门保护崇拜者免受伤害,并能帮助他们增加财富的一类神灵。

第二卷详细介绍了保护神的崇拜。藏传佛教具有众多保护神,其宗教仪式亦种类繁多。为了得到神灵的帮助,驱灾除难,每年都要举行各种宗教仪式,其间需要多种供品和圣器。供品的性质取决于供奉的护法神之特点。怒相护法神的供品由肉、骨等做朵玛,胆汁和血液配制奠酒。善相护法神的供品是药物、香甜美味的食品、水、丝绢等。此外,还要象征性地供奉所持标志物,衣服、座椅、象征人形、兽形、武器、天庭等形状的朵玛。朵玛分为两大类,武朵玛主要供奉给怒相神灵,形状直、尖,颜色为红、黑,饰有云烟火焰;文朵玛形状多为圆型。常使用的供品还有砂糖、蜜、蔗糖"三甜",以及奶、酥油、酸奶"三白"。此外,"垛"为众多宗教仪式之一,称为十字网格灵器。据说"垛"是由莲花生大师引入西藏。"垛"的仪式和作用也有很多,如降魔的"垛",为神灵提供暂歇之地的"居住垛"等。大部分"垛"以它们代表的神灵命名,如供奉给龙的为"龙垛"。

护法神崇拜仪式演奏的音乐有两种:为善神演奏的是轻柔音乐,为怒神演奏的是高亢刺耳音乐。其中最重要的乐器为六孔竖笛铜号、海螺号、鼓、锣和两种铙钹。为怒神举行仪式时,典型乐器是胫骨法号。大多数为护法神举行的仪式,都要供奉三种供品,即内供、外供和密供。内供主要为朵玛;外供为欢娱护法神的各种供品,如净身水、洗脚水、功德水、花、熏香、酥油灯、美食等;密供是纯粹象征性的供品,目的是通过明妃来提供一位女性护法者以便进入双修。护法神的崇拜还包括跳神舞蹈"羌姆"和转山仪式等。

当人们想要知道自己今后的吉凶福祸、婚丧嫁娶等事情时,会找占卜师占卜。占卜术与星象学密切联系。占卜方法有羊肩骨占卜法、占卜牌、石卜、鼓占、箭卜、释梦等。据说许多护法神还能对天气施加影响,特别是居于水中的龙神。很多藏传佛教的法师都知道一些可以对天气施加影响的简单仪式。咒师和黑苯波巫师以其"黑巫术"著名,他们可以对伤害个人或集体之敌施行毁敌巫术。

在沃杰科维茨看来,西藏人最重要的御邪工具是护身符和符咒,包括印有祈愿文的纸片、护身线,大德喇嘛加持的药草、念珠、"擦擦"、结节丝带、金刚结、驱魔图案等。御邪仪式众多,如把邪气转移到替罪的"鲁"身上的仪式,藏历新年举行的送鬼仪式就是替罪羊仪式中最引人注目的。他还就西藏的护法神信仰与萨满教中的众多相同点进行了论述,列举了西藏护法神信仰与萨满教有联系的传说和习俗。

宗教社会学家认为,藏传佛教分为两种:一是僧人们学习的宗教,二是民间实践的宗教。前者高深莫测,包括伦理学、玄学、静默和礼仪的高等传统;后者是深沉的长号、悠悠的钟鸣,急促的鼓点和海涛般的梵呗诵读声浪……然而,两种宗教间的关系并非泾渭分明——前者要通过后者实现宗教的社会功能;后者因为有了前者的支撑才显得有意义。《西藏的神灵和鬼怪》一书正是为读者提供了由后者理解前者的通道。

西藏的宗教深不可测,甚至在很多领域难以言说。沃杰科维茨写作时参阅了大量藏语、梵语、拉丁语、印度语等资料,足见其深厚的学术功底的同时,也难免在个别地方有所勘误。例如,白哈尔五身神之一的塔沃却杰保,其头衔应为"身之王",而非书中的"功德王"。但无论如何,《西藏的神灵和鬼怪》仍不失为一部经典著作,尤其在与之相关的中文文献极为匮乏的情况下，是人们认识藏传佛教神圣性的必读书目。

三、其他研究

沃杰科维茨英年早逝，留下的藏学论著相对有限，经翻译成中文的更少。《西藏的神灵和鬼怪》正式出版之前曾在《国外藏学研究译文集》上连载，以专题的形式介绍了藏传佛教中的供品、法器、仪式等。英国学者罗伯特·比尔（Robert Beer）在其专著《藏传佛教象征符号与器物图解》以及曲杰·南喀诺布（nam-mkhav-nor-bu）在《苯教与西藏神话的起源——"仲""德乌"和"苯"》一书中，也论述了相似内容，反映出西方藏学家对上述领域的关注度。

（一）朵玛、"垛"与施"垛"仪式

朵玛是一种用面团捏制的象征性的礼仪供品，上面常饰有酥油花制成的彩色图形。朵玛有三种主要形状：一是供奉朵玛，用于怀柔、增长及除障等世俗仪式；二是锥形食用会供朵玛，精神祝福的仪式举行后可以将其切开，分撒给参加仪式的人食用；三是最大的一种神灵朵玛，需要单独捏制，代表坛城的象征形式或符合某位独特神灵的"口味"。有些朵玛既小又单一，只是一个基本的锥形体或三角形金字塔，而有些朵玛却极为复杂，尺寸高达一人。

白色圆锥体朵玛是供奉给白度母和观音菩萨这类善相神的怀柔朵玛。供奉给转轮王或金刚瑜伽母这类的半怒相本尊神的朵玛十分复杂，通常为红色心形食物。供奉给大黑天神或金刚撅神这类怒相神的朵玛通常是红色的，顶部有雕制而成的三角形火焰。在增强仪式中使用的朵玛普遍为红色或黑色三角形。为了与密宗四大"密业"相符，也要捏制白、黄、红、黑朵玛。一般说来，朵玛食物通体涂成白色或红色，代表神灵的温和或恐怖的活动。朵玛也可用作替换物品或伏魔术中使用的物品，因为在抛撒之前，朵玛已将疾病和恶业吸了进去。

在西藏众多的带有魔法的宗教仪式中使用一种特殊的法器，这就是所谓的"垛"，或称十字网格灵器。"垛"基本的形式是用两根木棍绑扎成的十字，木棍的每个端头都用色线扎住。灵器完成后的样子就像

一个蜘蛛网。一些复杂的"垛"其结构高约十一英尺,由很多木棍和线绑扎成几何体组成,需耗时几周才能完成。西藏有关"垛"在宗教仪式中的运用可以追溯到佛教传入以前。当天气咒师举行控制天气状况的仪式时,咒师们准备一个捉鬼的魔具,据说这些恶鬼精魂要被如一张张开的蜘蛛网的"垛"线缠住。小的降魔"垛"放在宅院的门口或屋顶的最高处;在拉达克,通常把一些巨大的"垛"放置在寺院周围用以保护寺院。"垛"在用了一段时间后,要把它拆掉、摔碎,然后全部烧毁,目的是杀死"垛"上已经缠附的妖邪。

在另外一些场合,"垛"所起的作用也和供品朵玛一样,即为神灵提供一个暂栖之地。藏文文献经常提到不能用普通的线和木棍制作十字网格灵器"垛",而要用另外几种不平凡的材料。安置和供奉灵器之前建一个基座,这个基座大多数情况下是四层,代表世界或称须弥山。把主"垛"插到基座的最上一层的中央,在主"垛"周围再插上一些较小的"垛"。有时必须在基座的顶上放置一些面俑或泥俑,在基座的每一个阶梯上摆放大量的各种供品和法物供器。

供奉极凶玛姆血垛的仪式可以分为三大部分:首先是积聚供品,其次是供奉神灵,最后是诅咒敌人。一种比较简单的方法是将玛姆陀罗尼咒写在一片纸上,然后把纸片放在须弥山的山顶。在纸片上必须放一个黑女人的人形,这女人要手持拘鬼牌骑骡。纸片四角要放置带有血辫的四个黑色俑,四个手持麻黄的人俑。在须弥山台阶上放置108个替身、9只黑色的小"天垛"、9只"姜普"、9支箭、9只纺锤,此外还有21支装满血液的胫骨索,最后在"垛"顶插一把幡盖。

(二)西藏的御邪术

西藏人御邪最重要的工具是护身符和符咒。最简单的护身符是写有或印有祈愿文和咒语的纸片,上面经常带有魔符图案的绘画。这些纸片经常是折叠起来封好,用不同颜色的线包扎成形。除了针对禳除意外灾害、不吉和各种魔类所引起的疾病的各类护身符之外,还有据认为是专门用来驱除恶梦和恶咒,防止狗或其他野兽扑咬,阻止瘟疫、毒物、窃贼,预防兵器伤害、强盗袭击,使庄稼免遭冰雹和旱灾的袭击,警戒雷电击伤,佑助生意兴隆和增加财富等等的护身符。

　　假如某人得了重病或经占卜确定某人有生命之虞,就要举行一个施投替身的仪式,这个仪式称为"死替"。参加仪式的喇嘛数量取决于筹办这次仪式的人家的财力。仪式从下午开始到天黑结束。首先要做两个朵玛:一个是为主法师的本尊神做的,另一个是为资助这次仪式的施主的护身神做的。然后用糌粑做一个代表病人的小俑像。俑像的头发要用病人的一些真头发,而且还要用病人的一些指甲屑做俑像的指甲,俑像的衣服也要用病人曾经穿过的衣服布片做成。此后将做好的俑像放在地上,让它紧靠着安置两个朵玛的桌子。

　　下一步是再做一个代表命主魔的俑像。命主魔一身黑色,手中挥舞绳套和剑,坐骑是一头大野牛。这个俑像也要放在地上。然后由具体负责这项仪式的一名男子扮做活人替身。有很多乞丐也愿意扮作"替身",以期得到丰厚的报偿。替身通常能得到曾属于仪式赎救对象的病人几乎全新的衣服,因为这些衣服有独特的气味能将邪祟从受祟病人身上驱散。此外还有一顶帽子、一双靴子、几条碴毽和一些钱物。替身必须完全按病人的样子穿戴起来,甚至发式也要依此调整。接着,替身和病人都在安放两个朵玛的桌子前面落坐。

　　下面是主持仪式的法师祈请各路神灵到作法坛场。然后念诵载有各类适宜愿文的仪轨书,通过念诵愿文产生的法力把病人身上的所有邪祟、恶运转移到活人替身和糌粑替身俑上去,最后将恶力"投施"出去。扮作替身的人必须拾起病人替身俑像和命主魔俑像,把它们抱在胸前。在经过星相经书帮助确定了替身出走的方向之后,就打发活人替身上路。同时,看见过这一仪式的所有人都必须用力地击掌以驱走恶力,阻止恶运再回到这家来。这一仪式的最后一部分是在天完全黑下来不久开始的,因为在这段时间精怪开始出来游荡。

　　仪式所做的替身俑像或丢到十字路口,或者就扔到村外的空地让狗或鸟儿吃掉。假如替身俑像很快地被兽类吃掉那就是好兆头。反之,则被认为是恶兆。假如替身俑像太大,一个人搬不动,就必须找一位出身低贱的人来搬运命主魔俑像,替身俑当然也得这人来搬运。此后让那位扮演活人替身的人回到他自己的家去,绝对不能回到他所替的病人家里。不仅是人,就是家畜也能通过举行相应的仪式来攘除瘟病和其他种种不幸,预防牲畜生病最简单的方法之一是对着新鲜饲料念诵有佑护力量的咒语。

(三) 西藏的萨满教

沃杰科维茨认为,西藏早期萨满教遗留下来了大量传说和仪式,使得西藏佛教,特别是西藏苯教中存在着萨满教成分。他从神灵的传说与形态、宗教仪式与法器,以及民间习俗等方面比较了两者的关系。

萨满教供奉的许多神灵的形貌与西藏古代的众神形貌极为相似。高尔丹人认为一种鬼怪是一半黑脸一半红脸,这正与西藏叫做"精"的妖怪形貌极为相似;鞑靼人认为爱利克的9个女儿一身黑色,生有黑色的头发,带有特大的性器官,这与西藏的玛姆女神极为相似。很多萨满信仰的民族经常把火神描绘成女神。例如瓦固尔人称火为"火姑娘";西藏火神的伴神也有很多是女神,她们的任务是保持火种、扇旺火势。蒙古人的战神凯撒干与藏族人的战神极为相似,其外形也酷似藏族人的赞神。其他西藏萨满教的痕迹也可以在关于莲花生大师收录28位甲嘎神的经典中找到。

从西藏各类护法神的起源上看,这些护法神中的大多数都是由意外死亡的人的精魂变成,或者是因为这样或那样的原因不得不离开这个世界的人的灵魂变成的冤鬼。例如,西藏地方保护神贡萨喇嘛贡觉是一位死于火灾的喇嘛,他对人的伤害是使人生出火燎状的斑痕。在信仰萨满教的民族当中也流传着鬼魂崇拜的故事。布鲁特人认为萨满巫师死后的灵魂和一些重要人物死后的灵魂变成了精鬼,该民族所有的人都要崇拜它。另一个保护神埃森是一个瘸子,他可以把很多住在他魔力所及范围内的人们都伤害致残而变成瘸子。

西藏巫师使用的法器和道具带有很多萨满教的成分。许多西伯利亚地区的萨满巫师都穿饰有羽毛的斗篷,戴饰有羽毛的头饰。这种装饰的目的是想使萨满成为一只鸟的身形。藏族祭司穿的所谓"垛来"与之有相似之处。"垛来"是祭司举行火祭仪式或表演宗教舞蹈时穿的外衣。这种外衣插有羽毛,是一种经过简化改变的萨满教标志。此外,信仰萨满教的民族都把猫头鹰的羽毛用作斗篷的装饰羽毛,而西藏佛教僧侣是把兀鹰的羽毛用来装饰"垛来"。

　　西藏的宗教与萨满教在习俗上也有联系。例如,藏族人用一种叫做"鲁"的俑像来攘除、"转嫁"疾病和不幸等。戈尔丹人也有这种巫术,他们用胶泥制成俑像放置到妖怪能布放疾病的地方,然后像西藏的俑像"鲁"一样,再把这种"染上病"的俑像扔掉。藏族人施行的一些毁敌魔术在雅库特人那里也能找到对应的巫术。例如,雅库特人把绘有某人身形的俑像毁坏以达到伤害其人的目的。藏族人认为传说中萨满巫师所具有的种种超凡能力,西藏的巫师也同样具备。例如,他们能用铁器刺扎身体而毫无痛感,甚至能在空中飞行、用羽毛断铁等。

苯教与西藏神话的起源
——"仲""德乌"和"苯"

[意]曲杰·南喀诺布　著

一、学术经历

　　曲杰·南喀诺布(nam-mkhav-nor-bu)现旅居意大利,是意大利那不勒斯大学东方学院终身教授,国际知名的藏学家和藏族高僧。他还原了大圆满祖师噶饶多杰的心性直指教授,与当代人的内心状况非常相应,并具有大圆满心部、界部、窍诀部完整的传承和实修经验。他是西方影响最大的藏传佛教高僧之一,被海外藏传佛教信徒尊称为"法王"。

　　1938 年 12 月,南喀诺布出生于今四川甘孜州德格县的一个小头人家。他在 2 岁时被认定为大圆满上师、虹身成就者阿迥珠巴的转世。5 岁时,他又被十六世噶玛巴和司徒活佛认定为不丹国师系统的缔造者夏东阿旺朗杰活佛的转世和心传弟子,取法名曲吉活佛,又称洛登活佛,并接受了均为大圆满上师的两位叔父以及其他上师的灌顶。他从 5 岁起在德格的萨迦派更庆寺学经,8 岁在更庆寺出家。他在佐钦·康仁波切与舅父钦哲旺楚仁波切及伯父多登乌金丹增的教导下,系统地学习了大圆满《秘密心髓》与《四部心髓》;在那迦车楚仁波切那里得到了宁玛巴教法、龙萨多杰宁波法与明珠多杰的天法虚空藏传承;从康仁波切帕单楚西那里获得了《珍贵密续总集》的传承,这是著名的萨迦派教法。

　　从 8 岁到 12 岁,南喀诺布进入了德格宫千寺的学校,师从于肯绕秋吉俄色仁波切。他学习了十三种基本教本的学院标准课程,成为了

《现观庄严论》的专家。在上师的带领下，他还学习了伟大的时轮金刚教法、《大幻化网光明藏》、噶玛巴朗俊多杰的《甚深内义》、医学、汉地与印度的星相学，得到了萨迦派《成就论集》传承。从 8 岁到 14 岁，他从生活在德格的扎噶罗卓那里获得《般若波罗蜜多经》《现观庄严论》的教授，以及《金刚道歌》《喜金刚续》《正相合续》三种教法，在私人教师措图的教导下学习了世间科学。

1951 年，南喀诺布依照萨迦派的哦巴、茶巴传统接受了金刚瑜伽母的灌顶。这时，他的上师建议他去寻访一位在卡达日地区居住的女性上师阿育康卓——金刚瑜伽母的化身，请她教授金刚瑜伽母法。阿育康卓是蒋杨钦哲旺波尊者及娘拉·白玛邓灯的弟子，也是比昂藏竹巴较年长的同期人物。当时她已经 113 岁了，已经连续 56 年在闭黑关。南喀诺布仁波切从她那里得到了《空行密集》的教授、狮面空行母仪轨，以及蒋杨钦哲旺波尊者的心宝及空行仰滴，其主要修法是闭黑关和龙钦宁提。

1954 年至 1957 年，南喀诺布作为西藏的青年代表前往内地，在新成立不久的西南民族学院担任藏语教师。其间，他返回家乡德格时与根本上师仁增·蒋秋多杰相遇，在仁增·蒋秋多杰的教导下，南喀诺布得到了大圆满心部、界部、窍诀部的传授和灌顶，并直接将他导入了大圆满的体验。师从仁增·蒋秋多杰的约 1 年时间里，他时常协助其行医，充当秘书。1957 年前后，南喀诺布回到拉萨，随后前往尼泊尔、印度及不丹朝圣。1958 年到 1960 年，他在锡金的甘托克居住，受锡金政府的雇佣，担任藏文典籍的作者和编者，同时在锡金政府发展局负责公共教育。

南喀诺布的人生轨迹在 1960 年迎来了重大转变，年仅 22 岁的他受意大利藏学家朱塞佩·图齐的邀请，前往罗马中远东学院执教和研究，获得了洛克菲勒基金的资助。他为图齐的专著《甘孜藏区民歌和西藏西部》写了两篇附录，参与了罗马中远东学院举行的瑜伽、医学、星相学的学术研讨会。从 1964 年开始，南喀诺布担任意大利那不勒斯大学东方研究所的教授，主要教授藏语、蒙古语与西藏文化史，并加入了意大利国籍。他对西藏的文化史进行了广泛深入地研究，成为"大圆满协会"的创建人和导师。从上世纪 70 年代起,他在意大利、法国、英国、澳洲、丹麦、挪威、芬兰、美国等几十个国家进行大圆满的修行指导,教授西藏文化,特别是幻轮瑜伽(又称机轮瑜伽、运动瑜伽)、西藏医学及占星术。

1983 年,南喀诺布在威尼斯主持召开第一届国际藏医学大会。他还是非政府组织"亚洲团结和发展协会"的创始人和主席。1990 年 5 月,他在意大利格罗塞托省的阿尔齐多索市创立"象雄国际研究院"并任院长,该学院成为意大利第一个西藏研究中心。1993 年,南喀诺布在西藏等地考察,与西藏自治区昌都地区政府合作,投入资金 100 万美元在昌都地区江达县援建了一所医院和一所学校,此外还在当地捐资修路等;他联系意大利的机构,为青海省海南州连续多年举办了全州英语教师和微机教师强化培训班,全部由外籍专家授课;他还参与组织了四川南充、遂宁等地的饮水和灌溉系统修建项目。

南喀诺布的研究领域涉及大圆满、象雄研究、藏学、藏医学等方面,大部分著述为意大利文和英文出版物,其中《大圆满的修习》《大圆满和禅》等著述已被译为德、法、俄、西、波等十几种文字发行全世界。中国藏学出版社曾于 1994 年和 1996 年分别出版其藏文著述《南喀诺布选集》和《古代象雄与吐蕃史》。青海民族出版社于 2016 年出版了《南喀诺布文集》。该部文集由 5 卷组成,字数超过 250 余万字,其中包括《觉醒之杜鹃》《藏密气功日月和合》等藏传佛教大圆满方面的著述,《苯教与西藏神话的起源——"仲""德乌"和"苯"》等藏文化方面著作,以及《生死论》《火灸实践法·银之宝镜》等藏医学方面著作。

由于南喀诺布上师高深、纯正的法脉,不涉政治、普济众生的处世风范,每年都在世界各地举办各类讲座和交流。他曾于 1987 年和 2015 年两次应邀到北京大学讲学,并与中国藏学研究中心、中央民族大学、中国社会科学院等研究机构的藏学工作者进行过交流。随着互联网的发展,他还用自己的藏学成果"触网",为关心西藏文化、潜心修行的人提供教学方便。

二、代表著作

《苯教与西藏神话的起源——"仲""德乌"和"苯"》评议①

在绝大多数关于吐蕃历史的著名文献中,藏王松赞干布诞生之前的吐蕃被认为是一个黑暗的地域。在此之前的 30 多代吐蕃王朝采用"仲"(叙述故事)、"德乌"(象征语言)和"苯"(苯教)进行治国,很少有文献能作出清楚的解释。为了能够清楚地阐释这些对于吐蕃古代历史不可缺少但被遗忘在黑暗中的内容,南喀诺布根据大量的佛教和苯教的古文献,写成了《苯教与西藏神话的起源——"仲""德乌"和苯》一书。这是了解与研究吐蕃古代历史的重要书目,"对于喜爱吐蕃文明、探寻历史真谛的人们来说,为了吐蕃的文明和历史能够在这个高原上持续传承和发扬光大,让他们知道吐蕃的古代历史并非无源之水,吐蕃的文明及其历史具备了基本与印度和汉地的历史相当的水准和特点,就变得异常重要。"

该书分为十五章,对西藏原始宗教苯教进行了全面深入的介绍。南喀诺布采用抽丝剥茧、层层深入的研究方法,以大量的古代仪轨经文为据,全面清晰地介绍了"仲""德乌"和"苯"在吐蕃王朝时期治政的重大意义。他重点阐述了"十二智慧苯"的内容及其深刻的宗教含义,深入浅出地介绍了苯教的众神与护法仪式、苯教的"恰"与招财仪式、苯教的送替身仪式、斯辛派与超荐仪式和驱魔苯与净化仪式。书中引述了大量经文,详尽地介绍了苯教医学与治疗方法、星算苯与对"界"的控制、苯教的创生神话与禳解仪式、苯教的敬鹿俑仪式与飞行法术、苯教的绳卦与占卜术和楚辛苯与摧灭仪式。

南喀诺布认为,"仲"包括各种叙事形式,如:史诗、传说、寓言和趣闻轶事等。与其他古代文明一样,"仲"构成了藏族的"世俗"文化,大众文化传统实际上掌控在"仲肯"(说唱故事者)之手。在他们的史诗、诗

---

① 参考曲杰·南喀诺布:《苯教与西藏神话的起源——"仲""德乌"和"苯"》,向红笳译,北京:中国藏学出版社,2014 年。

歌及对王室、贵族家族世系和重大历史事件的叙述过程中,"仲肯"也将藏族传统知识和星象观念传承下来。因此,"仲"是文化传播和教育的一种主要手段。此外,正如他解释的那样,许多这类的故事都源自"起源神话",它们确保了苯教仪轨的效力及正确的功能。

"德乌"包括交流信息使用的象征语言或隐语,以及用话语并借助有特殊含义的物件所传递的秘密口信。因此,它们是发现无法公开交流之智慧的手段,也是开启难以言表的、未知知识大门的"钥匙"。这从大圆满教法中"德乌"的使用并联系到"德乌"一词的最初含义可能与某种占卜活动有关,即可作出这样的推断。但"德乌"的使用范围不仅限于灌顶仪式或占卜活动,出于战略和政治目的,王室成员还广泛地将其用作神秘代码,普通大众也用它们来解决一些特殊难题或满足自己的需求。随着时间的推移,这种古老的知识类型保留下来的很可能只是它外在的、更为肤浅的含义,即难解之谜或谜语,因为这是该词在现代藏语中存留的含义。

该书的主要部分专述"苯",分为导言和介绍"十二智慧苯"在内的共十三章。最初,苯教囊括了各类具有巫术特征的仪轨理念和修持方法,它们建立在人与自然和宇宙外部力量互动原则的基础之上。在一般观念中,它们是"无形"的,但却极大地影响和决定着人类的生存。从现存的古代仪轨经文和本书的一些章节中可以看到,古代苯波(苯教徒)非常了解个人的能量和存在于宇宙的能量。被拟人化或被各类威猛非人类生灵所掌控的这些能量既可惠及人类,又可滋扰之。据传,辛饶米沃大师在某一时期及时地纠正了包括牲祭在内的一些祭祀理念和修持方法。辛饶米沃来自象雄,与伟大的圣贤和过去的宗教创建者在许多方面存在着相似之处。

苯教教法有很多种分类方式,"十二智慧苯"是最古老的一种分类。南喀诺布认为,"十二智慧苯"构成了藏文化的基础,从中可以了解各种仪轨和仪轨派别。尽管与佛教宗义和修持掺混在一起,但它们至今依然具有藏文化和精神性的特征,包括对医学和星相学的认知、占卜术、降神和禳解仪式及对宇宙论的描述等。当苯教分类成"九乘"时,"十二智慧苯"也并入了"四因苯"。"四因苯"之称是为了与官方认定的最高教法五大"果苯"加以区别。此外,在"十二智慧苯"中有大量需加认识的、具有巫术特征的仪轨教派一般都属"民间宗教"类。

由于古代文献和考古成果的匮乏,苯教的起源和历史演变依然存有几处疑点和模糊之处。这也是苯教在近几年才成为藏学界主要研究对象的原因。目前,苯教教法已被编纂成与佛教典籍极为相似的经籍大典,在哲学观念、仪轨和冥修上也与藏传佛教的其他教派别无两样。把更"真实"或更古老的教法与受到佛教影响的教法加以区别,始终是近几年致力于苯教研究之人的重要任务之一。然而,时至今日,研究成果依然相对缺乏或存有一些自相矛盾之处。有的研究否认苯教曾是西藏的原始宗教,并推测苯教不过是印度教、佛教、伊朗和其他成分的一种宗教混合体,这些成分在佛教正式传入吐蕃的公元 7 世纪和 8 世纪之前曾在藏地西部和西北部出现过。基于这种藏学界的倾向,有些人认为,对西藏前佛教时期的研究应有别于对苯教的研究,这也造成了对吐蕃历史和宗教研究最可靠资料的敦煌写本的价值判断。

《苯教与西藏神话的起源——"仲""德乌"和苯》的重要性在于,以清晰、连贯的解释方法诠释古代吐蕃的各种文化和宗教现象。南喀诺布把人视为一方,是神灵象征的内在能量不可分割的中心;把外在能量的"依处"视为另一方,受到各类生灵的支配。基于这种认识,各种存在现象均可解释为两大能量间的互动模式。古代藏人认为,通过干扰大自然、改变最初的和谐,人就可以干扰能量或滋扰与各种环境紧密相关的"众神"。他们还认为,一旦出现违背,就会导致人的健康状况每况愈下和财富的减少。苯教徒擅长通过占卜和星算等来确定产生惑障的原因,并采取适当的补救办法。大部分情况下的补救办法包括各类仪式,目的是恢复宇宙与人之间的和谐。今天理解这些仪轨的价值和意义,意味着开启了认识各种人类原始体验和知识的宽广大门。

三、其他研究

在当代藏族文化领域中,南喀诺布是最具独创性、学识非凡的藏族学者之一。西方社会将他视为最具权威的大圆满大师之一,而大圆满是体现藏族精神精髓的一种古老教法。他还深谙西藏的宗教、医学和星象学,学识与著作等身。他的大部分著述以意大利文和英文出版,其中不少研究都填补了藏学领域的空白,为人们认识藏族文化起源、藏民族的智慧与精神性以及古代象雄王国的文明等奠定了扎实的基础。

(一) 阿底瑜伽①

南喀诺布不仅自幼师从各教派高僧大德,接受大圆满思想的熏陶和大圆满仪轨的严格训练,还在康区无教派观念盛行的大环境中耳濡目染,最终成为一位终生修行大圆满的大师。他在修行方法方面博采众长,集各大教派大师们修行大圆满的各种仪轨和方法于一身。基于在西方的教学和传教活动,他逐渐独创了一整套适合于现代人修习的、比较容易掌握的大圆满,也即阿底瑜伽的修行及教学方法。

阿底瑜伽是 8 世纪时自印度进入西藏的莲花生大师与贝玛拉牟扎所传下来的。它不仅在藏传佛教中历史最为悠久,还在西藏文化史上占有独特的地位。"阿底"是乌金语,指一种本初状态。这是每一个众生都具足,但是并不存在一种所有众生都合为一体的状态。"瑜伽"就是真实的本来的状态,需要通过自己的心在这个时空当中去判断、思维、分别。

当一个人了解心的存在,其念头生起是真实的,所谓心的本性。生活当中的一切都是通过经验来学习的,这对于人类的状况而言是不可或缺的。"我们必须发现也必须明白人类有人类的状况,每个人都有自己的状况,那么我们也应该尊重别人的相关的状况,这实际上跟佛陀讲授的教法的原则有关。比如佛陀讲过如果你不想受苦,你就要发现苦的因是什么。那么这个因就是跟我们的这些行为想法有关。"

南喀诺布认为,修行阿底瑜伽第一件事就是"见"或者"见地",即"我们的看法是怎么样的"。例如,藏传佛教有四五个教派,他们都有自己看问题的方式,这些方式的源头被认为是佛陀的教法。不同的人遵循着佛陀教法,但他们并没有立刻就成为佛陀的状态,所以每个人都有自己的判断和看法。因为这样的缘故,人们之间总是在进行辩论,但要

---

① 参考南喀诺布于 2015 年在北京大学的讲座:阿底瑜伽是身语意全然放松之道。

试图说服对方却不容易。这种情况下，佛陀的教授就非常重要。佛陀说一切都是缘起，世间不存在一个独立而不依存他物的存在。辩论的发生是因为人们彼此互相缘起，因而需要相互尊重。

"在大圆满当中，我们要学的并不是朝外去观察，不是要我们去说服别人等等。如果我们总是往这个方向走的话，到最终我们都是失败的；相反，我们应该观察自身。"他进一步解释：阿底瑜伽中关于"见"的更重要的了解是我们应该观察自身，镜子就是个范例。当人们观察自身的时候，就会发现并且明白自身所处环境中的局限。当人们发现这些问题且不被它所束缚的时候，就能够安住在自己的本性当中，这就是阿底瑜伽的原则。

南喀诺布总结道，每一个人自身的存在首先基于身体，其次是能量层面，再次是心意。人们在世俗状态当中，总是追随自己的心，然后能量和身体都成为这个心的奴仆。因此，人们应该对自心有觉知，在相对的层面当中包括心意的层面尽力而为，当心有觉知的时候，就不会去控制能量和身体。"我们应该使用自己的心，而不是为自己的心所用，这是追随阿底瑜伽大圆满的人必须明白的道理。"阿底瑜伽当中有很多跟身体层面相关的修法，例如幻轮瑜伽里就有数百个动作，如果有被心意控制了能量层面而不太正常的人，通过幻轮瑜伽的练习会有所改善。

（二）藏族的族源与文字①

藏族是一个古老而文明的民族，创造了灿烂的文化。对于藏族族源、藏文的创制、苯教与苯波、象雄文明等一直是藏族古代史研究的重点。

南喀诺布认为，在《缅甸史》中有缅甸民族源自藏族的说法，缅甸语中的这些读音与藏语极相近。如今虽然难以肯定缅甸民族的祖先是藏族，但《缅甸史》载明藏族是一个古老的族种。另一个证明是，亚玛瑙（俗称猫儿眼）是西藏珍宝中最贵重的一种。从亚玛瑙都有眼孔来判断，在古代，人们很可能将它串起来，作为装饰品佩戴在身上。亚玛瑙

---

① 参考南喀诺布：《关于藏族古代史研究中的几个问题》，马连龙、索南才让译，《西藏研究》，1985 年第 3 期。

是唯独在西藏发现的一种珍宝,有些来自古代藏族人的库房,而多数是从地下发掘出来的。有些地方从古村庄遗址和农田里发现了亚玛瑙,有时从高山的裂缝中也会获得它。发现亚玛瑙的事实说明,同印、汉民族的历史一样,藏族早在远古就已经存在。

一些苯教史中认为,远古时代,在土、水、火、风、虚空等五大尚未形成生物时,先有一巨卵,后此卵渐次裂为十八小卵,藏族源于其中之一卵。从现代科学的角度难以相信这样的人类起源说和与之相关的藏人来源说。然而,早在3000多年前,藏族的先民已有这样的民族起源说法,也说明藏族不仅是一个古老的民族,还是一个智慧的人种。藏族在文化上受印度佛教影响深厚,在族源问题上产生了不少因向往印度而贬低本民族的说法,南喀诺布对此持批判态度,"印度确实是个与众不同的圣地,但是仅仅考虑到佛陀而认其为圣地是站不住脚的。从世俗的眼光来看,印度和藏区确有边界线,但是佛陀的慈悲心和加持是根本不存在边界线的。所以,用毫无必要的理由和谎言来损坏藏族历史的真实面目是根本不对的。"

文字是文化的载体,没有文字的文化是难以延续的。苯教的史籍记载藏文最早来源于象雄的玛尔文,南喀诺布认为这个说法很有道理,原因是在某些藏区的古老寺院里,一些手抄的旧书中就有很多所谓的玛尔文,其字形酷似藏文草书,两者是同出一源的。藏文的楷书和草书有很大区别,这是草书来源于象雄,而楷书仿照梵文的明显标志。藏族使用象雄的玛尔文应在聂赤赞普时代或者比这更早一点,其原因是大部分苯教历史明确记载着聂赤赞普时期象雄的很多苯教学者来到藏区卫地,把很多苯教内容译成藏语的情况。假若当时不使用玛尔文,肯定无法译成藏语,而至今在任何一个史书中根本没有有关聂赤赞普创造藏语玛尔文的历史记载,因此藏族使用玛尔文的时间大概是在聂赤赞普以前。

从文字的构造上来看,藏文有词根、头置字、系足字、前置字、后置字和又后置字,藏文的形容词一般直接跟在被修饰名词的后面,这些也都是古象雄文的特点;从内容上看,藏文有很多一词多义的现象,这种词一部分是为了翻译梵文经典新造的,但多数是象雄和其他藏区固有的;文法方面,藏文的"拉端"七字和"者扎"五字等,都是吞弥桑布扎从古象雄的玛尔文归纳出来的。在松赞干布时期吞弥桑布札根据梵文对藏文进行了改革,由此证明藏族自古就有文字,也就有与之相关的藏族文明史。"我们不能仅仅满足于知道藏族自古就有文字,必须了解与藏文有关的文字源泉和本民族的历史文化。"

(三)象雄学院

目前意大利的藏学研究机构并不多,那不勒斯东方大学、象雄学院、中远东研究院是三个最主要的藏学研究中心。南喀诺布在那不勒斯东方大学执教超过 30 年,以他在该校的学生为基础形成了一个对大圆满及整个藏族文化产生浓厚兴趣的群体。他在上世纪 70 年代成立了大圆满文化协会,并在罗马以北风景秀丽的托斯卡纳大区格若赛多省阿奇多索市买了一块山地作为大圆满文化协会的基地。随着协会的事业日益扩大,他于 1989 年创建了象雄学院,以保护、发扬、推广西藏文化。

象雄学院从事藏族文化研究、组织各类藏文化讲习班和国际藏学学术讨论会,以促进藏族文化及其研究的发展,并下设图书馆、出版社等分支机构。图书馆位于意大利的麦日噶尔,藏有藏、意、英为主的许多种文字图书,它的藏文部分有印度、不丹出版的,也有几乎所有近年来国内出版的藏文图书,还有两套不同版本的《苯教大藏经》。该图书馆是目前世界上有关大圆满文献最全的图书馆。出版社编辑和出版有关大圆满及其他藏文化领域的书籍,以传播藏族文化,目前已用藏、意、英等语种出版了上百种书籍。依托于大圆满文化协会的《镜报》是一张国际性的英文版报纸,宣传大圆满文化协会和象雄学院研究成果,在国际藏文化界已经产生一定的影响。

象雄学院的主要研究力量首先是南喀诺布本人,他的视野从不局限于某个藏族宗教或教派的文献和观点,从宁玛派、噶举派、萨迦派和格鲁派等各佛教派别的文献中研究苯教文化对藏族文明史的影响,甚至将南美印第安人的原始宗教仪式与藏族苯教中象雄麦日的古老仪式进行过仔细的比较研究,这种不拘泥于传统的文化视野和博览各家之言的治学态度成为他藏学研究的一个明显特征。此外,意、美、英、法、德等各国成员在各自国家撰写和翻译的大量藏学著作也相当不错。仅在意大利就有一支年轻有为的学者队伍,如现担任象雄学院秘书长的艾瑞高(Enrico)曾毕业于那不勒斯东方大学藏文专业,对大圆满和早期的苯教文献有很深的研究,撰有一部专门研究著名苯教古文献《什巴居堆》;英语教师阿德瑞雅诺(Adriano)精通意、英、藏文,同样对古代苯教文献有很深的研究,翻译了南喀诺布的许多著作;学者佳高麦拉(Giacomella)与意大利中远东研究院合作,从事早期苯教仪轨和佛教时轮经梵藏文对照研究,已出版了多部专著。

综上所述,象雄学院及其藏学研究有以下特点:一是象雄学院科研人员来自不同的国家和民族,知识结构复杂。他们大都是南喀诺布的学生,在宗教信仰和学术上受其影响较大。二是该学院没有固定的学术职衔和人数限制。三是除了对一些主要选题集中人力和财力进行集体攻关以外,他们都是业余时间凭各自的爱好进行研究,选题随意性很大。四是虽然象雄学院设在意大利,但其成员遍布世界各地且流动性较大,显示了象雄学院的国际性。五是象雄学院不仅是传播大圆满及其修习的地方,还是具有世界性影响的藏族文化研究中心。

西藏的黄金和银币
——历史、传说与演变

[法]卢塞特·布尔努瓦著

一、学术经历

卢塞特·布尔努瓦(Lucette Boulnois)是一位法国历史学家,丝绸之路和跨喜马拉雅贸易领域的学者。她于 1931 年 6 月生在法国科西嘉岛普瓦希。从法国东方语言文化学院俄语系和汉语系毕业后,她花了 7 年时间从事法、俄文的翻译工作,后又任专业图书馆馆员。通过专业的接触和旅行,她开始对丝绸之路和贸易感兴趣,希望能够访问当时很少有西方游客被允许进入的共产主义国家,利用自己的语言技能去考察那些被西方学者忽略或无法访问的资源。

1960 年至 1963 年,布尔努瓦在高等研究试验学院近代中国资料中心工作。随后,她进入法国自然科学和社会科学最高科研机构——法国国家科学研究中心工作,先后任中心第 299 研究组(喜马拉雅环境、社会和文化研究组)的研究员和喜马拉雅研究中心负责人,主要研究中国与西域和南亚国家关系史,特别是中国与尼泊尔关系史。

1963 年,布尔努瓦的名著《丝绸之路》问世,书中既使用了丰富的波斯—阿拉伯、希腊—罗马、汉文—藏文及印度古代资料,又使用了近现代各国学者的论著,特别是对丝绸之路沿途各民族之间的关系做了深入探讨,重点研究丝绸之路的历史概况和丝绸贸易史。这是法国出版的第一本真正科学的、具有严格限定意义的丝绸之路专著,在问世后的 30 多年间,其法文本先后修订三次重版,又陆续被译成德文、西班牙文、英文、波兰文、匈牙利文、日文等 9 种语言出版。这也一举奠定了她在学术界的地位。

欧洲的汉学研究最早是由几个航海大国发起的,如意大利、葡萄牙、西班牙与荷兰等。但是法国人很快就成为执欧洲乃至整个国外汉学之牛耳者。开办于 1889 年的吉美博物馆专门收藏阿富汗以东的丝绸之路艺术品和文物,高等实验学院、法国现代东方语言学院、高等社会科学研究院等研究机构形成了法国研究丝绸之路的社会文化背景与社会基础。

二战后的法国汉学家中,首先从事陆路丝绸之路研究的是著名汉学家格鲁塞(Renee Grousset)。格鲁塞终生未到过中国,但这位"超级编书匠"却出版了数十部有关中国以及中亚和东亚的巨著。其中《草原帝国》《中国史》《沿着佛陀的足迹》《从希腊到中国》等都广泛地涉及了丝绸之路问题。战后最早着手"海上丝绸之路"研究的法国汉学家是让·菲利奥札(Jean Filliozat),他曾先后执教于巴黎东方现代语言学院、高等实验学院、法兰西学院,是法国当代最大的印度学家和梵文学家。他特别强调研究古代东西方文明的关系,尤其是海陆交通史。然而,当时法国的整个汉学研究环境并不如人意,面临工具书短缺、学生人数少、学位层次设置不高等问题,丝绸之路部分地区的长期封闭也给研究造成了困难。

在布尔努瓦的《丝绸之路》中,"丝绸之路"是作为中国从上古迄今同西方国家整个关系的导线加以论述的。这里的"西方"不仅是指欧洲,还是与东方传统相对立的古老而又杂乱的文化;所谓"东方"的概念又是不明确和变幻莫测的。它是指中国以西的辽阔地区,包括印度、西域和伊朗在内的欧亚大陆;除了中国之外,这些地区之间也经常互相交往和进行交换。丝绸贸易是这种交流的动力,也是这种交换的真实写照。因此,丝绸贸易不仅涉及到经济史问题,又涉及到政治史、文化史和宗教史诸问题。

布尔努瓦的著作通俗可读,又具有严谨的科学性。法国著名汉学家戴密微在《丝绸之路》的序言中写道:"本书内容广泛,笔调优雅,把历史讲得活灵活现,栩栩如生。作者从她所能接触到的汉文和俄文的浩繁史籍中引用了大量的文献原文。为了阐明多少世纪以来陆路商队和海路船队混合贸易的文明史,作者所引据的文献卷帙是丰富而广泛的。"

1983 年,法国国家科学研究中心出版社出版了布尔努瓦的《西藏的黄金和银币——历史、传说与演变》一书,这是西方关于 18 世纪之前西藏货币与经贸较早的专著之一。该书以对西文、俄文和汉文文献的研究为基础,全面地研究了西藏以金银为中心而与周边地区的关系史、沙皇掠夺西域和西藏之黄金的来龙去脉。她于 1985 年发表在《人类学》杂志的《叶尔羌的黄金》一文也收入在该书的中文译本中。

此外,布尔努瓦还编写了大量书目和发表了很多论文。如 1972 年在《亚细亚学报》发表的《1722—1734 年间的尼泊尔—中国关系》;1976 年在《畜牧种类学》发表了《西藏的牦牛与西方的旅行家和博物学家》;1987 年,布尔努瓦访华期间在中国社会科学院发表了《开放的喜马拉雅山口与尼中关系》的讲演,在敦煌研究院召开的"敦煌石窟研究国际讨论会"上发表了《沙州、地图和鬼域》的讲演。布尔努瓦在法国国家科学研究中心工作了近 30 年,直到 1992 年退休。她曾在 1994 年到西藏访问,退休后研究包括西藏在内的中亚古地图和西方人在这些地方的游记实录等西方文献。她还于 2004 年出版了《丝绸之路——神祇、军士与商贾》,作为她在丝绸之路领域研究的延续。

布尔努瓦于 2009 年去世,联合国教科文组织将她描述为"世界著名的贸易路线史上的权威"。

二、代表著作

《西藏的黄金和银币——历史、传说与演变》评议①

中国是一个幅员辽阔和多民族的统一国家,货币史极其丰富多彩。西藏金银矿的开采与货币制度,始终都未曾脱离过中国矿业史和货币史的大范畴。然而,西藏地处中国西南边陲,与内地山川阻隔,在历史

---

① 参考[法]布尔努瓦:《西藏的黄金和银币——历史、传说与演变》,耿升译,北京:中国藏学出版社,1999 年。

上又长期实施"政教合一"的政治体制,故在贵金属和货币方面又与尼泊尔、印度有过联系。因此,西藏货币史既有中国货币史上的共性,又有一定的地方民族特性。这种错综复杂的局面造成了学界对西藏贵金属与货币史的研究,缺少科学性,或缺少科学而又准确的系统性论著。

《西藏的黄金与银币——历史、传说与演变》并非论述沙金矿与银币的专著,而是以沙金与银币为线索,论述中国西藏(特别是 18 世纪)与中央政府、新疆、尼泊尔、印度、沙俄的政治、文化与经济关系。布尔努瓦通过西藏与周边地区的关系,介绍了西藏黄金的历史与神话传说、黄金产量、冶金技术与民间信仰、黄金的用途,以及寺院聚财的结果、黄金市价、尼泊尔制造劣质银币和清政府制造优质银币(甚至包括金币和铜币),还涉及沙皇俄国对西域贵金属的觊觎与掠夺、吞并西域汗国及对中国新疆的侵略等。

该书共分 3 部分。第一部分阐述了有关西藏生产黄金的资料与传说,包括希罗多德(Herodote)有关蚂蚁找金的著名段落以及由此而引起的争论,同时涉及到当代的某些具体问题。布尔努瓦认为:"黄金确实在西方人的一整套观念中占据着一种令人惊讶不已的地位。黄金在铸币、艺术、炼丹术、通灵术中的作用,是其他任何金属都不能与之相提并论的。小说、诗歌、绘画中都为它保留了一席之地,大家只要联想到代表兑换商及其金币的绘画就足够了。"她考证了西藏古今金矿的矿址、黄金的开采和流通问题、金与银的兑率、与世界价格的比较、政治牵涉、黄金的用途、有关金属和矿藏的信仰、寺院聚财、财宝的分散与旅行等一系列问题。

布尔努瓦着重介绍了金银在西藏的使用情况。寺院有灵塔、金顶、金饰物、佛像、法器等,一般以金银锭以及砂金袋的方式布施。活佛转世在金银的积累与使用上达到一个无法想象的程度,贵重的灵塔从铜、银制到黄金包装,里面有纯金棺、金身、生前使用过的东西做陪葬品,尖塔各侧都由纯银片覆盖以及采用巨块白银制成的真人式喇嘛像等。西藏有几千座寺院,金铜佛像做工精细、种类多、数量大,堪称一绝。这些金银不仅意味着财富,还有宗教意义上的象征,而金银制作是佛教徒表达尊崇之心和积攒功德的一种方式。

在民间,金银则是富人的首饰和私宅内部的装饰物。就以银饰而言,分首饰和服饰两类,包括银盾、银饰刀具、带环、银耳坠、银簪、腰牌、手镯等 60 余类。女主人头饰常常代表着藏族家庭的富有程度,而表现藏族男子英武与智慧的藏刀也通常是银制的刀柄。此外,藏族生活用品以银质为主,如银碗、银勺、酒壶、水壶、酥油灯、乐器等。金粉则在唐卡创作中广泛使用,含金量的多少以及金粉描绘出各种丰富的线条、图案、纹样,是决定唐卡价值高低的因素之一。这些说明了金银在西藏尤其是装饰上的广泛使用。

该书第二部分全面深入地介绍了从 15 世纪中叶到 18 世纪末西藏与尼泊尔的钱银贸易。在西方人眼中,远在东方的南亚次大陆,尤其以尼泊尔盛产黄金。布尔努瓦以充分翔实的史料证明黄金的真正产地不在尼泊尔,而是在西藏。这些文献反映了尼泊尔从印度莫卧儿王朝获得铸币权,尼泊尔与西藏间关于为西藏铸币的协议、铸币情况和流入西藏最早的尼币,以及尼泊尔与西藏钱银贸易的种种冲突、条约与战争等史实。因而南亚次大陆仅仅是贸易的中介,西藏的沙金正是通过这一地区源源不断地流向了世界。

古代东西方货币文化开始交汇,对近代中国乃至世界货币发展史都有深远影响。随着 1793 年后尼泊尔特权的取缔与清朝中央政府在西藏的货币政策,清朝政府的干预结束了尼泊尔与西藏之间金银贸易的不正常状态,在西藏建立了正常的货币秩序等,并进而得出西藏地方货币领域与中央统一关系的论断。

该书第三部分是"叶儿羌的黄金",主要是论述沙皇彼得大帝抢夺叶儿羌以及西域黄金问题。沙皇彼得大帝由于在俄罗斯土地上找不到金矿,也无法通过贸易而有利可图地获得黄金,便在 1696 年至 1725 年间试图夺取西域几个汗国中的黄金产品,特别是中国新疆叶儿羌的金矿。他试图说服该地区的可汗们置身于俄罗斯的"保护"之下,并允许他夺取贵金属矿。由于地理概念的错误和对其亚洲邻邦力量的错误评估,沙皇数次失败,造成了人员和财力的重大损失。但西域的多数金矿,后来还是被俄罗斯人分得一杯羹。

自从藏学研究存在以来,几乎排他性地集中到宗教、哲学和政治史方面。西藏的文明确实未曾促使科学、技术和物质生活的诸方面取得过特别大的发展,但对于金属及其经济的研究却并不仅仅属于物质领域,还包括了地质学、技术、宗教信仰、社会制度、艺术、贸易、政治史等。西藏货币以及与西藏货币关系密切的尼泊尔货币资料极为少见,正如布尔努瓦所说:"对于我们西方来说,西藏在1800年至1980年间是一片壁垒森严的堡塞。直到1980年之前,外国的藏学家们都很少撰写有关西藏经济史的著作。"

布尔努瓦在书中提供了十分丰富的第一手资料,所列参考书目达270种,其中绝大多数来自海外。这些史料基本藏于巴黎各个图书馆,其中包括国家图书馆、东方语言文化学院图书馆、矿业学院图书馆、国家科研中心喜马拉雅研究中心图书馆等。这些资料都是18世纪英国人、俄国人、中国政府军人、意大利传教士或尼泊尔诗人的文献,并且大多出自当时的出版商。该书利用了大量源于希腊、拉丁、阿拉伯、波斯、尼泊尔、印度、英、法、中、俄、葡萄牙、意大利、亚美尼亚文等多语种的原始史料,足见布尔努瓦不懈追求真理的非凡胆识以及出色的语言功力。该书的出现填补了西藏、尼泊尔和西域金银史研究的空白。

三、其他研究

布尔努瓦以1963年出版的《丝绸之路》一书成名,而这一领域也贯穿了她学术生涯的始终。"丝绸之路"的提法最早由德国人提出,后来又被中国学者认同和采纳。丝绸之路实际上是一片交通路线网,从陆路到海洋、从戈壁瀚海到绿洲、途经无数城邦、商品集散地、古代社会的大帝国,来往于这条道路的有士兵与海员、商队与僧侣、朝圣者与游客、学者与技艺家、奴婢和使节、得胜之师和败军之将。这一幅幅历史画卷便形成了意义模糊的"丝绸之路"。

布尔努瓦认为:"研究丝路史,几乎可以说是研究整部世界史,既涉及欧亚大陆,也涉及北非和东非。如果再考虑到中国瓷器和茶叶的外销以及鹰洋(墨西哥银圆)流入中国,那么它还可以包括美洲大陆。它在时间上已持续了近25个世纪。"她在书中大量引用了古代传说、史料和商人见闻,叙述言简意赅,又生动流畅,使历史的流动和历史隐藏的伏笔在今天看来意味深长。

(一) 丝绸之路上的文化传播①

"丝绸之路"在欧亚两个大陆上已有 2000 多年的历史。矿物、植物、动物在 20 世纪之前是怎样从一个国家传到另一个国家的呢? 在一个如此漫长的时代和一片如此辽阔的土地上,曾有过数百种物产被运输、交换、盗窃、掠夺,这些传播有时经由商贾们完成,有时具有军事的原因,有时是通过阴谋诡计走私完成,有时是通过王室通婚完成。

张骞从大宛国带来了葡萄"种"。《汉书》以两个汉文方块字"蒲陶"来称葡萄及其枝藤,这是对一个方言词的对音转写,很可能是出自一种伊朗语。大约在公元前 2 世纪,葡萄在中国御花园中被风土驯化。中国数世纪期间都将葡萄作为干鲜果品使用,既不用来造果酒,又不用来酿烧酒。中国上层阶级不会不知道葡萄酒,也从西域国家中少量进口。7 世纪时,军事形势又一次将制造葡萄酒的技术传向了中国本土。当时唐朝收复了距离今天吐鲁番不远的高昌王国,高昌王被俘并被解往长安,还有酿制葡萄酒的专家,同时还引入一种特别适宜酿酒的紫色长粒葡萄,从而使葡萄酒技术传播到中原地区。但葡萄酒既没有成为一种国酒,又未形成批量生产。

纸张是中国为西方社会传来的另一种重大发明,其经济意义可能不及丝绸。但这是中国的一种可以大规模生产的产品,其文化意义是无法计算的。纸张引起了拓印术和印刷术的发明,并由此开始了书籍的传播。佛教经典、儒教经典、断代史书、科学书、医学书,所有可以传播的人类知识都能被大量印刷并维持在相对低廉的价格。中国史料中将原籍为今四川省的蔡伦确定为造纸术的发明人,实际上他更可能是将之前就已存在却又很简陋的技术加以改进并最后定型的人。从公元105 年起,纸张就已经在中国普及使用,并取代了所有其他的文字载体。随着中国军队在西部边境的战争,有丝绸纺织工和中国的造纸工

――――――――――

① 参考[法]布尔努瓦:《天马和龙涎——12 世纪之前丝路上的物质文化传播》,《丝绸之路》,1997 年第 3 期。

人向西迁移,造纸术也随之传入阿拉伯半岛的东南沿海一带,又于 12 世纪传到了穆斯林的西班牙,于 13 世纪传进意大利,于 14 世纪传向德国。

公元 5 世纪时,琉璃特别是彩色琉璃的制造术由西往东传播到中国。玻璃在前 5 世纪的希腊文文献中就已被提及,在罗马时代的意大利、叙利亚几乎是无处不在。彩色玻璃或者几乎是全白玻璃、玻璃容器、用彩色玻璃珠子制造的项链,都标志着贸易的影响从地中海两岸向印度港口的传播。《汉书》卷 96 的《西域传》中,便出现了指彩色玻璃的"璧流离"一词,被认为是相当于今克什米尔地区宾国的产品。据《北史》记载,大月氏国的某些人于 424 年到达当时位于山西北部大同的北魏中国宫廷,声称自己会铸石为五色琉璃。他们的琉璃在光泽方面美于从西方进口的玻璃制品,这种技术便在中国发展起来了。但玻璃工业在中国较少,因为中国人发明了瓷器制造术。瓷器连同丝绸与茶叶一道,自 17 世纪以来便是中国外贸的三大支柱。

布尔努瓦还对天马、茶叶、药物、香料等物品和技术在丝绸之路上的传播进行了考证。她认为,人们应该感到惊讶的不是传播了什么,而是传播背后体现出的时光流逝。"从中国人发明养蚕业的时间到中国的技术和蚕蛾在于阗、波斯、地中海东海岸兴旺发展的时间之间,共流逝了 15 个世纪……但当代只需要如此之短年代,抗生素就传遍了整个世界。"人类智慧、知识和由劳动而缓慢获得的遗产,无论是否情愿,这种遗产都是人类共享的。

(二)海上丝绸之路①

丝绸之路不仅仅密布在陆地,在海洋同样留下了一道道航行的轨迹。中国的丝绸并不是完全通过西域和安息领土到达罗马的,商人们还可以在印度的某些遥远的港口搜罗采购。而数个世纪以来,西方人总是对在海路交通中运用风力担惊受怕,心怀疑忌。

早期来自希腊、叙利亚、罗马和西班牙的一些航海家们,发现了季风和通过印度洋直接到达印度的道路。他们离开意大利的奥斯蒂亚

---

① 参考[法]布尔努瓦:《丝绸之路》,耿升译,北京:中国藏学出版社,2016 年。

港,船舱满载小麦、葡萄酒、油、铁、金、纸草、柠檬木、马戏团的杂耍动物甚至还有某些旅客,每一次乘坐帆桨船漂洋过海,都要以自己的生命和财产为赌注。他们既没有罗盘,又没有六分仪,仅仅是根据人工所作的标记和沿着海岸线航行,这就使得旅行时间特别长。为了在夜间航行时能根据星座辨别方向,他们仅在晴空万里的夏天扬帆出海。

从罗马到亚历山大港平均需要 25 天,渡过红海需要一个月,再到印度的第一个港口需要 40 多天。因此,包括停泊和补充给养、装卸货、其他海损或各种耽搁统计算在内,从意大利到印度一般的平均时间是三个半月。船队于 10 月进入印度港口,在来年 4 月乘反向季风再返航。船长们丝毫不乐意远离海岸,但始终沿着海岸线行驶也不是畅通无阻、一帆风顺的。当时的海盗比任何时候都更为猖獗和凶残,他们潜藏在蜿蜒起伏、参差不齐的海岸线上,只等夜幕降临就一拥而上,扑向窥视已久的猎物。船员们顶着火辣辣的骄阳远涉重洋,但盗贼们却毫不留情地将他们所获利润勒索而去。

印度西部与阿拉伯海岸之间的贸易关系具有非常悠久的历史。印度航海者把他们的商品一直运到红海海口后,就转到了红海沿岸民族的掮客手里,其中一部分通过陆路,另一部分通过海路到达地中海地区。在成群结队的译员们的协助下,商人们在那里既可以买到当地土特产,又可以购到来自中国的货物。这些中国货是通过三条不同的道路涌入印度的:一是通过大夏国翻越喜马拉雅山山脉;二是位于西南的"缅甸之路";三是从中国广州湾的南海岸出发,绕过印度支那半岛,穿过马六甲海峡,再逆流而上,直至恒河河口。商品一旦运抵印度西海岸的海港、波斯和阿拉伯地区,各地商人都云集一堂争相抢购。可以说,海上丝绸之路这条通商大道养活了整个阿拉伯半岛的居民。

然而,海路交通仍带有偶然性和侥幸性:这条路线非常漫长,对航海家们的小帆船来说确实障碍重重,随时受到恶浪、暗礁和其他不测的威胁。因而在条件允许时,东西方贸易还是从陆路进行。1 世纪末,当时四大帝国正处于欣欣向荣的阶段,在军事上逐渐吞并了欧亚大陆的大部分疆土。其中,西方的罗马帝国正处于全盛时代;远东是东汉时代的中国;西域是大贵霜王国,疆域囊括了阿富汗和印度北方;这三国中间是安息,当仁不让地以一种缓冲国和调解人的身分自居。这四大帝国都执行着一种具有连续性的贸易政策,丝绸之路的陆路在这一特殊的形势下应运而生。

(三) 西藏"牦牛"的传播史①

所有的辞典都一致把西方人借鉴藏文字 yak 的作法追溯到 18 世纪末,最合乎逻辑的看法似乎是"牦牛"首先传入了英文辞汇中,然后又从英文传入法文。无论如何,该词是传入法文中的罕见的几个藏文词之一,实际上是在欧亚大陆多种不同语言中指牦牛这种动物的许多词汇之一。这种动物可能在很早之前就为欧洲人所熟悉了,是以许多其他名称出现的。

提到这种动物的古代游记要追溯到中世纪,甚至要追溯到拉丁的上古时代。游记的特点有时指该牲畜本身,有时又指其尾,有时又同时指这二者。牦牛尾在数世纪以来就形成了一种独立于提供这种牛尾的牲畜本身的商品。这种长有毛皮和牛毛浓厚的长尾牛在西藏及其周边地区的经济中起着重要作用。牦牛尾的商业交流更引人注目。它们确实不会不引起西方旅行家们的注意,而且在认识这个藏文词之前很久就已经如此了。

布尔努瓦就牦牛或牦牛尾的西方古代史料进行了一番研究,她在约公元 3 世纪《论印度的食草动物》资料中找到了对牦牛的首次描述:"这是印度的一种以食草为生的动物,比马大两倍,长着一条尾毛很茂密和很黑的牛尾。牛尾毛比人类的头发更为纤细。印度的女子大量使用它们,将之编织,并非常漂亮地结在她们自己的青丝中。这些牛尾毛中有一些长达 2 肘尺,有时从同一毛根中长出 3 根牛毛。在所有这些牲畜中,它们是最胆怯者。事实上,如果它感到受到了某人的注意,立即就会逃之夭夭,极为灵活和飞快地奔驰而去。当它受到威胁又无法逃跑时,则首先将其尾如同某种荆棘丛一样地掩藏起来,等待猎人从正面到来。它恐惶不安,自我蜷缩为一团,怀着某种自信进行抵抗。它确

① 参考布尔努瓦:《西藏的牦牛与西方的旅行家和自然学家》,郑炳林主编:《法国藏学精粹》,耿昇译,兰州:甘肃人民出版社,2011 年。

实认为如果大家看不到其尾,就会认为它没有任何价值了。因为它非常清楚地知道其高贵之处恰恰是其尾巴。但它对事态的这种看法完全错了。因为猎人向它放带毒的箭,割下了他们猎获物的尾巴,然后剖开其全身,剥下整张颇有用处的皮,最后将其尸体遗弃,因为印度人从不食其肉。"

在 13 世纪时,牦牛已经得到了一定程度的驯化,至少变成了一种能够拉车、驮载和耕田的牲畜。牦牛于 18 世纪末在欧洲被正确地定名并为人所知:越来越多的旅行家们都描述了牦牛;《印度和东亚及南亚百科全书》罗列了有关牦牛的不同名称以及在西藏和喜马拉雅地区的杂交品种的许多细节;牦牛在英国克诺斯利的德尔比动物园中占据了一席之地;法国的自然科学家们抱怨没有一副牦牛骨架,在长时间内只能满足于一只用草装起来的牦牛标本。直到 1854 年 4 月,牦牛才进入了巴黎植物园。欧洲人不仅对牦牛开展研究,还要驯养并设法让它们繁殖。

牦牛 yak 一词的出现与牦牛的传入是不同步的。在 18 世纪中后期出版的法语词典中还没有"牦牛"这个词,但在"牛"一辞条下添加了"印度的一种野牛,极其肥大"的描述。19 世纪末牦牛才正式进入法国的辞典,其中《大百科全书》为牦牛绘了一幅图,将之分于"食草属"动物一类,并指出牦牛生活在"西藏或拉达克的山区、雅鲁藏布江流域和哈拉和林的山坡上",是"一个栖息在更靠北部和西藏山脉西部的种类"。

第三部分

西藏纪行

德西迪利西藏纪行

[意]依波利托·德西迪利　著

一、学术经历

依波利托·德西迪利（Ippoiito Desideri）生于 1684 年，是意大利耶稣会的传教士。他于 1700 年在罗马罗尤拉的圣伊格拉修斯任修道士，1712 年 8 月接受圣职。同一年他离开罗马到印度，作为罗马教皇的传教士，年仅 28 岁的他萌生了到西藏传教的愿望，并向耶稣会提出申请。罗马教皇为有这样的传教者而感到骄傲，亲自接见了他，对他的决心和勇敢表示了嘉许和勉励。据说德西迪利激动万分，兴奋地亲吻了教皇的脚，然后踌躇满志地踏上了征程。

1715 年 6 月，德西迪利与另一位神父赴拉萨传教。他们从印度德里出发，经过克什米尔、巴尔蒂斯坦，抵达了他称之为"第二西藏"的拉达克首府列城。他们受到了拉达克土王尼玛朗吉的召见，且惊讶地发现"来游历过拉达克的唯一欧洲人就是他们自己"。直到有人提起，距离拉达克 3 个月路程的一个地方叫卫藏时，他才弄明白还有一个比拉达克更大的地方，他把这个地方叫"第三西藏"。

他们在两个月后离开列城，奔赴拉萨。在一个名叫扎西冈的地方，他们遇见了一个广阔而可怕的大漠。由于没有向导，他们只得向附近村庄一座寺院里的喇嘛求救，正好遇到驻扎在噶大克守卫部队的总指挥、蒙古王公的遗孀应召返回拉萨。他为他们提供了"意想不到的最好护卫队"。在之后的 3 个月时间里，德西迪利既没有看到村庄，又看不到任何动物。在夜间，大地为他提供了最大的床铺，"当你刨开积雪，你的房间就是降落下大雪和冻雨的天空"。他回忆道："你裸露在严寒之中,冒着失去鼻子、手指、脚趾甚至生命的危险。"笨重的羊皮衣为他们抵挡了不少刺骨的冷风,然而随之而来的是满身的虱子骚扰得他们难以入睡。

1716 年 3 月,德西迪利一行终于望见了耸立在他们面前的布达拉宫。然而,与他同行的另一位神父认为拉萨"酷寒和食品匮乏,几乎不适于欧洲人",在抵达拉萨几天之后便像躲避瘟疫般匆匆返回印度,德西迪利成为那一时期留在拉萨的唯一欧洲人。他以坦率和真诚的态度、有魄力和说服力的演说赢得了拉藏汗的欢心。一次,拉藏汗和他的宠臣达甘扎西中了毒,德西迪利闻讯后赶忙送去一瓶名叫"罗马塔里亚卡"的药,拉藏汗服用后很快痊愈。拉藏汗向他保证:"要像父亲照顾儿子那样照顾他,叫他留在拉萨,学好藏语,以便不用翻译可以随时交谈。"德西迪利欣喜万分,加紧在拉萨传播基督教。

德西迪利被允许在拉萨布道和购买房产,还成为第一位在色拉寺研究宗教和学习藏语的西方人。他每天"日出而起,日落而息",藏文水平不断增长,便着手用藏文写了一本批驳藏传佛教观点和宣传基督教教理的书。他一直有这样的幻想:使拉藏汗皈依基督教。

1717 年 1 月,这本名为《黎明驱散黑暗预示旭日东升》的书呈现给了拉藏汗。德西迪利指出,基督教和藏传佛教在戒律、规劝人们行为方面的差异很小,两者的差别主要表现在宗教原理、格言和教义上。拉藏汗耐心而饶有兴趣地翻看,基督教信奉上帝、否定灵魂轮回转世之说令他大惑不解。拉藏汗建议他用基督教的教义和喇嘛们进行公开的辩论,以此比较孰优孰劣。为深入藏传佛教的奥秘,德西迪利带着满腔热情到小召寺钻研佛经,又在色拉寺出席寺院的辩论大会,请活佛讲解深奥的内容,不断积累力量。

在德西迪利停留拉萨的 5 年时间里,他脑子里装满了关于西藏的故事,不仅翻译了宗喀巴大师的名著《菩提道次第广论》,还在此间用藏文撰写了 5 篇文章,试图运用印度和西藏传统辩论方式中的修辞技巧阐释基督教教义,驳斥佛教的轮回观念和性空思想。他完成了《德西迪利西藏纪行》手稿,内容包括西藏的地理环境、政府组织、农业生产、风俗习惯、历史、哲学和宗教等方面丰富的信息资料。

　　当德西迪利准备在宗教上大展宏图时，由于天主教内部的派系斗争，同是意大利的天主教卡普清修会取代耶稣会获得了在西藏传教的排他性特权。德西迪利获得正式的教令时，作为耶稣会传教士的他意识到自己的努力付之东流。1721 年 4 月，德西迪利带着在拉萨的手稿黯然离开。

　　返回到意大利后，德西迪利以书面形式将自己 5 年的西藏之行向耶稣会作了汇报，而四卷本的《德西迪利西藏纪行》对西藏各个方面广泛而深入的介绍使西方人大为赞叹。他担负起了介绍藏族语言、文化和宗教状况的任务，是第一个详细描述达赖喇嘛转世情况，包括寻找灵童、挑选、审核过程的西方人，并且指出了种种在他之前的西方人对西藏的错误记述。但这些珍贵的手稿和抄本一直埋没在耶稣会档案馆或被私人收藏，从来没有出版。直到 1875 年，这些文献才得以重见天日。西方社会也慢慢抛弃了对西藏道听途说的见闻，对藏传佛教和西藏探险的兴趣与日俱增。

　　德西迪利此后准备了 3 份申诉状，"起诉"卡普清修会，诉说再返西藏的强烈愿望，但教会的最终裁决完全破灭了他重返西藏传教的希望。德西迪利于 1733 年因肺炎在罗马去世。意大利学者卢西亚诺·伯戴克在上世纪 50 年代整理出版他的西藏手稿时，将其视为西方早期最杰出的藏学家，他对西藏和藏传佛教了解如此之锐利，"即使在以后的两个世纪之中，欧洲也只有极少数的学者能做到"。

二、代表著作

《德西迪利西藏纪行》评议①

　　当德西迪利完成在西藏的传教任务返回意大利后，并没有将自己的西藏纪行手稿立即出版。他的手稿有多种手抄本，当时也没有引起

---

①　参考［意］依波利多·德西迪利：《德西迪利西藏纪行》，菲利普·费立比编，杨民译，拉萨：西藏人民出版社，2004 年。

学术界的注意,直到 1875 年才在意大利中北部城市皮斯托亚一名绅士所收藏的文件中被发现。在比较了学术界各个方面对藏学以及基督教传教研究的基础上,西方学者将这部著作提到了相当高的地位。经过移交佛罗伦萨国家图书馆、由意大利地理协会委托出版等环节后,手稿最终以回忆录多卷本的方式问世。

正如《德西迪利西藏纪行》一书《导论》所写的那样,从 1625 年到 1721 年近一百年时间里,罗马天主教廷一次次派遣传教士到西藏传教。传教队伍翻山越岭,不畏严寒,在地处偏远、语言不通以及各方面都难以适应的情况下,依然一次次地走向西藏的纵深地带,这是天主教传教活动的时代缩影,也构成了德西迪利西藏之行的背景。

《德西迪利西藏纪行》分为四卷:第一卷记述从罗马到拉萨的旅行;第二卷继续叙述西藏的地理、风俗和内政;第三卷论述西藏宗教的谬误及其特点;第四卷记述离开拉萨返回欧洲的过程。对 1717 年至 1720 年西藏所发生事件的记录,保存在第二卷第九章"西藏如何落入鞑靼人之手",第十章"清廷从鞑靼人手中收回西藏之前的西藏革命",第十一章"拉藏汗及其家族的悲惨结局",第十二章"清王朝是如何从鞑靼人手中收回西藏的"。以游记所载准噶尔扰藏事件始末,结合与对比其他藏、汉文史料,显示出游记史料的独特价值。

第三卷是该书的主干,记录了德西迪利在西藏传教的经过,是他关于西藏政治、历史、宗教和文化的具体介绍和论述。德西迪利本身是基督教传教士,又在西藏多年,精心阅读和研究了西藏的佛教内容,所以能站在比较宗教学的高度看待藏传佛教。他记述了藏传佛教的原理、教义、宗教庆典和仪轨、派系、寺院组织、活佛制度、最高领袖,以及对藏传佛教的批评等。这部分内容充实,文笔流畅,足见他对藏传佛教烂熟于心。

在专述达赖喇嘛的一章中,德西迪利指出达赖喇嘛是全西藏僧俗的领袖。西藏的庇护神为观音菩萨,而达赖喇嘛则为其化身。他批评了以前一些西方作家说西藏人认为达赖喇嘛是不死的、看不见的和从未在民众中出现过的种种错误说法。这些作家们的记载是"完全失实的","相反地,他们知道他们的大喇嘛像其他人一样会死去,并知道是哪一天死。人们哀悼他,保存其尸体,并礼拜他的骸骨"。他指出,非但西藏人能见到达赖喇嘛,即使外国人也可以在重大节日或宫邸中受到接见。他还详细地描述了达赖喇嘛转世的情况,包括寻找灵童、挑选和审核过程,填补了此前西方人在这一领域的认知空白。他接下来用两章的篇幅论述这种挑选审查制度和他认为的欺骗性后,又以一章论述达赖喇嘛和藏王的分工,详述了每年进行两次传召法会和发放布施,以及达赖喇嘛极为丰富的收入情况。

由于在色拉寺、小昭寺有过生活经历,德西迪利详细描写了藏传佛教格鲁派寺院组织和僧人的宗教生活,衣、食、住、用(包括宗教仪式用的法器)以及一些僧人从事商业贸易的细况。他记述寺院的组织机构、管理工作、僧人等级、升迁制度等方面更为具体,并介绍了大藏经《丹珠尔》和《甘珠尔》的大概情况。从各种记述中,可以断定德西迪利是现有文字记载中第一个全面和深刻了解藏传佛教的西方人,虽然他是从反对藏传佛教和宣传基督教目的出发的,但客观上是西方第一个如此全面、系统、详细地把藏传佛教介绍给西方的人。

该书的另一个着重点是对西藏地理、文化、风俗、习惯的叙述,尤其是关于西藏语言、婚嫁丧葬以及植物群、动物群、农产品的论述更为详细。在 18 世纪上半叶,德西迪利是少有的通过自己亲身见闻认识和接受西藏的西方人。他与西藏政界、宗教界人士有过广泛接触,又亲身经历了西藏当时的社会变动,留下的史料是独一无二的。书中首次提到了凯拉斯神山和马纳萨洛娃湖。从马纳萨洛娃湖出来之后,他到达了一个巨大的峡谷——雅鲁藏布大峡谷。他非常明确地记述了"穿越西藏南部悬沿着一条大江,从东到西,通过了整个的地带",在此之前还没有西方人穿越这座大峡谷。他还判定这是布拉马普特拉河的上游,这一长期争执的问题直到 20 世纪之初才确定下来,令人不得不惊讶于他的断言。当然,德西迪利所处的年代科考条件简陋,再加上喜马拉雅地区自然环境十分复杂,他对于西藏南部地区的认识存在严重疏漏,不少描写也缺少数据材料。

总而言之,除了少数由于基督教传教士身份和客观条件局限而未能深入认识之外,德西迪利对西藏各方面情况的介绍和描述是比较深

刻、系统和全面的。这无疑是东西方社会交流的始端,为西方藏学家前
赴后继地认识西藏,以及研究西藏地方史留下宝贵的史料。在叙述语
言上,从一个经历了文艺复兴的意大利到一个尚未完全开化的地区,也
难免带有以文明社会标准来评判事物的傲慢与不屑。

　　学者沈卫荣还对《德西迪利西藏纪行》的价值进行了大胆假设。他
认为,德西迪利神父是欧洲历史上第一位藏传佛教学家,他的佛学研究
在视角和成就上,即使放诸今日之学界依然颇为可观。同一时期的著
名哲学家休谟(David Hume)在《人性论》中出现的"无我"思想,也隐约
显现出了佛教哲学的影子,"要说德西迪利写成于 1727 年前后的《西藏
历史记录》等作品,曾给于 1735 年开始写作的休谟的《人性论》带来过
某种影响,它当然也应该是有可能的。"

　　据考证,德西迪利返回欧洲后,曾在位于巴黎西南部的一个名叫拉
弗莱什的小镇短暂停留,并与镇上耶稣会下的皇家神学院院长和一众
神父有过交往。休谟于德西迪利离开 8 年后来到这个小镇上居住了 2
年,并在此完成了他的传世名作《人性论》。休谟不仅经常在皇家神学
院的长廊内散步,利用过神学院的图书馆,还与神父有过学问探讨。因
而休谟极有可能从神父那里听说过德西迪利的事迹和他所传授的佛
法,甚至读到过他遗留在神学院的西藏手稿。然而,这一切也仅仅建立
在推测的基础上,目前还没有直接证据证明德西迪利与休谟之间的关
系,这也是 18 世纪欧洲哲学史上有待解开的谜题。不过从历史上
看,德西迪利在西藏和藏传佛教方面所带给欧洲的影响,仍然有待
估量。

三、其他研究

　　德西迪利是 17 世纪为数不多的"西藏通",除了在他生活的时代名
噪一时外,更成名于其去世的 100 多年之后。当他的西藏之行手稿陆
续被整理、出版后,人们发现德西迪利不仅对藏传佛教进行了深入研
究,还对西藏地理、政治、经济、社会等各个方面有所论述,甚至记录了
那一时期西藏发生的重大事件,可谓一部西藏的"百科全书"。

（一）有关藏传佛教的批驳

德西迪利赴藏的目的是为传播天主教。由于他所持的信仰具有强烈排他性，其著作中对作为异教的藏传佛教充满了批驳。正是一切都从自己所持有的宗教信念出发，德西迪利不承认存在一个惩恶扬善的至高裁判者的藏传佛教问题。他认为，一方面"令人憎恶的灵魂转世信仰是虚假的藏人宗教的所有谬误之源"，另一方面"这一民族所相信的所有虚假教义之源及另一个致命的谬误，是决然否定任何上帝或者任何非被造的自足本体的存在"。他抨击藏传佛教否认任何"绝对的、永恒的上帝"的存在，论证了藏传佛教关于业报关系的谬误，否定所谓"善得爱报、不善得不爱报，无记无报"的理论。

早在德西迪利入藏的时代，达赖喇嘛作为藏传佛教格鲁派的宗教领袖，地位已经远在西藏的世俗统治者之上了。德西迪利深知达赖喇嘛在整个西藏受到人们尊重和膜拜的程度，用他的话说，"大喇嘛是全西藏的首脑，他就仿佛是这一盲目而迷信的民族的宗教，位在其他所有喇嘛之上。"按西藏人的理解，他们所崇奉的观音菩萨时刻准备在人们需要他的时候救苦救难，并且为了确保他们永久而完满的幸福而不断转世为人，成为一世又一世的达赖喇嘛。但德西迪利断言所谓的转世不过是魔鬼的伎俩。

对于新一代达赖喇嘛产生的程序，德西迪利写道："我跟几个人提到了这一情况，他们表示确信，这是灵童的亲属和某些喇嘛、僧侣所设计的欺骗行径，旨在欺罔轻信的西藏人。他们秘密地教导孩子直到他很好地了解了所有该学习的内容才让他讲话。这是些审慎、博学、受人尊重的权威人士，他们不断地说这是唯一的解释，而不相信我所断定的这是魔鬼的伎俩的看法，他们否认魔鬼有如此强大的能力。"德西迪利进一步论证，一个小孩子要以欺骗的手段成为达赖喇嘛而受到全体藏人的信仰，仅凭几个亲属和喇嘛的帮助是很难瞒天过海的。他由此直截了当地作出结论说："骗局不可能是人为的，一定是魔鬼的工作。"

在对达赖喇嘛的产生作出判定后，德西迪利又把批判的锋芒转向了莲花生。生活在公元8世纪的莲花生于西藏吐蕃赤德祖赞在位时入藏传法，他创建了著名的桑耶寺，在吐蕃培养了一大批藏传佛教的人才,大力组织翻译佛经,身后受到了藏传佛教各宗派的共同敬仰。德西迪利对藏传佛教典籍里有关莲花生的传说进行了夹叙夹议的介绍和讨论,这当中偏激的批评和故意的丑化也同样随处可见。例如,莲花生通过建立寺院以及大规模地引进佛教典籍等传教活动使印度佛教在西藏地区得以确立,他认为:"由此以幻象和奇事欺骗了头脑简单轻信的民众,加深了人们对他的错误宗教的信仰。"

出于对莲花生的反感,德西迪利甚至对在其逗留西藏的岁月里藏传佛教内部红黄两系间一度发生的激烈斗争,表现出一种主张博爱的基督徒不该有的幸灾乐祸情绪。从根本上看,德西迪利研习藏文典籍不是为了理解藏传佛教的真知灼见,而是用基督教的观点论证为什么是"错误的"。他用冗长的文字评述藏传佛教的教义,并对其主要原理逐条予以驳斥,难免受到不同宗教信仰与断章取义理解的限制。

(二) 记述准噶尔部侵藏事变

18 世纪初,统治西藏的蒙古和硕特部与西藏地方势力之间发生争夺权力的斗争。和硕特蒙古拉藏汗执杀第巴桑结嘉措,废桑结嘉措所立六世达赖喇嘛仓央嘉措,另立益西嘉措为六世达赖喇嘛。此时桑结嘉措的追随者为了报仇,决定策动准噶尔蒙古的策妄阿喇布坦联合打击拉藏汗。1716 年,策妄阿喇布坦遣其大将策零敦多卜率领 6000 名精锐部队攻打西藏,并于 1717 年经藏北突入拉萨。拉藏汗在战争中被杀,蒙古准噶尔部取得了西藏政权。清朝中央政府得知西藏发生的事变后,于 1718 年和 1720 年两次派军进藏,将准噶尔人驱逐出西藏。

在准噶尔侵藏时,德西迪利正在色拉寺研究佛经。由于此前深受拉藏汗信任,他曾一度担心准噶尔人和某些藏人的加害,但事实上他在这场动乱中没有遇到多少麻烦,在色拉寺的住房没有受到什么损失。由于耳闻目睹到的情况比较多,他在西藏纪行中用约 14000 多字篇幅记述事件发生的详细过程,是研究这一段历史的重要历史资料。

德西迪利记述了准噶尔军攻占布达拉宫和拉藏汗之死:"1717 年12 月 3 日,这些野蛮人用了最大的努力攻取布达拉宫,这是达赖喇嘛巨大的住地。他们使用机械和梯子成功地爬上南边的围墙,但发现进入这个宫殿兼城堡是极其困难的。他们借助火攻。当大门被烧毁的时候,他们冲了进去。但拉藏汗、他的次子、执政大臣及将领已从北面的一个暗门逃跑,那里已备有好马等待着他们,只留下王后及其幼子,由两位拉萨和日喀则的喇嘛照顾。他们的遁逃很快就被发觉,敌人随后紧急追赶。这些亡命者遇到了一个带有双重栅栏的深沟,拉藏汗的马吃了一惊,没有跳过深沟,连同可怜的拉藏汗一起掉了下去。残酷的鞑靼兵乘机袭击,拉藏汗英勇自卫,伤、毙了几个敌人,砍下了靠得最近的敌人的右臂后牺牲了。"

他还详述了清朝中央政府派兵驱逐侵藏的准噶尔军队的数次战事,尤其是清朝中央政府派遣第二次援军进藏时受到的热烈欢迎和清政府军的严明纪律。他写道,清政府军"所经之处,人民集合起来,欢呼达赖喇嘛和听取中国皇帝派出的大臣的命令"。清朝政府军进入拉萨后流入大量白银,在说明援军粮饷之充裕的同时,也平抑了物价。

以 1717 年至 1720 年发生的准噶尔扰藏事件来说,藏、满、汉文史料的记载角度不同,所记载的史实也存在出入,这就需要第三方当事人的互证。德西迪利对这次事变的主要人物策零敦多卜的生平、达木和拉萨战役的详细过程、拉藏汗在事变中的军事运作和最后的命运及清廷在这起事件中的活动都进行了较好的记录,能够弥补正史和其他私人著述的不足。游记的价值在于亲历者耳闻目睹的记录,具体而生动,但其缺点和不足也显而易见。由于受限于德西迪利的学识、观察点及立场的不同,有些记述存在着夸大、随意及不系统的问题,需要结合其他史料进行印证和纠正。

(三)介绍西藏的整体情况

地处青藏高原腹地的西藏,交通极为不便,尤其是在交通工具落后的古代,有关西藏的一切信息就显得弥足珍贵。德西迪利在拉萨生活了5 年,不仅精通藏语,还通过亲身经历、耳闻目睹以及阅读藏文书籍等种种途径,了解到西藏及其邻近地区十分丰富的知识,包括地貌、交通、山川、湖泊、气候、物产、资源、城镇、村落和政治制度、民情风俗、文化艺术、藏传佛教等等。信息量之丰富令人惊讶,而且比以前的传教士更为准确。

德西迪利从西藏西部进入拉萨,最直接的感受是来自沿途各地的气候情况和自然物资。他指出西藏地区的大雪并不是因纬度所致,而是由于高山环绕和凛冽的高原寒风。他亲身体会到虽然西藏严寒干燥，但空气纯净，有益于健康。他在拉萨的五年中极少生病。在农作物方面，西藏主要产青稞、极少量的小麦，最南的地方产些大米。西藏的水果种类很少，主要产核桃，有的地方有葡萄、苹果，但苹果质量差。蔬菜有萝卜、小萝卜、蒜和葱等。在动物方面，西藏有大鹰、大乌鸦，有的地方有美丽的孔雀和各种鸟类。藏族人"饲养马，马很强壮"，饲养奶牛、牛、牦牛以及山羊和绵羊，盛产优质羊毛。山羊用以驮盐、米及其他东西。他评论说山上奶牛产的牛奶是他有生以来喝过的最好的奶。

德西迪利对西藏一些地方的产金情况给予了足够注意。他在手稿中记录了西藏产金情况："康区蕴藏优质的黄金与白银"，塔布以南的一个地区"有相当大的天然金块"，在拉达克山脚的谷地和靠近河流的地方"当地人找到大量的金子，但不是天然大金块，而是金粉末"。他从拉达克赴拉萨的途中，由于暴雨和融化的雪水冲刷阿里准噶尔山，湖泊岸边和砂粒中可以收集到大量黄金，西藏人和商人一次次地来到此地寻找和收集金沙，获利甚巨。

德西迪利描述的用水淘金的方法颇为生动和真切："尽管西藏到处皆可觅得黄金，但事实上那里没有像其他国家那种开采的金矿，而仅以如下方法将金子从沙土中分离出来。藏人在靠近河流的地方，费力地搬走大块石头，然后在其上面掘出沙土，并将它倒入一条铺有大块草皮的水槽里，再从上部倒水入槽，让水冲走泥土、大砂粒和小石子，黄金和细沙则被粗乱的草皮滞留住。如此反复冲淘，直至留下金子而不存留下任何他物为止。"

德西迪利分别记述了拉达克、西藏西部、卫藏、康区等地的地理、交通、物产、贸易及其他情况。他还特别描述了拉萨、江孜、萨迦、日喀则、泽当等一些主要市镇，有些地方写得很详细生动。例如，谈到拉萨市中心的广场集市人们熙熙攘攘的盛况时说，"从午后三小时到晚上，人们很难通过广场"；对日喀则的着墨较多，称日喀则坐落在大平原上，居住着西藏和来自蒙古、克什米尔、印度斯坦、尼泊尔等地的许多豪商富贾。此外，他还对西藏的衣着、饮食、语言、文字、藏族体型、农耕、婚姻和丧葬习俗等作了具体的记述和评论。

鞑靼西藏旅行记

[法]古伯察　著

一、学术经历

古伯察(Regis-Evariste Huc)是法国入华遣使会的神父。他于1813 年 6 月出生在法国的开鲁斯,从小在神学院中完成了学业,父亲为法军参谋部的上尉。1836 年 10 月,古伯察在巴黎参加了遣使会传教区的修会,两年后发宗教愿,于 1839 年 1 月被授予神父神品。数周之后,他离开巴黎,与另外几名神职人员一起乘船远赴东亚。后来他写道:"在 5 个半月间渡过了英吉利海峡、大西洋,我们终于在 1839 年 8月 1 日这一天到达了澳门。"

他在澳门停留了约 1 年半,其间学习了汉语,熟悉了中国文化。不久之后,他抵达了当时直隶省赤峰市附近的黑水川西湾子的法国传教区,在那里致力于学习满语和蒙古语,并取了汉语名字"古伯察"。当时,清朝政府正处于与西方强烈对抗时期,东南沿海一带已经爆发了第一次鸦片战争,百姓们群情激昂,甚至在古伯察居住的地方,都发生了攻击洋教传教士们的教案。

1844 年,古伯察获得了一个良机:当时在蒙古有一个宗座代牧区,代牧命令古伯察和另一位神父秦噶哗(Joseph Gabet)共同前往蒙古鲜为人知的地区探险,以便在最适合的地点建立传教区的一个分支机构。两人于同年 8 月出发,剃光了头,身穿格鲁巴派僧侣的僧袍和带翅的帽子,向外宣称是"西方的喇嘛",并于年底抵达青海境内。他们在青海逗留了整整一年,曾在西宁、湟源、塔尔寺、东科尔寺长期居住,与青海各族、各阶层的人有过广泛的接触，深入了解到青海各地、各民族的风俗习惯、宗教信仰、生活方式、山川地貌、社会经济等。

古伯察一行最早的计划是绕过戈壁沙漠到达西宁，然后再从那里向北行。但由于他们深入到甘肃省信奉藏传佛教的地区，开始感到拉萨在整个西域的吸引力。他们发现藏传佛教和天主教在仪轨上具有某种相似性，理解到藏传佛教是一种真正的宗教，因而产生了考察其基础的强烈愿望。此外，古伯察前往拉萨的决定可能是出于好斗思想，在他与秦神父停留的每一座寺院中，人们告诉他们："前面还有一座更大、更神圣和更靠近西藏的寺院"，古伯察的反应是立即前往那里。他的行为基本是一名虔诚佛教徒的朝圣进香。

历经数月艰难跋涉，古伯察和秦神父于 1846 年 1 月到达西藏首府拉萨。古伯察是第一个进入西藏的法国人，也是最早从西藏活着出来的几个欧洲人之一。他与秦神父的这次旅行当然是为了传播天主教，尤其希望进入佛教盛行的西藏布教。他把自己的亲身经历、耳闻目睹的主要情节都记录了下来，对沿途各族人民，尤其是蒙藏两族人民的风俗习惯、宗教信仰、生活方式、山川风貌、社会经济、驿站里程等都作了详细记述，是西方最早作过如此详细记载的人。

他们在拉萨居住近 2 个月之后，被驻藏大臣琦善奉清廷的命令予以驱逐。他们一行于 1846 年 3 月 15 日离开拉萨，被解往四川，经过 3 个多月的旅行于 1846 年 6 月初到达四川的打箭炉。他们从打箭炉出发，经过四川、湖北、江西，于 1846 年 9 月末到达广州，最后于同年 10 月中旬到达澳门，从而完成了 1841 年至 1846 年的这次环中国的旅行。

古伯察于 1847 年至 1849 年间在澳门写成了他的传世名著《鞑靼西藏旅行记》，此书于 1851 年首次用法文在巴黎刊行。由于古伯察穿行的康藏地区之前仅有《马可·波罗游记》中有所记述，而无其他西方人进入康藏的文献记载，此书出版后轰动一时，书中所展示的近代第一张康藏地区的图片"令世界惊异"。古伯察的康藏之行揭开了西方人探索和"发现"康藏这片神秘未知地域的序幕。

有学者在 1909 年进行过统计，《鞑靼西藏旅行记》在问世之后半个多世纪就被先后译作英文、德文、荷兰文、西班牙文、意大利文、瑞典文、

俄文本,后又被译作日文,且大部分译本也都曾多次重版。法国的中国
学泰斗保罗·伯希和(Paul Pelliot)曾给了该书很高的评价。入华遣使
会士包士杰(J-M. Planchet)于1924年在北京遣使会印刷厂重刊了该
书并作了注释,该书的中文译本也根据此版本得来。此外,古伯察撰有
《中华帝国——鞑靼蒙古旅行记续》以及四卷本的《中国中原、鞑靼和西
藏的基督教》等著作,后来被多次重刊并译成了多种文字。他还写了许
多有关中国中原、鞑靼和西藏地区的书简以及数篇论著,有不少都刊载
于当时的《传信年鉴》和《遣使会年鉴》中。

　　在古伯察对圣城所作的描述中,具有某种令人难以置信的地方,让
人觉得既陌生又熟悉,既有点异国情调又极其平庸。一座小城无论如
何都是很平常的,但他从那里被驱逐了出来,所以作为一座禁城的拉萨
又保持了许多秘密,让人浮想联翩。由于对一种特别难以置信的事实
所作的令人特别信服的描述,古伯察的游记在19世纪下半叶西方人的
思想中激起了对西藏的浓厚兴趣。大卫-妮尔(Alexandria David-
Neel)在少女时代正是由于阅读古伯察的著作,才开始了她对西藏的向
往。同样也是由于古伯察,俄国大探险家普尔热瓦尔斯基(Nicolas
Przewalski)才决定分别于1870年、1879年和1887年从事在西藏北部
的探险考察。

　　遗憾的是,无论古伯察还是他的搭档秦神父都未能长寿,以分享这
部著作带来的荣誉。秦神父于1853年在巴西去世;1860年3月的一
天,古伯察被发现"一动也不动地躺在其房间那零乱的家具中"。他离
世时年仅47岁,人们怀疑一场突发性疾病是他的死因。

二、代表著作

《鞑靼西藏旅行记》评议①

　　清朝末年,清政府摇摇欲坠,割地赔款和丧权辱国的不平等条约已
经签订。民族压迫、阶级压迫和帝国主义列强的侵略使中国各族人民

---

① 参考[法]古伯察:《鞑靼西藏旅行记》,耿升译,北京:中国藏学出版社,1991年。

生活在水深火热之中，经济萧条、社会动荡、外祸内乱，形势日趋严重，生活在中国边陲地方的少数民族则更为悲惨。在这样的历史背景下，法国遣使会士古伯察和秦噶哗在蒙、藏、康地区的旅行揭开了近代西方人在这片神秘土地上活动的序幕。

古伯察一行是于 1841 年至 1846 年间从事这次旅行的。他们先在塔尔寺中度过了 3 个月，居住期间最热闹的活动是"花祭节"，这是每年都举行一次的节日。他们非常惊奇地欣赏到虔诚的游牧民聚集到寺院，口中喃喃地念诵着咒语，并且每步一跪地顶礼。他们与大队的蒙古人、汉族和藏族人在一起，欣赏用牦牛酥油制成的浅浮雕形和着色巧妙的装饰物，这些装饰物被供奉在寺院前，象征着佛教徒们的天堂和地狱中的恐惧。古伯察认为塔尔寺的神秘尚不足为奇，并下决心前往拉萨，以便"到发源地研究鞑靼人的信仰"。

1845 年 10 月，一个从汉地返回拉萨的使团为他们的西藏之行提供了机会。他们与这支包含喇嘛、士兵和马匹的庞大使团同行，沿途经过干旱的平原地区、延绵的荒山野岭，经受住了寒风、冰雪等自然界的重重考验，以致于在数月后抵达拉萨时，每个人都面黄肌瘦、衣衫褴褛地骑在瘦得只剩下一副骨头架的马背上。

古伯察时代的拉萨是一座很活跃的小城。虽然城中的三分之二居民为僧侣，但不会使人真正感到它的宗教气氛。古伯察无意贬低拉萨的宗教特征，选择把它描绘成一个商业交易中心，而不只是朝圣进香之地。他突出了该城的混杂特征：对照比较了富裕和贫穷、商业的诡诈和静修生活的纯真无邪、贵族们矫饰的举止和游牧民的庸俗，他听到了制作铁砧的噪音、念诵咒语的螺号声、市场上牲畜的嘶鸣声，他从中看到了不同阶级、职业、民族的人对藏传佛教崇拜的大杂烩。

古伯察看到，拉萨的主要街道都"很宽、很直和相当干净，至少在不下雨的时候如此"；城市中央的房子都有两三层，新近全部用白石灰刷过；在平屋顶的下面有画着几条红色和黄色的彩带，门窗都装在深色的框架之中。这类房子从外部上看比较明亮，但内部却相当昏暗。屋子中充满了一种难以描述的烟雾以及牛粪、人粪和腐烂物的气味。

拉萨城在白天遍是藏族人、汉族人、蒙古人、克什米尔人和面色深暗的不丹人,他们喃喃地祈祷,也采购和出售东西。除少部分人生活在拉萨外,他们大都是过境的旅行者、流浪乞丐、来自该地区寺院的僧侣们,以及必须从事数月旅行才能到达这里的农民和商人。拉萨的贵族喜欢身着紫袍和头戴高帽,大街上还有梳妆复杂的藏族女子,她们戴有长长的珍珠项链和沉重的耳环,面部涂抹了大量油脂。古伯察又补充说,拉萨主要以两种商品而著名——羊毛织物和输往中原地区的神香,金属加工则始终被非常精巧的艺术家们垄断。那个时代拉萨也有很多汉人,他们是商人、官吏和士兵。虽然本地居民不太尊重这些不信仰宗教的人,但十分钦佩他们的本领和财富。古伯察一行在拉萨的活动最终受到驻藏大臣琦善的限制,他们在礼节性的交换了礼物之后,便在清朝军队的押解下从拉萨经康区回到四川。

古伯察一行的价值在于:首次以西方人的亲身经历见证了清王朝对康藏地区的管辖,明确记述了康藏地区与西藏之间的行政界域和宗教关系,他写道:"达赖喇嘛的世俗权力到巴塘为止。西藏的辖地边界,也于1726年在清朝军队平定西藏的一场大战后,被确定在那里。在到达巴塘的两天之前,我们在芒岭山顶见到了一块石碑,标志着当时拉萨地方政府和北京中央政府决定在此设界。"他还对中国政府在康藏要地的驻兵人数进行了统计。

其次,古伯察沿途主要接触的是地方藏族头人和汉族官员,见证了汉、藏双方的友善。例如,押解过程中地方藏族头人向他们送上了"优质鲜鱼以供晚餐"等。且不论清廷与藏区地方间复杂的政治关系,由此可见历史上汉族官员与藏人地方头领素有交往、互动的传统,不仅清朝军队受到藏族头人的优待,两位西方人虽是被押解的对象,但获得了同等的待遇,也才有机会与康藏几个要地的汉官和藏族头人有所接触,了解到当时汉藏关系中鲜活、珍贵的史实。

最后,从古伯察的记述可见康藏地区汉藏融合的特点十分明显。在肥沃的巴塘平原,他在居民中"发现了一大批汉人,从事手艺和产业,甚至还有些人从事农业和经营藏族人的庄园"。他对雅江附近的村庄评价道:"自从我们离开拉萨之后,我们觉得自己仅在同一范围内活动。然而,随着我们逐渐前进,村庄变得越来越多,不过仍丝毫未丧失西藏的特点。"还有沿途上藏区丧葬礼仪中汉、藏文化元素的融合等特征,这些足见历史上康藏地区呈现出的汉族与藏族杂居、汉藏风俗文化交融的普遍特点。

自《鞑靼西藏旅行记》问世后,关于这部著作"是回忆录,还是小说"的争议一直存在。英国汉学家亨利·玉尔(Henri Yule)认为古伯察是一个聪明的艺术家,秦神父关于在拉萨居住的全部描写中没有如同游记中所描写的与清朝官员的交往,这一点也引起了他对古伯察"编造"工作的怀疑。另一位法国著名探险家、语言史学家和汉学家伯希和指出,此游记的持续成功在于作者的文学天赋,它使其作品富于想象力……该书中文译本的翻译者耿升则认为,这些争论都忽略了最有权威、最为翔实的中国典籍档案中的记述。在《清实录》《清代藏事辑要》《东华录》以及清廷有关夷务、天主教和外事档案中都有关于古伯察事迹的记载,且与该书中的叙述非常吻合,"可谓上自龙廷,地方首脑,下至黎民,朝野轰动"。

总之,法国遣使会士古伯察和秦噶哗在蒙、康、藏的旅行揭开了近代西方人在这片神秘土地上活动的序幕。古伯察记述下来的所见所闻,涉及行政区划及隶属关系、地貌、重镇、宗教、民风民俗、旅途艰险等方面,丰富地呈现了通婚、往来、杂居等汉藏关系及文化交融。《鞑靼西藏旅行记》不仅首次向西方介绍了这片神秘的地域,还为后来陆续进入藏区的西方人提供了指南,也为当今中国学者了解东、西方人在藏区的相遇与近代藏区社会提供了独特的视角和史料,因而被誉为一部传世的著作,"它只会被一部具有同样智力的著作超越和使人遗忘"。

三、其他研究

西方社会对中国的认识最早来自 13 世纪的马可·波罗(Marco Polo)。他笔下的中国人是一个在专制君主统治下的单一民族,不少事实前后矛盾,使得一些西方人痴迷于中国人,其他一些人则咒骂和嘲笑中国人。古伯察获得了比以往任何欧洲人都要熟悉中国人的机会,他的游记记录了穿越中华帝国的整个心脏地区,一路上既享受政府高级官员的荣耀，又与贫苦大众广泛接触。他对中国人的机构、宗教、举止和习俗的了解不是凭道听途说，而是通过亲身经历获得的。

在被驻藏大臣驱逐出西藏后，古伯察经四川、湖北、江西到达广州，最后回到澳门，这让他站在更加开阔的视野回顾了在中国各地长达 14 年之久的旅行。他在后来出版的《中华帝国纪行》①中写道："在中国像在其他各地一样，好与坏、恶与善杂处五方，当注意力集中在哪一边时，你既可以有机会讽刺，也可以有机会称赞。"

（一）中国社会百态

19 世纪欧洲人关于中国的概念呈现出美与丑的两个极端。正如古伯察在游记中所说："伏尔泰给我们描绘了一幅迷人的中国图画……相反地，孟德斯鸠用最黑暗的颜色，把中国人描绘成一个可悲的、怯懦的民族。"古伯察对当时中国社会和文化的观察之深入和细微，是许多西方人无法达到的。他的"客观认知"在某种程度上确实修正了当时一些西方人的观点。

在古伯察笔下，蒙古鞑靼人皆善良友好、宽容好客、诚实纯真、正直勇武；对于鞑靼人的愚昧落后，也予之批判。他抨击鞑靼奴隶制，希望它终究被废除；抨击鞑靼人的一夫多妻制，因为"它成了生活放纵不羁和伤风败俗行为的一道屏障"。古伯察也会描述汉族人的力量、勇气、坚韧、沉着、机灵与乐观，称赞汉族工人"能非常廉价地巧妙工作，尤其是令人惊奇的和蔼可亲"，也指出汉人贪婪、狡黠、诡诈的一面。古伯察所描述、评价的鞑靼人和汉族人皆是他所亲密接触的人与事，无论是美好或丑陋，都是最具实证性的，具有在这之前西方人对中国人的评述中难以达到的客观。他看到了中国人潜在的力量，也看到了中国人的缺失。

古伯察对家长式的中国王权有奇特的看法。中国的王权是绝对专制的，却并不残暴，因为这是一种家长式的王权。在这样一个家长式的王权里，"皇帝是无比庞大家族的头领"，他可以把权力授给他的大臣，

---

① 参考［法］古伯察：《中华帝国纪行——在大清国最富传奇色彩的历险（上下）》，张子清等译，南京：南京出版社，2006 年。

而这些大臣又可以给其管辖的下级官员授权。"权力的细分就这样逐渐向下扩展到家族,父亲自然地成了家族的头领,在家族的范围内的绝对权力比任何人都大。"他认为,家庭观念是中国社会基础的大原则,而维持这一家庭观念的是孝道。皇帝既然是天子,是帝国的父母,依照中国的家庭观念,他之所以有权受到其子女的尊重、敬仰和崇拜,便是基于孝道这一观念,而非中国人麻木不仁。

古伯察认为,在这样一种家长式的专制王权之下,人民仍享有自由的权利,中国人所享有的自由比想象的要多。他谈及中国人所享有的自由包括:择业自由、外出自由、结社自由、出版与言论自由、说书人集会自由。基于中国人所享有的这众多自由,古伯察得出这样的结论:"人们一贯把亚洲看作专制与奴隶制的场所,这实在大错特错。"

在中国的教育与科学方面,古伯察认为,"在世界各国,中国在初等教育方面肯定是最普及的国家。在小村落甚至在庄园不会见不到教师。"然而,他对中国人一切科学的基础却是"四书五经"则不以为然。他说,"必须承认,我们发现'四书五经'很少适合欧洲人的趣味或需要。在这些书里找不到科学思想,这些书在政治和道德上有一些极为重要的真理。但我们发现里面夹杂着极严重的错误和最荒谬的传说,因而混淆不清。"应该说,古伯察的这样观察和评述是比较客观的。在他穿越中国各地期间,随时可以感受到中华文化的强大,但在看似赞扬的书写中,批判态度也是极其鲜明的。

(二) 中国人的宗教观

作为一个来华的传教士,古伯察对于宗教问题更为敏感。在他的字里行间,更多的站在基督教的立场上观察和评述中国民众的宗教信仰问题。他对中国人"缺乏宗教信仰"的描述总体上讲是客观的,而这也激发着他行使其传教士身份的职责。

古伯察认为,中国是一个非宗教国家,他谈道:"很难把中国说成是个宗教国家,但是,只要是不被视为具有政治危险性的宗教,均可得到容忍。三大宗教虽然曾经有过长期的激烈冲突,但它们都获得了认可。处于第一位的是最古老的儒教,孔夫子被视为其祖师爷。它建立在泛神论的基础上,而在不同的历史时期有过不同的解释。其实,孔子在其著述中并无宗教思想,他仅仅满足于倡导孝梯,顺应天理,以使人类行动永远保持和谐。"在这样一个非宗教的国家里,人们更关注的是实用性,而非宗教信仰。

中国人在对儒教的崇拜中,最模糊的东西和最严肃的东西全都被对儒教的崇拜兼收并蓄了。即使是对孔子的崇拜,也只是出于政治和功利的需要,孔子的学说与信条实质上就是一种实证主义的思想体系。至于中国的第二大宗教道教,古伯察认为道教最终却陷入了纯粹的迷信:"不管老子的哲学思想多么受到推崇,但作为其徒子徒孙的道士们如今却无多大声望。他们后来陷入了纯粹的迷信,其中有些人愚蠢透顶,使整个教派沦落为人们的笑柄。他们大炼长生不老之药,把自己的名声搞得很臭。"

从鞑靼地区走到西藏地区,古伯察最广泛接触了中国的藏传佛教。他描述部分僧人不大有学问,他们的教理始终不明确,导致盲目与愚昧也是普遍的。一些僧人以驱除魔鬼的方式行医,收敛大量钱财;部分藏传佛教寺院则以一种残忍的邪法手段吸引信徒和大量布施。他笔下有大量在他看来可怕而残忍的宗教仪轨,以此吸引大批愚蠢和无知的崇拜者。他也描述那些行走在蒙古沙漠地带和西藏山区一队队到寺院朝圣进香的虔诚信徒,他们不知疲倦、从不畏惧,尤其是那每步一叩的虔诚跪拜,甚至让人不免同情。

在横穿了大半个中国后,古伯察认为中国人对佛教并不虔诚:"从我们所访问过的佛教国家来看,最不虔诚的就是中国人,他们已经落到了彻底怀疑的地步。"中国各地建有众多的寺院、宝塔和小庙,但不过是对古老传统的继承而已,不能说明思想虔诚。从中国各种宗教的现状和神职人员的境况中,他得出的结论是中国人没有宗教生活,"他们中间保留着一些迷信活动,那不过是来自于传统习惯,而不是来自于精神信仰。立法部门对宗教信仰毫不关心,各地官员只把它当作笑料谈资。"

(三) 蒙古藏区形象

古伯察在内蒙古诸旗、喀尔喀蒙古地区传教旅行中的所见所闻,是他穿越中华帝国的重要组成部分。《鞑靼西藏旅行记》一书的问世,成为了晚清蒙古草原宗教信仰、历史文化、民风习俗、自然状况研究的开篇之作。

在宗教信仰方面,蒙古人在帐篷里靠住处的地方放置一个方形的小橱柜,用于放置这一纯朴民族服装的许多细小饰物。这一橱柜还是一尊小佛像的供坛,鞑靼人在小供盘中每天向他们的偶像供奉水、奶、酥油和面粉,"惟有那些以剃度和保持独身生活的人才有特权触及这些祈祷经文,如果一名黑头人胆敢以其不净和世俗之手触及他们,那将会犯亵渎神灵罪"。蒙古人的宗教观念认为疾病是因为恶灵附体,故而僧人在使用了医术之后,开始安排驱逐这种恶灵的仪式。随后,病人的家人邀请附近寺院的多名喇嘛,祈祷一直持续 8 至 15 天,直到这种恶鬼不存在为止。如果病人最后去世,由于已经念过经了,病人死后会有一种比现在更好的处境。

古伯察认为,蒙古人的教育有很大局限性。"那些已经剃度的人一般是独自书写和发愿。大家在这一地区不会发现任何公学堂。除了某些让其子于家中学习的富裕蒙古人外,所有的青年喇嘛都被迫前往寺院中。艺术、学问和工艺实质上集中在那里。喇嘛不仅仅是祭祀,而且是画家、雕塑家、建筑家和医生,甚至是世人的头脑和心脏。"寺院中的绘画大都是由僧人完成的,风景画色泽鲜明且十分逼真,寺院及其周边的石栏杆雕刻和装饰着千种奇特的形象,分别代表着飞鸟、爬虫和其他想象的动物。未进入寺院的蒙古人则仅仅是练习射箭、打火炮、骑马等。

古伯察的游记中,蒙古男人体力劳动是有限的,生活很轻松。他们"只是需要把牛群赶到郁郁葱葱的草场,这对于习惯骑马的男人来说,根本不是困难,相反是一种消遣。只有一种情况下他们才将付出相当的辛劳,那就是他们被迫追赶逃群的牛羊"。蒙古妇女是家庭劳动生活的主力,"家务完全由妇女管理,妇女挤牛奶,做乳制品,不时要长途跋涉来打水或捡干粪。她们不仅缝衣服、鞣制皮革、缩绒等,而且还要把晾晒干的畜粪堆在帐篷周围。一般情况下,女性不参与放牧牛羊,她们只是负责蒙古包内的家务和修补等日常琐事。"他认为,蒙古妇女不像内地汉族女子般容貌纤弱而郁郁寡欢,她们在精神和态度方面更为坚毅,与自己的游牧习俗及充满生命活力的生活完全一致。

古伯察为西方社会传递了民族志知识体系下的蒙古藏区形象。在他的文字中,蒙古男人、女人的性别形象,蒙古贵族、平民的社会阶层形象被勾勒呈现出来,并且对蒙古藏区的社会生活作了进一步解读。这在更加丰富和完善了西方"中国形象"中边疆族群内涵的同时,也应该看到古伯察是以西方进步与文明的标准来衡量蒙古藏区的,再加上他并非专业的民族学家、人类学家,在一些观点上难免有所偏颇,忽视了东西方仅有文化上的区别,而没有文明优劣的本质差异。

伯希和西域探险记

[法]保罗·伯希和　著

一、学术经历

19世纪下半叶起，伴随着对中国武力侵略的，是各帝国主义势力争相向中国西部派遣考古探险团。这些考古探险团都大肆非法发掘、收购、盗窃中国文物，以丰富他们各自国家博物馆与图书馆的特藏。西方列强在西域科考探险方面的竞争如同在争夺海外殖民地和海外市场一样，始终勾心斗角，互相倾轧。为了协调彼此间利益，他们甚至组建了一个"西域和远东历史、考古、语言与民族国际考察委员会"，分工对几大重点地区进行发掘。

保罗·伯希和（Paul Pelliot）于1878年出生在巴黎。中学毕业后，他进入法国汉学中心之一的现代东方语言学院学习汉语，并成为法国中国学权威沙畹的高徒，投身于中国学研究的行列。1899年，他被选拔为印度支那古迹调查委员会的寄宿生，到了河内。1900年，该委员会改为法兰西远东学院，伯希和成了该院的首批成员，并展露出一名优秀东方学家的潜力。1900年2月，伯希和被派到北京，为法兰西远东学院图书馆和博物馆搜集藏书。此时，恰逢义和团运动围攻外国驻京使领馆的骚乱，他竟然不顾排外情绪亢奋的义和团团民的围攻，赤手空拳地跑到大街上与团民搏斗，而且还夺取一面义和团团旗，充分表现了他敢于冒险的精神。

1904年，伯希和回到法国，不久又返回河内。这时，欧洲及俄国的一些"考察家""探险家"纷纷涌入中国西北地区，连续发现了许多古代遗址,窃走大量的稀世珍宝。法国在这场激烈国际大竞争中的目标是占有与其名望和地位相匹配的份额,于是由法国金石和古文字科学院以及亚细亚学会等出面,组织了一个"中国西北地区的法国考察团"。由于伯希和既有丰富的亚洲活动经验,又在常年的旅途中精通多门外语且学识过人,被选拔为这个考察团的团长。这个考察团只有 3 个人,除伯希和之外,另外两人负责地理测绘、天文观察、照片搜集,以及档案和自然史方面的工作。

1906 年 6 月,伯希和率领的考察团离开巴黎,搭上火车经由莫斯科前往塔什干,然后经俄国中亚进入中国。同年 8 月底,伯希和到达喀什。6 个星期后,他们又抵达库车,考察了这里的几座佛教石窟,在库车东面及周围地区,发现了一批梵文和古代龟兹文写本、龟兹文木简及印玺、古钱和商队通行证等。伯希和考察团在库车共进行了 8 个月的考察,在那里发掘到了一大批木雕、印鉴、钱币、涂漆与绘画的骨灰盒,特别是在一座寺院的院子里发现了一大批用被称为"婆罗谜"文的印度字母书写的写本,均被运往了巴黎。

库车考察之后,伯希和一行转移到乌鲁木齐以便补充生活必需品,准备越过沙漠前往敦煌。这时,他们还不知道敦煌藏经洞发现遗书之事,更没有听说英国探险家马尔克·奥莱尔·斯坦因(Marc Aurel Stein)对敦煌文物的劫夺,只是计划去敦煌进行拍照,研究千佛洞的壁画和塑像。当伯希和在乌鲁木齐停留时,听说千佛洞发现了一个藏着手稿的秘密洞窟,他从部分流散出来的手稿中认出是 8 世纪以前的文献,便急迫地离开了乌鲁木齐,前往敦煌。

1908 年 2 月,伯希和一行到达敦煌,他们找到了看管千佛洞的道士王圆箓,经过 1 个月的交涉,他终于被允许进入藏经洞,洞中收藏的汉文、藏文、回鹘文和梵文等写本令他激动不已,当即决定将藏经洞中1.5 万至 2 万卷写本全部浏览一遍。他在摇曳的烛光下,利用 3 个星期的时间来完成这项工作。前 10 天他每天拆开 1000 捆卷子,每小时约 100 捆,戏称这是"汽车的速度"。在挑选中,他把写本分为两堆,一堆是其中的精华,打算不惜一切代价弄到手;另一堆为凡品,也是需要的,但不是必不可少的。挑选工作结束后,伯希和与王圆箓进行了多次会谈,最终以 500 两白银买下了这些文物。结束了在藏经洞的工作,伯希和又对敦煌石窟进行了考察,并拍摄了数百幅黑白照片。

伯希和一行于 1908 年 6 月离开敦煌,经安西州,过嘉峪关,越过万里长城,进入中原地区。他们于 10 月到达北京,稍作休整之后,考察团成员分批护送自然史搜集品,以及 80 多箱雕刻品、绘画和写本返回法国。伯希和于 1909 年 10 月回到法国,在巴黎大学阶梯教室,法国亚洲委员会和地理学会为欢迎伯希和"凯旋"而举行了隆重的欢迎大会。应邀参会的有法国公共教育部、法国科学院的负责人,巴黎市政府的市长、法国殖民地事务部长、科学促进会主席、商业地理学会会长等 4000 多名各界名流。伯希和利用这一机会作了《高地亚洲探险 3 年》的报告。

第一次世界大战爆发后,伯希和于 1914 年应征入伍,整理、研究敦煌遗书的工作暂时停顿。一战结束后,他又回到巴黎,在法兰西学院工作,该院专为伯希和开设了中亚语言、历史和考古学讲座。他在西域发掘到的文献与文物,便是该讲座的主要教材。1921 年,他当选为法国科学院院士,并于 1927 年被聘任为法国高等实验学院的研究导师,教授中国语言学、文学与艺术等方向的课程。从 1932 年起,伯希和负责主编关于远东研究的重要刊物《通报》。1935 年,他出任法国亚细亚学会主席,担任苏联列宁格勒科学院的院士,又于 1939 年被聘请为中国中央研究院历史语言研究所的研究员。第二次世界大战时期,他支持盟军,反对希特勒的侵略战争,积郁成疾。1945 年 10 月,他因患癌症去世。

伯希和逝世时,留下了大批遗稿和尚未杀青的著作。从 1945 年至2008 年间,其弟子和同事们整理出伯希和遗作 12 卷,其中包括了《伯希和西域探险日记(1906—1908)》等 10 卷有关西域史的著作。

二、代表著作

《伯希和西域探险记》评议[①]

19 世纪中叶以后,在日趋腐朽的清王朝统治下,中国危机四伏,清

---

① 参考[法]保罗·伯希和等著:《伯希和西域探险记》,耿升译,昆明:云南人民出版社,2001 年。

朝统治者既无法缓和国内阶级矛盾，又无力抵抗外国侵略者的入侵。与此同时，西方列强在对海外殖民地分割完毕之后，又掀起了一股世界性的考古探险热潮。在加紧侵华的大背景下，众多的外国传教士、学者、商人、官员以及形形色色的冒险家纷纷涌入中国，进行考察和探险。他们每个人所抱的目的不同，方法各异，但正是在这些探险考察活动中，为后人留下了一批考察报告、探险实录、札记和游记。

在大量的札记、游记、考察报告中，有的因作者政治观点和立场不同，带有浓厚的殖民色彩；有的因行色匆匆，道听途说，对事物的认识有很大的片面性和局限性；有的是当时现场实录和实地测量的第一手材料，尤其对那些一经破坏性发掘后即被西方殖民者洗劫一空或历经战乱已荡然无存的中国古代文化遗迹来说，这些记录就越显珍贵，对相关学科研究具有基础材料的重要价值。

敦煌莫高窟开凿于前秦建元二年，历经北凉、北魏、西魏、北周、隋、唐、五代、宋、西夏、元等朝代，是集建筑、彩塑、壁画为一体的综合性佛教艺术宝库。敦煌藏经洞、敦煌文献于20世纪初被人发现，由此诞生了敦煌学。在西方和日本的科考、探险、考古学家们劫掠敦煌西域文物的狂潮中，法国探险家、语言学家和汉学家伯希和的西域探险，颇为引人注目。

伯希和是1908年2月25日到达敦煌千佛洞的："傍晚6点，在走完这走不完的一程的最后一段，我们到达了千佛洞，我自然是那里的不速之客。"第2天起，他就开始对千佛洞的石窟进行仔细的考察研究，一天之内就看遍了10个洞；第3天，他就迫不及待地派人去找前晚刚从外地回来的王道士，但却没能看到任何卷子。此后每天，他有时兴奋，有时感到没有"新鲜刺激"。终于在3月3日，他得偿所愿，不止是看到卷子，而且进入了藏经洞。笔记中记录了他首次进入藏经洞的亢奋心情：

"一九〇八年三月三日：我过了整个封斋前的星期二，整整连续十个钟头，蹲在放手稿的洞里，十尺乘十尺的地方，三面都是二到三尺深的卷子；实在没法把一页页分开，只能趴在地上；我腰酸背疼得厉害，但我对于这一天一点也不后悔。这些就是那个王道士在一九〇〇年发现的成千上万的卷子,还有无数页藏语手稿。汉文和藏文都有大量文献,还有六百多卷玄奘翻译的《摩诃般若波罗蜜多经》占了让人难以忍受的一大块地方。但所有这些都乱七八糟。在汉文和藏文旁边,还能发现少数婆罗米文和回鹘文的东西……所有这些都属于从六世纪到十世纪的一个时代。"寥寥数笔,足以反映出一个学者在获睹珍贵文献时的真实感觉。藏经洞是一个十分逼仄的小洞,真正的方丈之地,且只有一个洞口,空气无法流通。一个人要在那里边整整待上 10 多个小时,深陷于满洞的破旧纸堆中,还要维持一盏需要氧气的油灯,常人定觉得窒息——实际上伯希和也觉得呼吸困难,但满目瑰宝却让他忘记了这一切。

此外,伯希和在笔记中对莫高窟的 182 个石窟的规模与建筑风格、经变画及其他壁画的内容、彩塑都作了详细描述。其中最宝贵的是他录下了石窟内的大量汉文、蒙古文、藏文、回鹘文、西夏文、婆罗谜文等历代供养人题记和游人题识。他还让同行的摄影师给莫高窟当时已发现的所有洞子都拍摄了黑白照片,这些图片共 376 幅,以《敦煌的洞窟》为名于 1920 年至 1924 年间在巴黎出版。

从后来文献的整理和伯希和的研究来看,敦煌文献对其学术研究产生了重大影响。一是敦煌学,伯希和本人在敦煌文书研究上卓有建树,著有《摩尼教流行中国考》等脍炙人口的名篇,学界称他为"中国摩尼教研究的先驱";二是藏学,伯希和著有考证汉文吐蕃名称由来、苏毗女国等多篇藏学名作;三是蒙元史及中亚史,他在蒙元史及中亚史中撰写了大量论著,如蒙古与教廷、唐元时代中亚及东亚的基督徒、高丽史中的蒙古语等,以至有学者认为"蒙古史(尤其是西蒙古史)是伯希和终生迷恋的重点项目之一";四是突厥学,伯希和精通突厥文,对突厥学研究亦有促进作用,他撰写了《汉译突厥名称之起源》《突厥语与蒙古语中之驿站》等论文。此外,伯希和在魏晋南北朝隋唐史、版本学、历史地理学等领域也有所涉及。

伯希和从敦煌运走的遗书共约 6600 卷,其中古藏文卷子 2700 卷,非藏文卷子 3800 卷,全部收藏在巴黎国民图书馆。应该说,伯希和虽然比斯坦因晚一年来到敦煌,但他懂得中文、俄文、藏文、突厥文等 10

多种文字,是法国乃至整个欧洲著名的汉学家。正是由于伯希和的汉学知识渊博,他带走的敦煌遗书在数量上没有斯坦因多,却是敦煌遗书中最精华的部分,其中有许多孤本。在伯希和离开敦煌几十年之后,一群白俄罗斯士兵跑到莫高窟,在部分洞窟里生火煮饭,使壁画遭到严重破坏,再加上长期以来的自然破坏,洞窟里的许多壁画、题记已模糊不清。因此,伯希和的这些记录成为很宝贵的第一手资料,是研究敦煌学的重要参考资料。

然而,即便是当时旨在海外掠宝的法国,对这批敦煌文献的价值也莫衷一是。特别是政界显要和商界大腕们,对于这一大堆中世纪的"废纸""泥胎""破铜烂铁"和顽石、朽木、古画根本一窍不通,认为法国政府花费重金千里迢迢地运回一大批故纸破烂,"完全是得不偿失"。伯希和虽深谙这批文物、文献的价值,但有口难辩,他清楚知道盗窃他国文物是不道德的行为。在他尚健在时,已有中国知识分子对他发动了猛烈的抨击。他惟恐身后会遭到千夫所指,便将精力放在治学中,逐步脱离政坛。

在伯希和一生中的汉学著作,很少有攻击中国和中国文化的内容,其论述考证尚称得起公正客观。甚至完全可以说,他终生为博大精深的中国文化所倾倒,在这一领域奉献了自己毕生的精力。他的研究对于蔡元培、董康、胡适、王国维和陈寅恪等中国敦煌学研究的重要人物都产生了重要影响。

伯希和集"江洋大盗"和"文化巨匠"等名声于一身,对他的历史评价也应采取一分为二的辩证态度:既要谴责其劫掠和占有他国古文物、文献的行为,又要认识到他是一位真正的学者;除了想把中国这些宝贵的遗产化为法国财富以外,也真正惧怕这些记录人类文明的文献遭受损失,而对于他和同事们的研究成果,也应该借鉴和吸收。经过近一个世纪之后,以敦煌藏经洞出土文书为主要研究对象的"敦煌学"成为20世纪世界学林中的一门显学,中外学者都为敦煌学的诞生和发展作出过贡献,正如敦煌学界老前辈季羡林所倡导的那样:敦煌在中国,敦煌学在全世界。

三、其他研究

20 世纪初在甘肃省敦煌附近发现的敦煌文献，材料丰富、内容庞杂、语言多异，为宗教、文学、语言、艺术、考古等学科提供了重要的学术支撑，充分展现出中华文化的博大精深。伯希和是法国著名的东方学家，在他 27 岁时就能说流利的汉语，还掌握了 13 种语言。从他对敦煌文献的挑选中就已经包含着对这些文献的研究，凭借过人的治学能力，他在这个领域取得的成就也注定是震古烁今的。

（一）伯希和与藏学研究

在敦煌文献中，大部分是汉文文献，与之相比，古藏文文献只占其中的一小部分。因为在敦煌悠久的历史中，吐蕃人来到这个地方也只不过从 786 年至 843 年王朝分裂后不久的短暂时期。伯希和获得的古藏文文献收藏在巴黎，现已使用优良的影印技术以法国《国立图书馆古藏文文献选》的书名出版。这部分古藏文文献大多属于吐蕃佛教的前弘期，在朗达玛灭佛之前，是中古民族文化兴废继绝的重要文献，也是研究西藏文明史、汉藏关系及吐蕃统治时期各个方面的主要参考文献。

藏区自 7 世纪前半期就有自己的文字，并把本民族的事情记录下来。现存的藏族文献大部分与佛教有关，但一明显的缺陷是从佛教的立场加以编纂。从 9 世纪后半期到 11 世纪前半期是吐蕃王朝一个混乱的时代，很多事实被按照佛教的观点篡改，要从后代藏文文献探讨古代西藏和吐蕃王国时代的真相，有难于逾越的障碍。

敦煌古藏文文献产生于 7 世纪至 9 世纪，直到 9 世纪吐蕃势力退出敦煌为止。这批著作、译著、文书的抄件和文书原件无疑是西藏最早的文字记录，承载了西藏从有文字记载以来的早期历史即吐蕃历史，且直到被发现时没有公之于世。以敦煌古藏文文献为对象的研究，不但能够全面了解西藏历史、诠释藏族文化、认知藏汉文化的双向交流，还能够根据这些文献理出事情的真相，对于开拓藏学研究新领域、重构藏族的历史以及和其他民族的关系史具有重大意义。

例如，西藏古代史的研究如果没有敦煌古藏文文献，要探索西藏佛教的开端,就不会有突破性的收获。只有情况改变以后,才有可能追溯吐蕃王国成立的过程,甚至才有可能把中国内地流传的有关情报资料同当时藏族自己的说法进行对比和考证,同时也使汉文史料"复活"了。

敦煌古藏文具有很高的史料价值。法国女藏学家阿丽雅娜·麦克唐纳(Arinae Macdonal)夫人将文献分为美术、历史、语言、文学、宗教、科学技术和社会等几类,并列出有关文献的编号。曾任巴黎大学的教授玛塞尔·拉露以毕生大部分精力对伯希和运到法国收藏在巴黎国家图书馆的敦煌藏文写卷进行整理编目,其藏学方面的论著主要有《古典藏语初阶》《论佛教巫术》《论藏文再后加字》《吐蕃文书中的罗摩衍那故事》《敦煌文书》《高地亚洲宗教信仰中通向幽冥之路》《在敦煌发现的最古老的吐蕃文书》《吐蕃王室殡葬中的苯教仪轨》等。汉学大师保罗·戴密微的《吐蕃僧诤记》以《顿悟大乘正理诀》为主要材料,参考了敦煌藏文文献,还原了792年至794年汉地僧人和西藏僧人关于禅宗理论的一场论战,最后失败一方退出藏地的重要史实编撰而成。围绕这些敦煌古藏文文献的研究,造就了法国数代具有鲜明特色的藏学家。

(二)伯希和对"西域语言"文献的研究

结束中国西域探险后,伯希和在法兰西学院开设了"西域语言、历史和考古讲座",释读了多种西域民族已消逝的语言文字和古文献,对西域的历史、地理、宗教和民俗都作过许多至今仍不失其学术价值的研究。在他的推动下,汉学研究得以进入西方大学的殿堂,并通过一系列东西方学术交流,促进了中国学子们自清末以来兴起的西北地区研究发展。

伯希和早期发表的不少著作就直接出自敦煌和西域各种文字的文书。他对摩尼教曾作过开拓性研究,先后于1911年和1913年在《亚细亚学报》中发表了一部汉文摩尼残教经的译注本。他于附录中发表了一种重要的波斯摩尼教残经《波斯教残经》,是由他本人自敦煌携归巴黎的。这篇加入了大量注释的译文,又与50多种过去已经为人所知的,或者至少是已有人征引过的其他文献相比较,从而使此文至今仍是研究远东摩尼教的一篇重要论著。中国中央政府于7世纪末对西域的平定,为摩尼教徒们打通了东传的道路;一个世纪之后,回鹘人、蒙古人和突厥人都在某种程度上选择摩尼教为国教,后由于伊斯兰教的阻挠才阻止了该教的扩张。在敦煌重新发现的文献,可能是中国摩尼教的基本经文《二宗经》的断片,该经文于694年传入中国。伯希和于1923年发表的一篇文章,揭示了摩尼教直到17世纪仍在福州地区保有残余势力。

伯希和于1908年从敦煌携归了几种非常珍贵和稀见的景教文献,如《尊经》和《大秦景教三威蒙度赞》等。伯希和对于景教研究的最终成果《西安府景教碑考》长时间存作手稿而未刊。直到1996年才经整理和增补后出版。伯希和一生中始终坚持对于景教的研究,如他在1911年至1914年间先后发表了《景教僧享有的两个佛教尊号》《长安和洛阳的景教主教》《845年之后在中国的景教徒》等论文。经过伯希和等人研究之后,才使学术界明确地将景教与佛教区别开,开拓了宗教研究的一片新天地。

伯希和早在1920年就发表过《库蛮考》,他认为中国古籍中出现的"库蛮地区包括黑海、高加索和里海以北大平原"。该突厥部族来自西伯利亚,于11世纪西迁欧洲,经成吉思汗和蒙古之后,成为草原之主。他于1912年在《通报》中发表了《默啜可汗的公主及其与阙特勒的关系》,于1914年又发表了《善恶两王子历史的回鹘文版本》,后者是一部受佛教启发的叙事故事,同时也是现知最古老的突厥文献之一。伯希和对某些突厥文专用名词的考证也很有学术价值,其中有许多是具有开拓性的。如他针对突厥文"葡萄酒"的名称写了两篇小考证,关于突厥文"骡站"的名称所作的考证,以及《玄奘书中"千泉"的突厥文名称》《汉文中的"突厥"名称源流考》《〈内心的喜悦〉一书中动物名表中的突厥文与蒙古文形式》等。

敦煌西域梵文写本数量较大,主要是佛经或与佛教有关的文献。他本人对这批写本进行了研究,发表过《药师传》《〈道德经〉的一种梵文译本》《一种东伊朗文本的〈金光明经〉》等。伯希和长期关注中国与伊朗的关系史问题。他在法兰西学院开讲报告中,便阐述了伊朗怎样在数世纪期间得以充当印度或近东与中国之间的媒介角色,宏观地论述了伊朗文明对中国的影响。这些研究实际上也是研究古丝绸之路的开山和经典之作。

（三）伯希和与中国汉学国际化

第一次世界大战后，鉴于战争惨烈，欧洲本位文化受到极大冲击，西方社会更加重视对东方学的研究。随着地位的提高和声望的增长，伯希和除了继续与中国学者交流学术外，还致力于促进中法文化交流。伯希和对中国文化感情深厚，在许多领域都有独到见解。他认为："中国之文化，不仅与其他古代文化并驾媲美，且能支持发扬，维系数千年而不坠，盖同时为一古代文化、中世文化而兼近现代之文化也。研究中国古代之文化，而能实地接触当今代表中国之人，此种幸运，绝非倾慕埃及或希腊者所可希冀。"

虽然热爱中国文化，但伯希和却能保持学者的理智。他充分肯定清初以来的学术发展与成就，是建立在对中国古籍，尤其是唐宋以来文献的版本目录花费了大量精力基础之上。不像斯坦因之流，夺宝之余，还指责中国无学问。正因为伯希和的评论严而不偏，在民族情绪高涨的背景下，中国学者也能敬重他的治学精神。史学家傅斯年认为："伯先生在学术上之伟大，以他在东方学中各面的贡献，以他在汉学上的功绩，以他在中央欧洲文史的发见与考证，他不仅是以中国学著名的，而他正是巴黎学派中国学之领袖。"

20世纪20年代初，北京大学为加强学术研究，成立了文科研究所国学门，校长蔡元培邀请伯希和担任国学门考古学通信员。伯希和多次以这一身份参加国际学术会议，在促进该机构与国际学术界的交流合作方面发挥了重要作用。不仅如此，伯希和还积极向国际汉学界介绍中国文史学者的成果：除了评介罗振玉、王国维的著述，对屠寄、柯劭忞的蒙元史，谢无量的《中国大文学史》，张天泽的《明代中葡贸易考》，陈垣的宗教史研究，王静如的西夏研究，以及各种考古新发现等，均有所评论。

"九·一八"事变后，为争取国际舆论，中国积极展开文化外交，扩大在世界特别是欧洲的影响。法国大学教授和法兰西学院院士们在法国社会中享有很高声望，被看作是国家的智囊。伯希和以院士中唯一

汉学家的身份协助中方的努力,作用为他人难以替代。1933 年 5 月至
6 月,由中法美术学术团体发起主持,汇集了徐悲鸿、齐白石、张大千等
70 余位现代名画家数百幅佳作的大型中国画展在巴黎展出,伯希和与
28 位中法要人担任名誉委员,并参与古画的挑选。这次画展在法国乃
至整个欧洲引起热烈反响,法、英、德、俄、意等国报刊发表评论 200
余篇。

　　直接受伯希和影响的还有胡适和陈寅恪。胡适与伯希和的交往持
续 10 余年,会面多次,直到 1938 年 7 月赴法之际,还有所接触。陈寅
恪不喜欢应酬在学者圈中是出了名的,但每逢伯希和来华,他不仅参与
宴会,还往往具名做东。两人在研究方法、研究领域和学术背景上也十
分接近,但伯希和年长陈寅恪 12 岁,当陈寅恪还是一位求学异域的学
子时,伯希和已是名扬四海的汉学泰斗。相较之下,伯希和对陈寅恪之
影响,远甚于陈寅恪对伯希和的影响。伯希和对陈寅恪也很器重,曾力
推其受聘为剑桥大学汉文教授,因而傅斯年称:"伯君认识及称述中国
学人之贡献,尤为其他汉学者所不及。"

佛教香客在圣地西藏

[俄]贡博扎布·采别科维奇·崔比科夫　著

一、学术经历

19 世纪末 20 世纪初,清朝政府和西藏地方政权在藏施行闭关政策,禁止外国人进入。一些企图偷偷潜入卫藏的旅行家,如俄国的普尔热瓦尔斯基、美国的柔克义(William Woodville Rockhill)、法国的伯希和等人都遭到失败。尤其是俄国,由于地缘上的接近性,对刺探西藏地方觊觎已久,从 1870 年起的近 25 年,俄国地理学会先后派出了 10 余支"考察队"试图潜入西藏,但没有一支队伍能够成功进入拉萨。

贡博扎布·采别科维奇·崔比科夫(Gombojab Tsebekovitch Tsybikov)是俄国布里雅特蒙古人。他 1873 年 4 月出生于俄国外贝加尔省的赤塔县,7 岁进入阿金斯科耶教区学校,学习蒙古文和俄文;11 岁上赤塔县男子中学,1893 年中学毕业,获银质奖章。同年,崔比科夫进入托木斯克大学医学系学习时,结识了正在托木斯克招揽人才的著名廷臣巴德玛耶夫(Badmaev)。

巴德玛耶夫在 1893 年向沙俄政府递呈了一份关于俄国远东政策的"万言书",提出了意图吞并中国西北的"巴德玛耶夫计划",并在俄国四处网罗能够潜入中国西部刺探情报的"人才"。布里亚特蒙古人在外貌上与藏族相似,巴德玛耶夫极力劝说崔比科夫"献身东方学和东方外交事务"。在巴德玛耶夫的影响下,崔比科夫在库伦停留了 1 年,学习蒙语和藏语,研究蒙古人的习俗和文化,以及藏传佛教僧侣的生活。随后,他进入圣彼得堡大学东方语系继续深造。大学毕业时,他向俄国地理学会申请,打算只身前往西藏。

崔比科夫十分顺利地拿到了俄国地理学会的西藏"考察"资助,其中包括经费和照相机等器材。1899年10月,崔比科夫再次来到库伦,他购买了四峰骆驼,还雇了一名布里亚特仆役。沙俄驻库伦的总领事为防万一,发给了崔比科夫一份用俄、满、蒙、汉文字签发的"救命护照",嘱咐他"不到万不得已之时,在西藏不得出示这份文件"。当时,清政府和西藏地方政府规定:出生于亚洲各国的佛教信徒可以进入拉萨。为了成功进入西藏,崔比科夫身着朝圣者的僧袍,混在一支蒙古商队之中,从库伦向西藏进发。崔比科夫这次潜入西藏的行动不同于以往官方性质的"考察活动",他不仅要隐姓埋名,还要时时隐瞒旅行的真实目的。一路上,崔比科夫多次经受了严酷的自然环境和暴露身份的风险。

1900年8月15日,崔比科夫成功抵达拉萨。在拉萨站稳脚跟后,他开始了在拉萨的情报收集活动。在这之后的13个月里,崔比科夫由陆路西行到日喀则,再从日喀则到江孜,由江孜回拉萨,再从拉萨经水路去泽当,最终返回拉萨。在这段时期里,西藏的很多大城镇及重要寺院都留下了他的足迹,他比当时的任何一位外国入藏旅行家都更接近西藏的政治、宗教与文化中心。每到一处地方,他都仔细地研究当地人的生活,包括人口社会成分、西藏的传统、家庭环境、饮食、服装风俗等详细信息,搜集和整理了关于西藏的政治、历史、地理方面的评述等宝贵资料。

崔比科夫的乔装打扮既为他在西藏的活动提供了条件,又在很大程度上限制了他的活动范围。他无法公开测量绘图、采集动植物标本,只能偷偷摸摸地进行文字记录,或开展徒步测量,绘制简单的示意图性质的地图;无法公开拍摄照片、测量气温。为了不被藏民、藏兵发现他的间谍行径,他把照相机和温度计藏在箱子底层,随身只携带一个小笔记本,趁人不注意时偷偷写上几笔。

1901 年 9 月 23 日,圆满完成了探藏任务的崔比科夫离开拉萨,踏上归国之路。次年 5 月,他带着装成 20 个牛皮大包裹的 333 部有关西藏宗教、哲学、历史、医学和语文的藏文典籍,到达沙俄势力范围之内的恰克图。他将这些文献上交俄国地理学会,后来转移到了科学院亚洲博物馆,为俄国不少知名东方学家提供了研究藏学的重要资料。崔比科夫也因为他的西藏之行名声大振,被俄国地理学会授予了特制高级奖章。他在各种场合进行西藏之行的报告,虽然对外宣称前往西藏的目的是进行民族学考察,但他在报告中详细叙述了驻藏清军和藏兵的兵力部署、战斗力等,着眼于政治、宗教和军事等方面的情报。

回国后,崔比科夫先是在符拉迪沃斯托克的东方学院工作,从 1906 年起任蒙古语文学教授,从事语法教学,编写和刊印了石印版蒙古原文、公文选编,还编写了教科书。从 1902 年至 1917 年间,他撰写了藏学、佛学和蒙古学等领域的著作。1917 年以后,崔比科夫从符拉迪沃斯托克返回了外贝加尔故乡,积极投入了苏维埃布里雅特蒙古族的民族文化建设,同时在蒙古学研究领域内取得了巨大成就。但遗憾的是,他卓有成效的藏学研究工作却因此而基本中断。1930 年 9 月,崔比科夫在其故乡外贝加尔地区赤塔县阿金斯克耶村去世。

崔比科夫在西藏的活动虽然带有很大成分的间谍色彩,但凭借其过人的语言和文化领悟能力,他一生著述颇丰。《崔比科夫著作选集》所收著作目录就有《佛教香客在圣地西藏》《关于西藏腹地》《关于〈菩提道次第论〉的蒙文译本》《宗喀巴及其作品〈菩提道次第论〉》《〈菩提道次第论〉俄文译本资料》《1895 年蒙古旅行日记》《1909 年中国旅行日记》《1927 年库伦旅行日记》《东布里亚特—蒙古人的火祭》《布里亚特人的民族节庆》《蒙古书面语是民族文化的工具》等。

1973 年,适逢崔比科夫诞辰一百周年之际,阿加布里雅特的人们为他建造了大理石纪念碑。在布里亚特社会科学研究所提议下,从 1973 年开始,每隔 4 年召开一次专门的藏学、蒙古学学术会议,会议名称定为"崔比科夫学术会议",以传承崔比科夫在这一领域所取得的成就。

二、代表著作

《佛教香客在圣地西藏》评议①

　　崔比科夫的西藏之行开始于 1899 年 11 月,结束于 1902 年 4 月。在近 3 年的时间里,他乔装成一名西藏朝圣的香客,当时任何一位公开或秘密地潜入西藏的外国旅行家,都没能像崔比科夫这样自由地接近西藏的宗教、政治和文化中心,也没能像崔比科夫那样进行过详尽的历史、地理和政治等方面的分析与评述。

　　他所著述的《佛教香客在圣地西藏》于 1919 年在彼得格勒出版,1975 年在波兰重版,1982 年作为《崔比科夫选集》两卷本一书的主要内容再次重版。《佛教香客在圣地西藏》被外国公认为是一本研究西藏近代民族、宗教、文化与历史的权威著作,崔比科夫也因这部代表作名噪一时。

　　该书分为 17 章,按照崔比科夫从库伦出发的线索依次展开。他多次提到,要去拉萨朝圣,尤其是到达藏区后,必须要跟上香客团队,否则食宿、路线、向导等安排都会成为困扰。例如到达塔尔寺后,根据香客们多年形成的惯例,出发去西藏的驮队"一般至少要在柴达木的某个地方呆上半个月,这是为了让牲口在长途跋涉之后休息一下,并为今后面临的藏北高原的艰难旅程积蓄力量——藏北高原以植被稀疏而著称",同时也为了等待下一批进藏团队。除此之外,路途中是否有供牲畜吃的优质饲料,可提供歇息的地点,尽可能选择较短的路程,以及怎样避开一些有强盗或设有通行税的地方等,也是路线选择的主要考虑因素。

　　从今天的眼光来看,该书最有价值的地方在《拉萨的居民》《拉萨生活》《西藏的管理》和《论达赖喇嘛》几章中。对崔比科夫来说,最突出的是他对西藏政治状况、政治制度、社会结构和社会经济关系的特别关注。这些关于西藏近代复杂问题的观察和论述,对于现代藏学来说仍未失去其科学意义。

---

① 参考[俄]崔比科夫:《佛教香客在圣地西藏》,王献军译,拉萨:西藏人民出版社,1993 年。

　　崔比科夫把西藏社会划分为以下几个阶级：氏族贵族、著名佛教人物的转世、僧侣和农民。他在评述西藏社会财富的不平等和宗教的负面作用时写道："养活大量的僧侣、地方的财政收入有限、几乎完全没有什么工业，看来是平民普遍贫穷的原因。这种贫穷使得藏族人的需求甚微。老百姓的食物非常简单："吃的主要是劣等的青稞粉（糌粑），几乎从来不吃肉，只偶尔喝加了酥油的茶。也许只有他们酷嗜青稞酒这一点需受指责，然而甚至于在大的节庆日里也难以觅见饮酒过量的醉汉。"

　　书中有大量关于民族和僧侣日常生活的见闻，他冷静而持批判态度地记录了封建农奴制度下的社会刑法："在拉萨，每天都可以看到因贪图别人的财产而受到了惩罚的人，他们被割掉了手指和鼻子，更多的是弄瞎了眼睛的、从事乞讨的盲人。其次，西藏还习惯于让罪犯终生脖套圆形小木枷，脚戴镣铐，流放到边远地区和送给贵族或各宗长官为奴。最重的处罚自然是死刑，办法是将人沉入河中淹死（在拉萨是这样）或从悬崖上抛下去（在日喀则是这样）……由于十三世达赖废除了死刑，所以我能看到的只是当众处以鞭刑。"

　　上世纪之交的西藏虽已沦为西方列强觊觎的"肥肉"，但崔比科夫还是在书中较为客观地论述西藏与清朝政府的关系。他写道："西藏是属于中国的，众所周知，如今这表现在中国对一位（或两位）满洲驻藏大臣的任命上。驻藏大臣监督着西藏的主要政务，无论是在西藏的内部事务上，还是在它与其他国家交往的事务上……"他进一步分析，驻藏大臣在选择新活佛和任命西藏新官员方面表现出了巨大的影响，尤其是高级官员的任命更要取决于驻藏大臣，"因为是由他把预先选定的候选人提交给北京政府批准"。正因为驻藏大臣的权力不可小觑，才使得驻藏大臣被认为是非常有利可图的职务。

　　《佛教香客在圣地西藏》的一个很大特点是采用了大量白描，这些描述都来自于对西藏僧侣、平民生活以及旅藏佛教香客生活的直接观察，崔比科夫很少直接对某一现象发表自己的看法，但他的态度已经体现在描述之中了。俄国著名东方学家屈纳（Кюнер Н. В）在描述西藏的民族和经济状况时曾把崔比科夫的材料作为主要史料来源之一，并高度评价了崔比科夫关于 19 世纪西藏社会结构的结论。

2009 年适逢西藏民主改革 50 周年之际,新华社在《世界人权史上的光辉篇章——写在"西藏百万农奴解放纪念日"之际》一文中,对旧西藏社会黑暗、落后的一面写道:"广大农奴被农奴主视为'生来卑贱者',连起码的生存权都无法保障,民主权利更是无从谈起。"并引用了《佛教香客在圣地西藏》一书中的记述作为佐证。总之,崔比科夫著名的西藏之行为俄国和西欧东方学史打开了新的一页。《佛教香客在圣地西藏》一书至今仍是研究封建农奴制和帝国主义侵略下的近代西藏历史、民族、宗教和文化的权威参考书。

三、其他研究

与大多数在这一时期旅藏的西方学者一样,崔比科夫一生经历了多重职业,并在语言能力和文化适应上有着过人的天赋,为他后来从事藏学和其他研究打下了坚实基础。从 1902 年到符拉迪沃斯托克的东方学院工作起,崔比科夫在摄影、藏语文研究和布里亚特研究等领域都取得了成绩。

(一)《国家地理》中的西藏影像

20 世纪以前,特殊的地理环境决定了外界对西藏知之甚少,尽管西方不断派出使节和探险家入藏,但西藏仍然被蒙上一层神秘的色彩。再加上清朝政府和西藏地方政权对外采取闭关政策,明令禁止外国人入藏,拍照甚至会被处以死刑,更加激发了西方社会渴望揭开西藏这道"谜"。

崔比科夫入藏前,俄国地理学会不仅为他提供了经费资助和一切生活必备品,还给他配备了一部法国"Pipon"牌子的手提相机"Self-Worker"。崔比科夫是以佛教香客的身份进入西藏的,如果说记录考察笔记已经很困难的话,在近代文明罕至的世界屋脊上使用照相机进行拍摄,就成为一个很大的问题。

当时的摄影技术还很原始,拍摄一张清晰的照片需要较长曝光时间,因此,"每张拍成的照片都是冒险的成就"。在西藏潜伏期间,崔比科夫总共拍摄了百余张西藏各地"独一无二"照片。这些相片后来有很多收录在他的著作《佛教徒朝圣者在西藏圣地》一书中。从这些相片的成像视角可以发现,甘丹寺附近的"塔"是避开行人偷拍的,色拉寺的全景是从附近一座山上偷拍的……有时为了拍摄一张照片,他不得不等待数小时才能捕捉到机会。但无论如何,崔比科夫完成了目前所能见到的西藏的早期影像记录。

1904年冬,创办于1888年的美国地理学会官方杂志《国家地理》濒临倒闭,正在这时,他们收到一份来自俄国地理学会寄来的礼物:一个雪茄烟盒大小的铁盒,里面装着50幅拍摄西藏的底片,这些底片正是崔比科夫在藏期间拍摄的作品。《国家地理》挑选了11幅关于拉萨布达拉宫、寺院、喇嘛和藏族人生活的照片,主编以《拉萨景色》为题发表,为这11张西藏的照片写了注释,用前后两页的版面在1905年1月的《国家地理》杂志上发表。这是神秘的西藏首府第一次以批量照片的形式展现在世人面前,也是《国家地理》首次以大量照片的形式进行报道。

这期杂志取得的传播效果超过预期,"人们马上争相加入国家地理学会,希望成为它的一员,这样便有资格最早欣赏到更遥远、更美丽的世界影像"。从某种意义上说,是崔比科夫的西藏摄影将《国家地理》从危机中解救出来,这些照片也对《国家地理》日后形成自己独特的杂志品牌风格产生了很大影响。《国家地理》趁热打铁,又于1912年、1916年以《拉萨:世界上最迷人的城市》和《雪山上的众神之城》两次报道西藏,为其成为全世界闻名的地理杂志迈出了重要一步。

(二) 藏语文研究

为顺利潜入西藏,崔比科夫曾系统地学习过藏语文。在顺利完成西藏之行后,他被任命为符拉迪沃斯托克的东方学院的讲师,获得了跻身藏学领域进行深入研究的可能性。崔比科夫是较早能够具体研究拉萨方言和使用这种方言的俄国学者,他的藏语口语知识对他在符拉迪沃斯托克的东方学院担任教授一职甚为有益。

早在1905年,崔比科夫就提出了关于设立藏语教研室以便安排西藏语言、历史和民族学教学工作的报告。他在报告中写道:"不需要重复这个无可争辩的真理,即为了更有效地与一个民族相交往,就必须了解这个民族的语言和从广义上讲的生活习俗……目前研究藏语及西藏生活习俗的迫切需要被提了出来,为此就得建立专门的藏语教研室……蒙古学教研室在很大程度上需要西藏的知识,因为没有这种知识蒙古人生活中的许多现象就无法解释……我认为,在东方学院里进行蒙古学研究不应忽视西藏对蒙古的影响,相反,应该经常注意到西藏生活中政治事件的发展,因为它们影响到了蒙古人的生活和情绪。因此,应该把蒙古学的讲授与藏学合起来。"

由于崔比科夫的努力,从 1907—1908 学年开始,东方学院把藏语作为一门选修课来讲授。当时没有上课所需的教科书,崔比科夫便在短时间内编写了一部《藏语学习教科书》。虽然该书被指定为大学生的口语教材,但它无疑是俄国出版的第一部藏语口语语法教科书。1914年,东方学院设立了藏语文教研室,更加系统地推动藏语文和藏语文典籍的研究。

在《藏语学习教科书》序言中,崔比科夫概述了西藏政治史和佛教传播背景下藏文文字的产生和书籍出现的历史,给藏语书面语和口语下了定义。他写道:"藏语口语被分成为众多的方言,众多方言的产生在很大程度上是由这个民族居住地区的自然地理条件和其居民在政治上被分散成为数目众多的群体所引起的——这些群体互相之间常常是被山脉和狭窄的沿河通道所隔离。至于说到书面语,它对所有的人都是一样的,其特点是有许多几乎不发音的字母,例如:上加字、下加字、加前字和后加字。"他还在书中说明了藏语的字母、语音、词类和变体形式,并且对教科书中的每一篇课文做了注释。

在藏语文的基础上,崔比科夫对藏传佛教领域有所涉足。他利用从西藏带回俄国的藏文文献,在一名喇嘛的协助下翻译宗教活动家宗喀巴著作《菩提道次第广论》的蒙文本和俄译本,这足足比美国人翻译的首个英译本提早了半个多世纪。他在俄译本的前言里首次对东方学研究领域内形成的定论"宗喀巴是藏传佛教的改革家"这一观点提出了异议,认为把宗喀巴称为藏传佛教的创始人更为合适。崔比科夫从历史角度研究了宗喀巴的宗教活动及其广博的宗教哲学论著,也是俄国在该领域研究的第一人。

（三）布里亚特研究

布里亚特人是蒙古人的一支，分布在俄罗斯、蒙古国和中国境内。布里亚特人原信萨满教，后来不少人信仰藏传佛教，文化和生活深受俄罗斯人影响。因此，布里亚特研究与藏学、蒙古学有着密切联系。

进入 20 世纪以来，布里亚特人由游牧转变为定居，以布里亚特人为代表的蒙古学日益成为显学。崔比科夫出身是布里亚特人，从小接受布里亚特文化熏陶。伴随着俄国十月革命带来的民族意识觉醒，崔比科夫的研究重心逐渐由藏学转向布里亚特研究，他既研究蒙古语言学问题，又研究蒙古史，特别是民族史问题。晚年时，他在布里亚特研究上取得的成就甚至超过了藏学领域，后来的"崔比科夫学术会议"也以蒙古学研究为主。

1917 年，崔比科夫向东方学院代表大会递交了如下声明："由于我的同乡外贝加尔布里亚特人邀请我为学校的民族化效力……我希望将我有生之年贡献给同乡的民族教育事业。因此我请求东方学院代表大会解除我的教授职务。"回到外贝加尔后，他致力于为发展布里亚特本民族语言文化事业，提出在布里亚特人中间发展学校教育。为此，崔比科夫于 1917 年至 1922 年间在布里亚特当地的学校任教，他组织教师进修班，并为布里亚特民族学校编写教材。

《布里亚特—蒙古书面语语法》是崔比科夫布里亚特研究的代表成果。在这项工作中，他表现出不仅是一位布里亚特教学文献的首创者，还是编写蒙古教学语法的革新者。他将蒙古和西欧语法学家的传统结合起来，同时顾及到蒙古族基本语法范畴词类和定义中语言现象的具体要求，"对旧蒙文和现代蒙古语结构具有精深的、完整的系统观点"。1922 年，由崔比科夫积极推动的布里亚特学术委员会建立，它在布里亚特民族文化复兴的工作中起着举足轻重的作用，崔比科夫担任学术委员会的高级研究员，多次在民族文化会议提交关于蒙古书面语的报告，以名为《蒙古书面语是民族文化的工具》单行本形式发表。

1928 年至 1930 年间，崔比科夫出任国立伊尔库茨克大学教授，他的主要功绩是积极参加了大范围有组织的科学教学工作，如编制和修订教学计划,编写布里亚特—蒙古专业课教材、教学参考资料和语法,在他的推动下,伊尔库茨克大学开始为布里亚特苏维埃社会主义自治共和国培养科学和教育人才,这一时期的不少毕业生后来都成为了苏联知名学者。

总的来看,崔比科夫关于布里亚特和蒙古民族学的著作篇幅不大,但价值很高;他在各类学术活动中提出了研究布里亚特的明确任务,协助布里亚特地区的科研组织工作,对布里亚特的东方学家和蒙古学家影响颇深。

一个巴黎女子的拉萨历险记

[法]亚历山德莉娅·大卫-妮尔　著

一、学术经历

法国汉学家、藏学家亚历山德莉娅·大卫-妮尔(Alexandria David-Neel)于 1868 年生于法国巴黎郊区一个普通的知识分子家庭。她 6 岁时被父母送进修道院,度过了"早熟而悲伤的少女时光"。封闭、幽禁的修道生活,不仅孕育了她孤傲独立、远游出走的个性,还为她注入了一种对音乐、书籍、宗教和哲学的激情,催生了她性格中不断追求的精神。

1888 年,大卫-妮尔赴伦敦学习,结识了美国著名民族学家摩尔根(Lewis Henry Morgan)的夫人,经她介绍加入了伦敦的"最高神智学会",利用神智会图书室和大英博物馆的藏书,开始研究东方思想。她第一次接触到了中国和印度的古典哲学和文学,激发起去东方远游和探求的愿望。回到法国后,大卫-妮尔在巴黎大学、法兰西学院等高等学府选修东方文明课程,继续这方面的探索和准备。她迷恋于佛教壁画和御座上菩萨祥和、沉思的面容,在刚刚兴建的吉美东方博物馆度过相当长的"快乐时光",尽情地接纳东方文化的滋养。

1890 年至 1900 年间,大卫-妮尔终于如愿以偿,首次赴佛教故乡印度旅行,开始了她东方之旅的第一程。她于 1893 年一度到达印度与中国的边境,首次领略到了神往已久的西藏山川风光。1904 年她在法国《信使报》发表了《朝鲜的宗教和迷信》《西藏的僧侣及其教理》,1907 年出版著作《墨子的哲学》,1908 年发表著作《日本哲学研究》,1909 年出版《中国哲学中的个人主义理论》。

1911 年 8 月，大卫-妮尔搭乘"那布勒斯"号远洋舰从地中海起航，于 1912 年 4 月到达印度大吉岭。她在印度噶伦堡拜见了流亡中的第十三世达赖喇嘛，搜集了大量有关藏传佛教的研究资料，为进入西藏做准备。1914 年，她结识了 15 岁的庸登喇嘛，收为养子，成为她朝拜圣地拉萨的忠实伴侣。1916 年 7 月，她在庸登喇嘛及 1 名仆人的陪同下未经许可进入西藏。此行参观了宁玛巴佛塔和扎什伦布寺，拜见了班禅喇嘛，但迫于英国人的驱逐，她不得不于同年 9 月又回到大吉岭。

大卫-妮尔试图另辟前往西藏的渠道，1918 年 7 月至 1921 年 2 月间，她一直居住在青海塔尔寺，每天沉浸在藏传佛教宗教仪轨的学习与修持之中，并完全以藏族人的方式生活，还利用闲暇时间翻译《般若婆罗密多经》中的有关章节，将其中的资料与藏文资料融合为一，作为撰写有关书籍的主要素材。1921 年 2 月，大卫-妮尔和庸登喇嘛离开塔尔寺绕过藏东地区到达四川打箭炉，企图通过商队大道向拉萨前进。由于沿途受到严密监视和身体疾病等原因，他们一行屡次受阻。

1923 年初冬，大卫-妮尔与庸登喇嘛第五次向拉萨发起冲刺。她梳起和藏族女子同样的发型，并用墨汁将棕色头发涂黑，如同一名真正的藏族女子。在征程中，她利用流利的藏语和完全藏族化的生活方式一路乞讨，不断击退盗匪的拦截和侵犯，通过了西方人尚未涉足的最危险区域。他们一行经过察隅、波密、林芝到达江孜，渡过雅鲁藏布江后，终于在 1924 年西藏新年前夕抵达拉萨。大卫-妮尔成为历史上第一位到达拉萨的西方女探险家和信徒。

在拉萨，大卫-妮尔花了 8 天的时间遍访布达拉宫、小昭寺、拉萨河、丹杰林寺、策墨林寺、八廓街和罗布林卡，她的记述成了研究这些地方历史的珍贵资料。由于害怕身份暴露，她始终不敢使用照相机。1924 年 4 月初，大卫-妮尔和庸登离开拉萨返回江孜，5 月 29 日又离开江孜前往帕里宗，最后从亚东到达印度转向锡金。她的代表作《一个巴黎女子的拉萨历险记》正是第五次赴西藏的纪游，生动地记录了她无畏而虔诚的精神探求者和向拉萨挺进的真实情景。

1925 年 5 月,大卫-妮尔回到阔别 14 年的法国,受到英雄般的接待。1927 年,世界妇女体育协会因为其徒步远游东方而授予她田径大奖。法国《费加罗报》称其为"尊敬的女喇嘛",《未来报》则称其为"喇嘛夫人"。在这期间,她发奋写作,先后创作、出版了《一个巴黎女子的拉萨历险记》(1927 年)、《西藏的奥义和巫师》(1929 年)、《喇嘛五智》(1929 年)、《岭地的格萨尔超人的一生》(1931 年)等游记、小说、报道和著作。大卫-妮尔的亚洲之行和致力于东方精神的探求,赢得了世人的赞誉。

在法国总统支持下,1937 年底,69 岁的大卫-妮尔决定再次入藏。她于 1938 年到达康定,由于抗日战争爆发,而未能最终到达拉萨。1938 年至 1944 间年,她一直滞留在四川,其间与从藏区来的信众广泛交往,使之对中国文化有了更直接的感受和了解。1946 年,她从中国回到法国后,在巴黎大学举办"藏传佛教几种特征"的研讨会,又相继出版了《在喜马拉雅山腹地》(1949 年)、《藏传佛教的秘密传授》(1951 年)等。其中,1953 年出版的《古老的西藏面对新生的中国》,目的是反击当时西方反华势力因西藏和平解放而掀起的"中国侵略西藏"谬论,在国内外引起了广泛关注。

1966 年 10 月,大卫-妮尔撰文表述心迹:"我应该死在羌塘,死在西藏的大湖畔或大草原上。那样死去该多么美好啊!境界该多高啊!"1969 年 9 月,大卫-妮尔以 101 岁的高龄与世长辞。之后,法国成立了大卫-妮尔基金会,她的住所被改造成法国"西藏文化研究中心",经常举行各种国际会议和接待各国僧侣界人士及学者。

大卫-妮尔一生有 20 多年都是在西藏和周边地区度过的,她以亲身经历和实地调查,比较客观真实地向人们展示了 20 世纪早期西藏的历史画卷,她的著述具有相当的历史价值,不少著述已被译为各种文字。中国藏学界前辈李安宅先生上世纪 40 年代曾在《康导月刊》上撰文介绍大卫-妮尔,给予了很高的评价:"过去著作虽均用西洋文字发表,然要点皆在与人以正确之认识而同情中国,曾语人云,倘使所知,对于中国边疆建设能有更直接之贡献,则衷心宿愿也。"

二、代表著作

《一个巴黎女子的拉萨历险记》评议①

大卫-妮尔的《一个巴黎女子的拉萨历险记》一书是她第五次西藏之行的游记。在同一个时期，一个外国女性在中国旅行常常要雇很多轿夫、仆人、翻译，甚至还有护卫。大卫-妮尔却斗智斗勇、风餐露宿地进行着她的旅行，且目的地还是受英国控制下的"禁区"西藏。该书面世后，法国掀起了一股"西藏热"，大卫-妮尔迅速成为那个时代女性的偶像。当时的法兰西共和国总统加斯东·杜梅格（Pierre-Paul-Henri-Gaston Doumergue）也成为该书的崇拜者，甚至准备以国家名义把这名"巴黎女子"再派遣到世界上她愿意去的任何地方。

《一个巴黎女子的拉萨历险记》具有一种中世纪故事的特征，它平铺直叙似散文，风趣地介绍了一些奇特的或神奇的事件，科学性与可读性融为一体，很富有吸引力。在大卫-妮尔笔下的西藏之行，似乎没有任何事是不可能发生的。也正如她 1911 年离开巴黎前对丈夫说："我要出远门，半年后就会回来。"可事实是她一去就是 14 年，以至于丈夫在书信中多次与她发生争执，甚至都不愿意到码头迎接她的归来。

该书的故事开始于 1923 年底，大卫-妮尔离开云南向拉萨进发。之所以取名为"历险记"，自然少不了沿途稀奇古怪的遭遇。出发时，大卫-妮尔已经 55 岁，为了不暴露身份，她发明了一种易容术：用碾碎的炭末掺入可可粉涂面，用墨染黑自己的手指和头发，并按照藏族女子流行的做法，将牦牛尾和头发编在一起，而且路上一有机会就从锅底取来的油烟灰来擦双手和面部。有一次，她不小心用手指搅拌了当地人送的酸奶，致使涂在手上的油墨全化在了食物里，为了避免被别人发觉，她还是硬着头皮吃掉了那些食物。

大卫-妮尔与庸登喇嘛一路都用藏语交流，为了实现两人的秘密沟

---

① 参考［法］亚历山德莉娅·大卫-妮尔：《一个巴黎女子的拉萨历险记》，耿升译，北京：东方出版社，2002 年。

通,她非常仔细地制订了一套秘密术语。为了掩人耳目,两人只准备了简单的行李,一些并非信徒所拥有的东西,比如热水袋、手表、相机等,她都不敢轻易使用。他们大多数时候选择在夜间行路,由于不了解地理状况,道路上往往也没有路标,所以路途中很难估计距离和时间。由于害怕暴露身份和担心土匪们的劫掠,他们有钱不敢买东西,在路过村庄和寺庙时,除了必要的行乞化缘,也尽量避免与人接触,只是偶尔在村民家中的厨房过夜。1923 年圣诞节,由于断炊,她只好用修靴子的皮煮汤以充作过节的食物。

这趟行程大部分时间都是在荒野中前行,经常是前不着村后不着店,面对的是野狼、寒冷、口渴、饥饿,有时还被大雪封路所阻挡,因而书中考察的地方大都是人迹罕至的无人区。在长期的伪装过程中,大卫-妮尔也练就了一套自己的演技——有一次遇到土匪,庸登喇嘛几乎手足无措,但她一会儿痛哭流涕装穷,一会儿又搬来佛教神魔严加诅咒,终于吓跑了土匪,戏称自己是"最好的喜剧演员"。

大卫-妮尔首次与波密人接触,觉得这些人很亲切。波密人请她喝茶并布施一些食物,庸登喇嘛则以打卦作为回报。当到达卓洛村时,村民们简直不相信他们在大雪封山时越过了阿尼山口,把他们视为能创造奇迹的人,加倍向他们布施。渡过雅鲁藏布江后,他们到达江达,那里有一条从拉萨通向昌都的邮路,他们从这条路到达了拉萨,大卫-妮尔也成为进入拉萨的第一位西方女性。

然而,"历险"并没有因为到了拉萨而终止。大卫-妮尔故意与一群赤贫之人同住在一间破房子中,但仍有人告诉英国驻拉萨的商务代理人,有个女子行为古怪,每天早上沐浴,还要擦干身子,这在拉萨是很反常的举止;大卫-妮尔让一名土著摄影师为她与庸登喇嘛在布达拉宫前留影纪念,而不敢取出自己的相机,也错失了收集宝贵照片的机会。她一方面称这是她一生中最幸福和最难忘的日子,另一方面又说:"即使有人给我百万法郎,让我在同样条件下重新开始这样的冒险,我确信自己也不肯这样干。"

1924 年 4 月初,她又偕庸登喇嘛离开拉萨赴江孜,在确定此行的目的已经达成后,她走进英国驻拉萨的商务代理大门。由于此前数次尝试进入西藏的努力，以及不停地向《法兰西信使报》和《法兰西晚报》投稿，大卫-妮尔的事迹已经引起英国当局的关注。英国驻拉萨的商务代理并没有过多为难大卫-妮尔，并向她提供了 500 卢比购置衣物，帮助她以高贵者的身份重返上流社会。1924 年 5 月，大卫-妮尔离开江孜前往帕里宗，最后从亚东到达印度。

　　1925 年 5 月，大卫-妮尔回到法国，当地民众如同对待女英雄一般地热烈欢迎她，其照片和事迹刊登在各大报刊中，到处都争相邀请她去作报告、讲演、著书和写文章，甚至连上层社会的沙龙中也在议论她。大卫-妮尔的《一个巴黎女子的拉萨历险记》英文版于 1927 年分别在伦敦和纽约出版，英美人都把她的游记称为"一部世界性的著作"，很快又被译成了德文、荷兰文、西班牙文和捷克文。英国《泰晤士报》与美国《纽约时报》都以长篇书评介绍说此书取得了"无可比拟的成就"和"唯有赴极地探险者的业绩方可与之媲美"。

　　大卫-妮尔是 20 世纪上半叶初入藏旅行的，尤其是从云南经康区入藏，当时无论在学术界还是实地考察方面均很少有人研究；再加上 20 世纪初佛学和女性主义思潮的兴起，共同奠定了《一个巴黎女子的拉萨历险记》一书的价值和地位。法国国立科学研究中心喜马拉雅环境和社会文化研究所负责人卢塞特·布尔努瓦曾说："法国的几代藏学家和佛教学家都是在大卫-妮尔的事迹和著作影响下才对这两个学科产生了兴趣并刻苦钻研，最后成为一名卓有成就的学者。"

三、其他研究

　　从早年在伦敦、巴黎求学时，大卫-妮尔就对中国和印度的政治、宗教、人文地理产生了浓厚兴趣，她一生的研究也没有脱离这些地区。从对已有文献的整理来看，她的著作主要有：《在强盗和贵族当道的国家》《雷雨云》《在辽阔的中国西部的未开化地区》《旅行日记》《一个巴黎女子的拉萨历险记》《我生活过的印度》《西藏的神修神学和巫师》《在中国》《五明喇嘛》《神秘的魔法》《佛的佛教主义》《不死与再生》《格萨尔非凡的一生》《未出版过的藏文珍本》《喜马拉雅山的中心——尼泊尔》《西藏佛教徒的秘密教育法》《超人的学识》《虚无的威力》《喇嘛教奥义传授仪式》等。这些著作涉猎丰富,不少具有相当的历史价值,但遗憾的是大部分都没有中译本,也使中国学界对她的了解还是"冰山一角"。

《古老的西藏面对新生的中国》[①]是大卫-妮尔于 1953 年出版的一部著作,于上世纪 80 年代翻译到中国。这部著作采用散文游记的形式,描写了解放前后西藏的社会状况,介绍了当时的领主、僧侣、商人、农奴等各个阶层,形形色色人物的生活状态,以及他们对新生中国所持的态度。从今天来看,这部著作反映了当时社会的各个侧面,对于了解社会变革时期的西藏是很好的资料。

(一)中央与西藏地方的关系

上世纪 50 年代初,正值人民解放军进驻西藏、和平解放西藏时期,部分帝国主义者和外国反动分子借所谓"西藏问题"大肆喧嚷,联合演出反华大合唱,国际舆论一时间沸沸扬扬。大卫-妮尔出于藏学家的责任感,挥笔撰文,对所谓"西藏问题"中的一些关键所在鲜明地陈述了自己的见解,指出西藏是中国的领土,"我们不能说西藏被中国人占领了……应该说中国人'光复'了西藏"。

她先从历史的角度回顾汉藏关系。藏族与汉族的联系可溯至公元前,中国编年史从公元前一世纪开始对这种联系有所记载。"据我们手头的资料,这种联系还远非从这个时代才开始的。在漫长的历史上,这是一种粗暴的关系,一种相互进犯的关系,两个民族互相屠杀,无数人死于战祸,汉藏间的疆界也在不断变迁,直至近代仍是如此。"汉藏之间的关系就是这样反复无常,时而干戈相向,时而玉帛互往,两个民族的联系却不断加深。她还提到了历史上的金瓶掣签制度,更加说明了西藏历来是中国不可分割的一部分。

解放军进驻西藏以来,并没出现外界想象的骚乱,且受到了广大人民的欢迎。大卫-妮尔将新旧时期的两种社会制度进行了对比,认为"过去的统治野蛮至极,统治者横征暴敛,在深受其害的人民中留下的

---

① 参考[法]亚历山大·达维·耐尔:《古老的西藏面对新生的中国》,李凡斌、张道安译,拉萨:西藏社会科学院西藏学汉文文献编辑室编印,1986 年。

只有不满和愤怒,我在西藏期间对此亦有所闻……西藏旧政府的苛捐杂税真是多如牛毛……负责征税的官员从不说明弄来的钱粮将要交到谁的手中,而是信口胡言,有意无意地散布仇外的情绪"。相反,中国共产党人在西藏经常征用人畜驮运行李、货物,使用者虽然不能为这些雇佣的人畜给予报酬,但私下通常都给予适当的钱物,而以前的藏族贵人却从不会如此慷慨大方,这也是普通百姓对西藏旧政府的另一种不满的地方。

大卫-妮尔进一步指出,相较于旧西藏的统治,西藏普通百姓更喜欢共产党。一些生活在四川康区的藏族本来就对共产党人有良好的印象,而随着一系列当众鞭打等刑罚制度的废除,人们看到了新的希望,希望诞生一个新的政权,能够带来一种新的生活。而共产党领导人也向藏族群众广泛传播"老百姓不再受压迫,应当成为社会的主人",这无疑使藏族人感到前途是光明的,增加了对共产党领导的向心力。

大卫-妮尔还简明扼要地分析了"西藏问题"之所以会产生,是因为即将失去种种特权的三大领主,不甘心农奴们"离经叛道,分配他们的土地";同时,共产党进驻西藏后,也改变了原西藏地方政权与周边国家及其背后帝国主义势力的力量对比,引起了这些人的忧虑。总的来看,大卫-妮尔对"西藏问题"的分析和态度是公正的,即便放在今天也不为落伍。在新中国成立不久,她就敢于力排众议,畅抒己见,足见其过人的胆识和实事求是的治学品格。

(二) 西藏商业与商人状况

因特殊的地理环境,西藏在进入 20 世纪后还是一个相对封闭、落后的社会。现有文献资料中,对和平解放西藏之前商业经济状况的记录较为有限,大卫-妮尔对当时西藏商人阶层的分析为认识这一问题打开了窗口。

和平解放西藏前,西藏的工商业生产能力十分有限,西藏商人不得不往返于西藏周边各地,通过物流实现货物的互通有无。"如果他在拉萨有一个商号,那么他大部分时间就住在拉萨,但他在中国内地、印度或者尼泊尔同样也有店铺,而这些店铺实际上也是他的家。他在每个地方都可能娶个老婆,有时也还有孩子。"西藏商人不仅向富有的上层贵族等打开商品销路,还要赢得有消费能力的平民,因而他们要讨好顾客,增加货物品种。

在交通并不发达的环境下,跨地域间的贸易流通需要耗费大量的人力、物力。商人们本身也信仰藏传佛教,他们出行之前随身携带一两个圣物盒,在遇到危险时趋吉避凶。西藏主要向外出口羊毛。"大商人一般都把采购羊毛的事托付给精细的伙计去干。从牧民那里买好羊毛后,再集中存放起来,然后用骡子运往他们设在藏中的货栈。"从拉萨、江孜或者这一地区的任何地方出发到印度算不上是远征,除了在通过锡金的泽拉普山口时可能遇到龙卷风外,沿途山中的小路都很好走。回程要带的货物分量一般都很轻,通常是一些绿松石首饰、珊瑚、珍珠和西藏人特别喜欢的丝绸织锦,这些织锦用真丝和金、银丝织成,常用来装饰宗教界要人、寺庙中的受戒喇嘛以及在俗男女的服装。

大卫-妮尔认为,商业的发展推动了藏族人的现代化。一方面是商人本身,人们常常误以为西藏商人在和西方人一起吃饭时会显得局促不安,这就大错特错了,"十多年来,西藏那些社会地位以及财富与西方的同类人相当的上层人士,早已学会了西方的社交礼仪,这并不等于说他们认为西方的这些礼节,比他们自己的礼节要优越和高明多少。"另一方面是商业对藏族人生活方式的改变,大卫-妮尔看到大颗的珊瑚珠已经不再具有原来那般大的价值和用途,藏族妇女的兽角形发式不再象原先那样受到欢迎,过去用来装饰衣服的那种金银丝衣饰也很少见了……"这虽然是些琐碎的小事,但也值得在此一提,因为西藏的古老的服装所发生的变化,不是朝着印度,也不是朝着西方,而着朝着中国的方向发展。"

对商人阶层而言,在古老的西藏面对新生的中国面前,他们没有逃亡国外,"由于职业方面的特点,他们一般都本能地成了以四海为家的人。流亡这个字眼对他们来讲,并没有多少实际意义。离开西藏,到国外住上一段时间,对他们这类人已是极普通的事了。"

(三)西藏教权与新中国的关系

在西藏,最强硬地与新中国进行对抗的势力来自神职人员。"根据欧美作家针对这一主题发表的评论文章,读者们可能会认为,这种对抗完全是由宗教方面的原因造成的,其实不然。还有人预料,这种对抗行为如果一旦表现出来,其动机则纯粹在物质方面。"大卫-妮尔在书中指出了西方社会对西藏僧人的刻板印象,以及这种潜在对抗的可能走向。

大卫-妮尔首先指出:"许多对西藏感兴趣的西方人士都是从幻想作家们虚构的描写中'发现'了西藏这块地方,他们所编造出来的西藏及其喇嘛的形象,与实际的情形丝毫也不符合。"僧人中虽然有哲学家、思想家,但这类人毕竟只占少数,广大僧人对宗教并不具有很高的委身,只是机械地背诵经文和参加宗教仪式。

僧人群体也非"铁板一块",应当对这一群体进行分层。上层僧人中包括活佛和出生富裕的僧人,虽然不应该把他们想象成饱食终日、只耽于庸俗的物质享乐的人,但舒适的住宅、众多的侍从等是他们生活方式的重要组成部分。部分人充满统治欲,把凌驾于他人之上的权力视为一种乐趣。"不管出于这种或那种原因,这些形形色色的上层人物,怎么能够甘心地看到有人鼓动他们手下的扎巴们离经叛道,怎么能够同意与曾经隶属于自己的农奴们一起分配自己的土地,更不愿承认这些昔日的奴隶从此就获得了彻底解放;而且,他们也不愿屈从于捐税或征用,因为这将很快地减少支撑着他们权力的百年财富。"

然而,大部分神职人员既非活佛又非富家子弟,他们只是卑贱的下层僧人。从原则上讲,所有僧人都可以分得寺院的布施和供奉,但实际所得与他们的地位高低呈正比,从寺院分得的财富常常不够养活一个下层僧人,他们还需要自备衣服等日常所需,甚至还要向有的寺院缴纳房租才能获得一间自己的屋子。所以这部分下层僧人流动性强,"如果想找有利可图的职业,或者想享有更充分的自由,也可以离开寺庙,弃教还俗,到村子中去操持一行职业。"大卫-妮尔指出她曾经在西藏雇佣过的僧人大都属于这一类型,他们绝大多数扎巴并不懂得佛教学说,对这种宗教并没有想象中那样坚定的信仰。

大卫-妮尔预料到,宗教与新生政权的潜在冲突最大可能发生在上层僧人与新生政权之间。如果冲突一旦发生,两者都寄希望于利用下层僧人和农民的力量。所以新中国将怎样对待这部分下层僧人是问题的关键所在。她接着分析了中国历史上政权与教权之间的斗争关系，就目前来看，新生政权准备在西藏人中间发展教育，"目的是为了铲除支持喇嘛权力的迷信势力"，新中国领导人从历史中吸取了经验，"是不需要外国老师的"，这一切也都取决于新中国将实施的政策。

第四部分

其他藏学名著与名家概况

藏边人家

[美]巴伯若·尼母里·阿吉兹　著

　　《藏边人家》[①]是一部民族区域研究的人类学专著。该书以 1885 年至 1960 年间靠近藏尼边界的日喀则定日地区社会为调查对象,基于对定日三代藏族人的访谈,比较详细地论述了定日地区的婚姻形态和家庭结构,也涉及到当地的历史、地理以及 1960 年以前的社会经济结构和传统宗教生活。

　　人文社会学科的重要研究方法之一是田野调查,尤其是对于社会学、人类学等学科而言,立论的基础离不开可观察、可接触的研究对象,长达 1 年及以上的田野调查是必要条件。由于西藏特殊的自然与政治环境,西方学者很难获得深入这一地区调查的机会,因而西方藏学中的人类学著作显得凤毛麟角。

　　作者巴伯若·尼母里·阿吉兹(B. N. Aziz)出生于 1940 年,据说有黎巴嫩血统。她是英国人类学家海门道夫(Chvistoph-von-Haimendof)的学生,在伦敦大学东方与非洲研究学院读博士学位期间,于 1969 年冬至 1971 年春到尼泊尔的索卢、昆布地区进行过一年半的实地调查。该地区与日喀则定日县毗邻,阿吉兹即以定日边民为调查对象,搜集了许多民族学、人类学的资料,并以对定日人的研究获得伦敦大学亚非学院的博士学位。毕业后,阿吉兹短暂在英国爱丁堡大

[①]　参考[美]巴伯若·尼母里·阿吉兹:《藏边人家——关于三代定日人的真实记述》,翟胜德译,拉萨:西藏人民出版社,1987 年。

学教授人类学,随后应聘到纽约州立大学和科罗拉多州纳罗巴学院任教。1975 年,她在美国地理学会资助下再次到尼泊尔搜集喜马拉雅地区人类学资料,并于次年夏天在博士论文的基础上完成了《藏边人家》的写作。1982 年 1 月,她作为美国人文学科基多会会员访问了中国。

正如该书在记述当地历史时所指出的,在这 75 年间,定日的开拓并未使生活呈现出一幅呆板的封建社会景象,在这里出现的是一幅由投机者、游民、并非十分虔诚的僧侣和大胆而精明的妇女所组成的、颇具流动性的、繁荣的社区生活图画。阿吉兹对藏族社会的论述中,强调生机勃勃的生活图景而非静止的资料堆砌。在田野调查中"见人见事",也是这一研究方法的长处。"一种文化正如一个人一样,我们要了解它,就必须密切地观察它、感觉它、向它提问和注意它的反应。这种方法既承认问题的真实存在,又认为它们是可以解决的,它主张保持文化总体的本来面目,但也要允许个人才智的发挥。"

定日地区自古以来就是中国和中亚大陆以至阿拉伯及地中海沿岸地区进行文化交流的通道之一,是藏族史上重要的宗教中心、对外贸易中心和军事中心,加强对该地区文化史及社会形态的研究很有必要。阿吉兹没有过多地运用汉文史料,也很少使用藏文文献,而是把从讲述人那里搜集的轶事,转化为具有学术意义的资料,因而书中包含了各种人物和故事细节,有利于还原人们对定日社会的整体性认知。

《藏边人家》优先把经济因素作为田野调查的切入点,这也符合"经济关系是社会关系基础"的一般研究路径。阿吉兹按照经济因素将定日人划分为土地私有者、佃农、商人、乞丐和牧民等群体,并由经济条件决定了他们的社会行为。"人们不仅作为个人、朋友和亲属互相联系,也由于属于相同或不同的阶级而互相发生联系。正是不同的社会阶级地位使人们在婚姻选择、纳税义务、宗教隶属关系等方面的表现以及他们对地方政治进程的干预程度都大不相同。"

在生产劳动上,阿吉兹认为,每个人、每个家庭都不可能脱离其他人或其他家庭而独立生存下去,家庭间的合作是当地社会生活、政治生活和经济活动中的突出特点。"定日农村的农耕制度要求在一段有限的时间内把劳动力集中起来,动员这种集中劳动的唯一办法只能是组织村内各户人家进行劳力交换。"除了劳动力之外,同村人的牲畜和农具也经常交换使用。这种互惠原则的生产方式在今天的西藏农村仍普遍存在,经济条件较好的家庭可以雇佣部分劳动力完成农业生产。

与大多数学者从神圣性角度阐释宗教的社会影响不同,阿吉兹更看重从世俗层面解释宗教对藏族行为的控制。她认为,"和对待贸易或婚事一样,定日的藏民也是根据自己的一员来看待宗教制度的。"以札绒寺为例,寺院在经济上主要靠定日世俗百姓的资助、扶持,定日百姓也是向札绒寺补充新的皈依者的源泉,所以僧人一直保持着和定日百姓的密切接触。"僧人卓基骑着马在定日各地漫游,从一个村庄到另一个村庄;他访问了所有的'赛吉矿巴',以一种现代化的方式,亲自和他的赞助者们交往。"她进一步论述到,寺院的宗教资源供给与定日人的宗教需求满足构成互惠关系,支撑起了该地区的宗教系统。

《藏边人家》论述的一个重点是藏区的婚姻选择问题,特别是兄弟共妻家庭,梅尔文·戈尔斯坦、南希·列维妮(Nancy E. Levine)等学者也作了类似的研究。传统观点认为,一妻多夫现象是一种落后的习俗,而人类学家在田野调查中坚持主位视角,系统地揭示了一妻多夫现象的发生机制。

阿吉兹认为,家庭是具有社团性质的法人集团,一户人家内部的合作是其生产活动中占第一位的要素。她特别强调了劳动力的重要性,认为劳动力是一种珍贵的资源。"看来是劳动力而不是有限的自然资源的贫乏,才是导致经济发展方面的危机因素。每一种经济事务,从家庭组织形态到差税制度,似乎都反映了该地区劳动力短缺的紧迫状况……劳动力的使用是农民们一向关注的问题。他们努力增加劳动力,极力使劳力流失情况减少到最低程度。"因此,西藏人为保持其最重要的合作集团——家庭的内部成员而创造了许多合法的手段。一个坚定的信念是:必须维持家庭之领地的不可分性。兄弟不能分家,土地不能分开。所以当儿子们成年后,如果他们想保住他们合法的一份财产以及在他们家中的合法地位,他们就必须留在所出生的家里。

由此可见,藏族的多偶家庭与藏族的社会、经济、文化有着密切的关系,如与社会分层、亲属关系、居住原则、家族关系观念、村社组织与管理、继承制度、土地与差税制度、山区经济与劳动力、人口增减等都有关。只有从社会、经济、文化的多个层面来研究多偶家庭，才可能系统、深入地理解它，避免单一原因的解释。《藏边人家》较早地向西方社会揭示了藏区家庭与社会、经济、文化的相关关系。

当然，阿吉兹的田野调查地点选在尼藏边界，对定日地区研究还有待深入，一些论述也似是而非。她的其他论著还有：《尼泊尔两个佛教社区的社会变革》(1972 年)、《西藏社会中对于血统和居住问题的一些看法》(1974 年)、《西藏人手绘的定日河谷地图》(1975 年)、《对转世制度的再考察》(1976 年)、《从寺院厨房中得到的启示》(1976 年)、《记阿尼乔丹：一位信佛的尼姑》(1976 年)、《尼泊尔的山区艺术和妇女们的传统》(1976 年)、《尼泊尔一个藏族区域社会内的社会内聚力及交互作用》(1977 年)、《印度的哲学家，西藏民间传说中的英雄(关于朗果的传说译文)》(1978 年)等。

藏传佛教中观哲学

[美]伊丽莎白·纳珀　著

现有的中文藏传佛教研究大多只把焦点放在宗教史而不是哲学史上，即使涉及宗教观念，也都很少从哲学问题出发，大多只循思想史进路铺陈之。《藏传佛教中观哲学》一书的主体部分由美国藏传佛学专家伊丽莎白·纳珀（Elizabeth Napper）的博士论文扩充而成，专门从事宗喀巴《菩提道次第广论》"毗钵舍那"品中观思想的哲学探讨。她从广泛的哲学史背景聚焦到宗喀巴这位藏传中观的灵魂人物身上，以宗喀巴最早期的中观著述说明其特有的不共见；同时以宗喀巴为准，严密地回应古代藏人及当代西方人解释中观时所作的论断。

伊丽莎白·纳珀在威斯康星大学完成基本教育后，进入位于新泽西州华盛顿的藏传佛教修习中心，随原籍西伯利亚卡尔梅克的蒙古族格鲁派学僧格西·望杰学习佛学及藏文，能操流利藏语及阅读经典藏文，后赴弗吉尼亚大学宗教学系。在美国著名藏传佛学专家杰夫瑞·霍普金斯（Jeffrey Hopkins）指导下，她先后完成以格鲁派"摄类学"的"心类学"为译研主题的硕士论文，及以宗喀巴《菩提道次第广论》"毗钵舍那"品为译研主题的博士论文。她博士毕业后曾留校任教，自 1991年以来移居藏区，并出任"藏传尼众计划"负责人至今，专门负责发展以出家妇女为对象的传统藏传佛教寺院的教育及学术制度。

《藏传佛教中观哲学》[①]英文原书厚达 860 页，由四个部分组成。第一部分是《分析篇》及相关的注解；第二部分是宗喀巴《菩提道次第广

---

① 参考[美]伊丽莎白·纳珀：《藏传佛教中观哲学》，刘宇光译，北京：中国人民大学出版社，2005 年。

论》"毗钵舍那"品的藏—英节译；第三部分是《菩提道次第广论》"毗钵舍那"品格鲁派《四家夹注》的藏—英节译本；第四部分"附录"包括两篇长论文及两个科判表。该书中译本仅限于英文版的第一部分，即《分析篇》的正文及其相关的注解，阐明草创阶段的格鲁派在中观思想上的基本特质与方向。

宗喀巴生于 1357 年，是藏传佛教史上最重要的宗教家之一，格鲁派的创立者。宗喀巴大师是佛教哲学史上最优秀的中观师之一，因见解特殊而广受争议。《菩提道次第广论》是他首部阐释中观哲学的论著，有关的讨论主要见之于该论的"毗钵舍那"品。纳珀对该品中观思想的研究采取了一个非常特殊的安排，她把《菩提道次第广论》的中观学放进与时下西方学院梵文中观研究的时话（或对辩）脉络中，以宗喀巴中观学的角度广泛而深入地分析、回应及驳斥形形色色的现代中观阅读，当中论及时下西方学界内数十位最具代表性中观学者的研究。宗喀巴对中观的特殊诠释是针对 14 世纪西藏学者以断见解中观空义而发，而纳珀的研究则是透过说明宗喀巴《菩提道次第广论》的观点指出现代中观学界如何把空义理解为各种各样的断见。虽然时、地、文化环境差别颇大，但纳珀的阐述仿若使宗喀巴跨过历史时序的局限，参与时下学界的中观辩论。

在宗喀巴以前，各派藏传佛学普遍认为佛教中观空义所揭示的是"绝讨、不可说、不可思议、吊诡、无分别、诡"的真实。这当中具有"反智、反语言"等断见特性。此等智性的怠惰与哲学的幼稚不但侵蚀义理的理性元素，以"反认知"取代"认知"作为觉悟因，以闻、思二慧为障道因，更严重的是在实践效果上造成操守的崩溃。因此宗喀巴中观诠释关注的远不只是表面上的论理或方法问题，却是背后更为根本的社群操守等践行问题。为解此困，宗喀巴及格鲁派建立一整套经过缜密分析的论证步骤及精密细致的术语系统，以支援依义解文地，也就是逻辑一致并合乎理智地解读中观，以别于及反制断见式阅读。

当代西方佛教学者遂以"经院佛学"称谓宗喀巴的智性宗教态度。他们提出"经院佛学"系列特点如下：一是智性对体验的引导与节制，特别表现在比量（闻、思二慧）与现量（修所成慧）之间的因果关系；二是智性讨文本、传统及权威的节制,表现在理证优于经证;三是诸法的真(空性)、俗(缘起)二谛都是现、比二量的所量境,觉悟或解脱需依上述认知为必要条件;四是时智性,尤其概念思维的一致性或不矛盾性的承担与维护,并强烈抗拒托辞"无分别、吊诡、不可说、不可思议"纵容反智、坚持广泛使用比量从事概念分析及命题推论;五是对载负思维与智性的符号系统(即语言)在宗教解行中所担当的角色持积极的肯定态度。

有当代藏族学者特别提到,宗喀巴依经院学态度绝对不会接受对空性作如下解读,这包括主张:一是"超越"或否定排中律或不矛盾律等根本逻辑准则;二是显示概念思维的无能,"放弃"理性以"直观"顿跃至"无分别之绝对";三是空性作为本体论意义的本质,是透过逻辑不一致与"吊诡"被揭示。事实上,说宗喀巴"不接受"上述论点已属温和审慎。宗喀巴中观的基本精神在于彻底把理性贯彻进佛教解脱论内,而纳珀的研究则是把上述所提到的种种现代研究对空义的断见式诠释纳入其对话(或时辩)的对象,再运用前述宗喀巴的经院佛学态度作出驳斥与澄清。

当然,由于纳珀的研究主要是据《菩提道次第广论》"毗钵舍那"品而展开,所以宗喀巴中观佛学内部大量技术性或细节问题都无从兼顾,只集中论证中观的基本方向,这是因为在《菩提道次第广论》中,宗喀巴首次提出他独特的中观诠释,先澄清基本的方向问题,及后到《辨了不了义善说藏论》(简称《善说藏论》)、《龙树中观根本慧论广释之正理海》(简称《正理海》)及《入中论善显密意疏》(简称《善显密意疏》)时才深入处理各种细节问题。

由于宗喀巴侧重破断见多于破常见,重缘起多于重空性,强调知识与价值秩序的相对有效性多于其浮动不定,从而呈现出一整幅深异于汉语学界(无论佛学或中国哲学)印象中的中观画面。印顺法师曾以"偏空"来总结典型东亚佛学对中观空义的理解,而牟宗三也以"无系统相之系统"或"帷旨在消解"来解读中观空义,从而由指中观空义是"证如不证悲",并进一步批评佛教空义是"颟顸而混漫,无以经世,无义以方外"。依宗喀巴的中观理路,亦几乎可以肯定他一定赞成并站在上述二氏一方,申诉对空义的断边式解读。但当空义可依宗喀巴的路线另谋意义时,则确实为中观哲学另辟了新天地,可以说宗喀巴的中观空义于佛教内显然不限于只在一时一地才有价值,而是已成为中观空义的恒久把关者,尤其擅长于分辨以断边见混淆空义、以反智伪冒般若智者。

闯入世界屋脊的人

[英]彼得·霍普柯克　著

对于在全球化之初的西方社会而言,没有第二个像西藏那样锁闭在中亚心脏的地区更能引起西方人的各种好奇与猜想。"在那个地方,嘛呢轮是他们唯一的轮子,他们由神王统治着。西藏始终是旅行家们梦寐以求的极好素材。在一个已经不存在多少秘密的世界上,这里所有的一切看上去都是十分可能的。"因此,"外部世界如何打开西藏大门"是一个值得深入研究的问题。

彼得·霍普柯克(Peter Hopkirk)于 1930 年出生于英国诺丁汉,是英国著名的记者、作家和历史学家。他一生共写作了 6 部关于大英帝国、俄罗斯和喜马拉雅地区的著作,曾被派往非洲担任战地记者,开始对历史、探险、间谍等故事产生了浓厚兴趣。他的著作被翻译成 14 种语言,并于 1999 年被授予珀西·赛克斯(Percy Sykes Memorial Medal)爵士奖章,以表彰他在亚洲事务上的研究。他于 2014 年 8 月去世。

彼得·霍普柯克认为,由于地理与自然环境的阻隔,西藏最初并不阻止西方人跨过他们的边界,甚至访问拉萨,因而早期到达西藏的耶稣会士成员主要面临的考验来自强大的天然屏障。当势力强大的英国和俄国开始把他们的帝国徐徐地扩展到西藏无人防守的边界线时,西藏人为此大吃一惊。"他们为他们的生活方式和宗教,更不用说他们的采金地忧虑万分。从那一时刻起,这个人们心中神奇的中世纪王国变成了一块与世隔绝的土地。"除了对中国内地省份开放之外,西藏关闭了与外界沟通的大门。

18 世纪以来,随着清朝国运的日渐衰落,对西藏的管理与控制并不得心应手。藏边界的封锁丝毫没有阻止西方人的勘探。他们以六分仪、经纬仪与现代化的武器为武装，改换装束搜寻着西藏僻静山口的秘密，与西藏卫兵躲藏周旋，甚至出现了来自 9 个国家的人为获得"第一个进入拉萨"的荣誉而争夺。这些闯入者的身份各异，有探险家、传教士、间谍、士兵以及登山者等，一些人逐渐解开了西藏神秘主义之谜，如长久以来印度圣河起源的谜底，还有些人试图在佛教圣城传播福音。

《闯入世界屋脊的人》①以英国训练的印度间谍在 19 世纪中期的秘密活动作为开始。他们伪装成信众，为大英帝国绘制了西藏大片区域的地图。与英国在这一地区展开明争暗斗的是俄国人，其中尼古拉·普尔热瓦尔斯基试图成为第一个抵达西藏的俄国人。这些闯入者描述了自己如何翻山越岭，如何震惊于西藏的神秘，又如何遭到藏族人的驱逐。他们中有的写下了令人称道的畅销书而名利双收，有的不幸身负重伤甚至再也没能返回。

间断性地窥探与闯入已远远不能满足西方人对西藏的兴趣，随之而来的是洋枪大炮，以 1904 年英国人荣赫鹏带兵进入拉萨为这一时期的顶点，并以《拉萨条约》的签订作为英国利益的体现。在英国皇家地理学会组织下，乔治·马洛里和安德鲁·欧文于上世纪 20 年代多次挑战珠穆朗玛峰。第二次世界大战期间，美国空军运输机的机组成员在中亚上空的暴风雪中迷失了方向且燃料耗尽，迫降在西藏的土地上。他们的故事现已变成民间传说。直到 20 世纪 80 年代，当第一批西方客人开始飞进拉萨时，西藏这片奇特土地的神秘面纱终于被揭开了。

《闯入世界屋脊的人》并不是对 19 世纪 60 年代以来动身前往拉萨的所有闯入者加以详述，而是把他们的经历作了概括性梳理，突出重要人物或有趣的细节，因而该书文笔生动、流畅。

类似主题的著作还有约翰·麦格雷格（John McGregor）的《西藏探险》②。该书分为四个部分：第一部分着重描写了 17 世纪 20 年代到

---

① 参考［英］彼得·霍普柯克：《闯入世界屋脊的人》，向红笛译，拉萨：西藏人民出版社，1989 年。

② 参考［美］约翰·麦格雷格：《西藏探险》，向红笛译，拉萨：西藏人民出版社，1988 年。

18 世纪 40 年代期间，天主教、基督教教士在西藏进行传教活动的情况；第二部分主要描述了英国东印度公司使者乔治·波格尔（George Bogle）和塞缪尔·忒涅（Samuel Turner）为东印度公司打开西藏大门所做的种种努力及他们与班禅喇嘛之间的交往；第三部分对托马斯·曼宁（Thomas Manning）和约瑟夫·胡克（Joseph Dalton Hooker）的经历进行了描述；第四部分则重点谈到 19 世纪后期，英俄两大帝国在攫取对西藏的侵略权益的大争夺中明争暗斗、千方百计向西藏"渗透"与扩张侵略势力的情况。

上述两部著作都涉及 1903 年至 1904 年间英国对西藏地方的侵略。这一事件是英国历史学、地理学和外交学等领域的研究重点，近一个世纪以来不少英国学者都对此进行了详细论述。除了荣赫鹏的《英国侵略西藏史》外，比较有代表性的还有彼得·弗莱明（Peter Fleming）的《刺刀指向拉萨》①和埃德蒙·坎德勒（Edmund Candler）的《拉萨真面目》②。

《刺刀指向拉萨》采用了侵略西藏的主要策划者和指挥者荣赫鹏致其父亲的 40 封私人信件、侵藏英军部分成员的日记、他们实地拍摄的照片，并参阅了英国皇家档案中的有关资料，以翔实的史料揭示了英国侵略西藏的国际政治背景及英俄两国窥伺西藏的种种尝试，特别揭示了印度政府与英国政府在对藏政策方面的重重矛盾。这些史料弥补了汉、藏文史料的不足。关于英国窥伺西藏的动机与尝试、野心与阴谋、失败与成功，以及最后征服西藏的军事、政治社会与国际背景，对研究帝国主义侵华史和西藏近代史很有用处。

该书也存在明显的谬误和偏见。弗莱明把中国与西藏地方割裂开来，把中国内地与西藏的关系说成是"中藏关系"。他在书中大肆吹嘘英军的"辉煌战果"，对他们的"坚忍不拔"大为赞赏，而对英勇的西藏军民在极其艰苦条件下进行的江孜保卫战轻描淡写，足以显示他所持的

---

① 参考［英］彼得·弗莱明：《刺刀指向拉萨》，向红笳、胡岩译，拉萨：西藏人民出版社，1987 年。

② 参考［英］埃德蒙·坎德勒：《拉萨真面目》，尹建新、苏平译，拉萨：西藏人民出版社，1989 年。

立场。

　　《拉萨真面目》的作者埃德蒙·坎德勒原为英《每日邮报》驻印记者,荣赫鹏开始率英军入侵西藏时,他奉令随军。这些亲身经历与战地报道为了解这一事件提供了不同的视角。西藏与英国远隔重洋,风马牛不相及;即便是西藏与印度之间,也有莽莽千万重的喜马拉雅山从中隔断,犹如天然的屏障。《拉萨真面目》重现了英帝国主义侵略军历经数月的艰难跋涉,沿途受到了藏族军民的顽强抵抗,最后武装占领拉萨的史实。

　　虽然坎德勒开篇就极力为英帝国主义的侵略行径辩护,妄图将发动这场战争的责任嫁祸于西藏军民,但实际上却更为清楚地暴露了帝国主义的侵略本质。他最后不得不承认,英帝国主义和沙俄乘中国清朝政府走向衰败之机,在中亚地区乃至于中国西藏进行激烈角逐是这场战争的根本原因。他在书中直言不讳地供认,英国侵略军屠杀了数千名藏人,也从目击者的角度记述了藏族军民不畏强暴、英勇抗敌的可歌可泣事迹。

敦煌吐蕃历史文书考释

[法]阿丽亚娜·麦克唐纳　著

　　法国藏学围绕敦煌藏文写本的研究发轫于上世纪初,并于上世纪中叶渐成气候。1940 年,法国藏学家雅克·巴科等人合编了《敦煌吐蕃历史文书》,阿丽亚娜·麦克唐纳(Ariane MacDonald)于 1971 年发表《伯希和敦煌藏文写本 pt 1286、1287、1038、10471290 号释读,兼论松赞干布时代吐蕃王家宗教中政治神话的形成》。该文是对巴科《敦煌吐蕃历史文书》的深入探讨,长达 200 页,实际上形成了一本专著,又被称为《敦煌吐蕃历史文书考释》①。

　　麦克唐纳是法国女藏学家玛塞尔·拉露的门生,曾担任巴黎高等研究实践学院的研究导师。她精通藏文,但不懂汉文,熟悉藏传佛教。《敦煌吐蕃历史文书考释》是一篇很全面的论文,通过把古代文献与晚期传说中的松赞干布作了一番比较,超越了历史的范畴,对吐蕃佛教之前的宗教具有全新看法。法国藏学界认为该书具有划时代的意义,名噪一时,拓展了学界对于吐蕃佛教之前古代宗教的观念,近年来法国对敦煌藏文写本的研究大都是围绕她提出的问题展开的。

　　《敦煌吐蕃历史文书考释》形式上并没有章节划分,读者仅能根据内容划分章节。起先是对 pt.1286 号文卷进行解读,此文卷的主要意义在于提供了一些有关吐蕃第一位赞普神性起源观念的资料;当所浏览的晚期文献与引证的古代史料不属于同一个范畴时,麦克唐纳借用了 pt.1038 号写卷研究 7 到 9 世纪的吐蕃王权时代以及吐蕃第一位赞普起源的问题;接着解读了 pt.1287 号文卷,这一卷是一篇大事年表,

---

① 参考[法]麦克唐纳:《敦煌吐蕃历史文书考释》,耿升译,西宁:青海人民出版社,1991 年。

以史诗的方式记叙了在吐蕃第一位赞普后裔们执政期间所发生的一系列重大事件。随后解读 pt. 1047 号文卷时,她认为其意义不仅在于确定象雄王李迷夏生活的时代,更在于该文卷是至今所知的可以确定松赞干布执政年代的首要文书。这卷文书反映的是吐蕃历史中的一个时期,当时政界特别崇拜本命神,因此这一时期又属于一个由"吐蕃古代宗教"信仰所支配的时代。她根据对这一文卷的解读重新探讨了 1287 号文卷中的 11 和 12 段,对这两段所涉及内容的时间进行界定;随后解读的文卷为 pt. 1290 号,主要是"十二个小王国"的图式与有关第一位王家先祖的传说的问题。

在对这五卷文书探讨结束后,麦克唐纳作了一些总结和感想。最后,她回到沙门贝允丹①所宣布的赤祖德赞即位的文告上来,由此展开对吐蕃王权理论的阐述,由此对"祖"和"祖拉"进行了探讨,此处还涉及到了斯坦因藏文写卷 I. O. 735、733、734 号写卷。

麦克唐纳考释所用的文献以及著作内容之广泛,数目之庞大在西方藏学界都是不常见的,不仅涉及到国内外的佛教、苯教晚期的早期文献,还在论证或者考证的过程中,既在不同的文献之间对照,又在同一文献中前后对照,充分显示了她丰富的学识和对文献的掌握程度。她精通藏语,因此可以直接借助大量的古藏文文献来解读文卷。由于对古藏文断句断词的不同导致了不同的解读。全书涉及了许多价值极高却少见的文献。

其中,成书于公元 8 世纪的《五部遗教》属于藏文文献,麦克唐纳将其与 pt. 1286 号文卷对比来试图说明吐蕃第一位赞普的血统和来源问题。这一问题还涉及了成书于 14 世纪(经过整理逐渐完成)的《什巴续部之歌》和成书于 15 世纪末或 16 世纪初的《说库如意宝》等。全文在多个问题的探讨中参阅了《旧唐书》。值得一提的是一些石刻,如工布石刻中有关聂赤赞普下凡时到达拉日江拖山以及借赤德松赞墓附近石柱上的碑文,说明在吐蕃王权理论中佛教的分量。

麦克唐纳解读的过程是相当严谨的,所下结论是在参考了众多文

---

① 原书中这样写,应为贝吉允丹。

献和资料之后进行的,尊重客观事实却不乏自己的见解,通篇充满着历史学的思辨。在解读 pt. 1047 号文卷的过程中,麦克唐纳认为吐蕃的占卜术曾受到汉地影响,其中列举的一篇文书《十二枚铜币占卜法》将撰写该文书的功德归于孔子的弟子之一,而此人的身份牵扯到一些话,如"孔子具有魔力的儿子总结了许多占卜书,并且笔录成书"。关于孔子这位有思想的儿子在下一句中是这样讲的:"具有魔力的国王李三郎在其坐骑之上写下了这一占卜。"她认为这一手册"可能"是由一位唐朝皇帝所作,接下来从"三郎"的身份以及"孔子神幻之王"是否是"唐太宗"这两处问题进行论说。由于不能确定"李三郎"为哪位皇帝,最终只能得出结论:"我们发现有一位或数位唐朝皇帝在很早之前就被吐蕃人民看作是孔夫子的弟子和占卜专家了"。

该书考证性的释读导致了许多新观点的产生。首先是年代的断代方面,对 pt. 1047 号文卷撰写时间上的考证有着新见解。麦克唐纳主要考证的是松赞干布时代的问题,所采取文献的断代也是很关键的,所以她试着寻找一种与松赞干布的王家宗教同时代的文献。她将这一占卜文书或者至少是其第 1 部分的写作时间确定在公元 640 年或 643 年左右,依据是该文书中第 3 节和第 5 节显示出则摩巴宇神为预言作保似乎仅仅对他们同时代的人才有意义和有利,并且是在为发动对象雄的战争而作准备才有所提及。这次战争于公元 634 年至 644 年间以一场大捷而告结束。

其次是关于内容上的释读,麦克唐纳对 pt. 1287 号文卷第 1 段的释读有着自己独特的观点:琼瓦之王支贡败于娘若香波王子罗阿木之手,支贡氏族的两位成员大夏氏和纳囊氏向罗阿木讨还血债。支贡氏族中札族的一位遗腹子聂来杰(或聂拉杰)寻找赞普的尸体并举行葬礼;支贡的儿子在重新征服该王国和琼瓦达则复位的过程中发挥了很大作用。最后探讨了支贡和聂来杰谁为该节主人公的问题,得出这一节既可以作为王统世系的组成部分,又可作为大相世系牒的组成部分。

除上述之外,在释读大事年表第 3 段前,麦克唐纳提出了与巴科等人不一样的观点。后者认为琼瓦达则的家族除了支贡和布带贡甲之外,未提及的赞普的作用肯定有限;麦克唐纳则认为第 2 段的标题是大相世系牒，内容上涉及赞普的地方很少，完全正常。同时，大事年表中第3段记载的内容为琼瓦王国在合并年噶尔和岩波地区的早期过程，她认为之所以突出森波杰两个小王国大相的作用，可能是因为本节主要是从大相世系史的角度写作的。

《敦煌吐蕃历史文书考释》没有一个索引，又探讨了大量的问题，阅读起来并不轻松。其内容犹如瀚海般深广，随处可见精彩的释读和崭新观点。该书最大的意义不仅在于为《敦煌吐蕃历史文书》的考释提供了诸多正史上记载缺失的史实，还在于其中提出的一些新观点，成为之后藏学领域广为探讨的问题。从藏学发展史来看，该书无论从篇幅、内容、研究方法，还是后续反响上，都无愧于里程碑式著作。

此后，麦克唐纳在石泰安的指导下与人合作，分别于1978和1979年影印发表了两辑《巴黎国立图书馆所藏敦煌藏文书选》。这两辑文书的序言和说明中，对每卷文本都作了提要，指出了其标题、内容、纸张、字体、篇幅及研究情况。这批敦煌藏文文书被公之于世，有力地推动了世界各国对敦煌藏文文书的研究。

发现西藏

［瑞士］米歇尔·泰勒　著

　　有关西方旅行家行走西藏的文献浩如烟海,且不少文献都分散在许多丛书和文集中。瑞士学者米歇尔·泰勒(Michael Taylor)的《发现西藏》①是一部以西方"发现西藏"为线索的文献综述,该书的英文副标题为"从马可·波罗到大卫-妮尔",对自元代以来的近 700 年间,西方不断派出使节和探险家入藏的历史进行了梳理。

　　德西迪利、古伯察、伯希和、荣赫鹏和大卫-妮尔等人发现西藏的过程已在相关著作中进行了介绍,倒是在德西迪利之前中世纪欧洲与西藏关系的研究屈指可数,即当时西方是如何发现西藏"存在"的? 是一个有待深入的问题。米歇尔·泰勒通过在大英博物馆、威尼斯国立图书馆、慕尼黑巴伐利亚州立图书馆、斯德哥尔摩的民族学博物馆、华盛顿国立图书馆人类学档案部等地搜集资料的基础上,在《发现西藏》中回答了这一问题。

　　西方对于西藏的"发现"是从传说开始的。1145 年,由叙利亚加巴拉的主教致教皇欧仁三世的一份报告,提到了一名叫做约翰的国王:"他生活在东方最为偏僻遥远的地方",取得了对不信基督者、波斯人和米迪亚人的伟大胜利。当时最远的东方尚指中亚地区,而约翰的故事是真实和纯粹臆想事件的混合物。它反映了十字军时代欧洲人对军事的崇拜、对东方之显赫景象的梦想,同时也是在亚洲腹地某些事件的含糊不清的反响。

　　无论是否以真实情况为基础,约翰的故事在西方变得极其受人欢

---

① 参考［瑞士］米歇尔·泰勒:《发现西藏》,耿升译,北京:中国藏学出版社,1999 年。

迎。中世纪的欧洲认为亚洲是"一片遥远而神秘的未知之地"。整个中世纪的舆地学权威希罗多德（Herodote）、斯特拉波（Strabon）等人都讲到了东方的神话人物和奇特事件，从而在西方维持了一种对于东方的强烈兴趣。阿拉伯人的旅行故事通过西班牙和西西里一直渗透进欧洲，虽然有时遭到了严重歪曲，但又增强了这种兴趣。此外，有关东方财富的许多故事在欧洲受到了献媚般的欢迎，有关一个比撒拉逊人更靠东方的基督教政权的传闻，使那些被征募进十字军中的士兵们感到欢欣鼓舞。

泰勒认为，是谁杜撰了这种伪造文件和怀有什么目的无关紧要，"我们应该考虑的是，在东西方之间建立这种最有意义的接触的时候，这一伪造文件促进了一种向往和产生了一种希望。发现东方（更具体地说是发现吐蕃）首先应归功于一种狂热向往的梦想，因为一种异国趣味的虚假形象和吸引力往往是地理大发现的缘起。正是到了后来，当这种具有异国情调的超现实思想彻底渗透进了欧洲共同的想象力之中时，欧洲便出发去寻找新的和非常真实的地区。"

但真实的历史却是东方首先闯入了西方，而不是西方首先发现了东方。蒙古骑兵在驰骋于几乎整个亚洲之后，又入侵了匈牙利平原，直到 1241 年渡过了多瑙河。在蒙古人撤兵后，欧洲人决定向东方派出使者，其目的是搜集有关鞑靼人及其势力、意向和战略计划的情报。一个名叫柏朗嘉宾（Plan Carpin）的修士于 1245 年启程，他与搭档决定穿越欧亚大陆向蒙古进发。他们沿古丝绸之路的草原荒坡前进，然后又偏向东北方向，绕过了天山山脉，避开了巴尔喀什湖的荒凉湖岸。在翻越了吐蕃北部有 1600 公里的阿尔泰山后，他们穿过了蒙古草原的西半部，并最终到达目的地。蒙古人原以为他们是来向可汗效忠的，却发现是鼓动可汗效忠于他们的上帝和教皇。他们一边遭到驱逐，一边沿途考察。

柏朗嘉宾来到蒙古边界一片由"人—犬部族"居住的地区，"人—犬部族"的人都被描述得特别凶残并善于攻击。他们被"人—犬部族"吓跑之后，便进入了吐蕃地区。柏朗嘉宾写道："吐蕃人具有一种神奇的，或者更应该说是可憎的习惯，这就是吞噬他们的父母。因为当那里有人死亡时,他们便将其全部亲戚集合起来并美餐一顿。"在中世纪前往西域的西方旅行家们眼中,吐蕃人为"食人生番",因为苯教仪轨中留下了踪迹,与他们捕风捉影到的有关西藏人的殡葬活动混淆在一起了。

在柏朗嘉宾返回欧洲不久,法国国王决定再向蒙古地区派出使团。这次出访的主要人物是鲁布鲁克(Guillaume de Rubruquis)修士,他不仅在蒙古会见了大批吐蕃喇嘛,还深入到吐蕃境内提供了该地区更为明确、具体的形象。他首次向西方介绍了藏传佛教思想:"他们身披黄袍,一旦被剃度之后,便要遵守贞洁,由一二百人组成同一教团。他们无论走到哪里都佩戴由 100 或 200 颗珠子穿起来的念珠,就如同我们这里的人佩戴的念珠一样。这些人口中始终用他们的语言念诵'唵嘛呢叭咪吽',正如他们之中的一人向我解释的那样:'佛爷,您知道……'"鲁布鲁克甚至旁观了僧人之间的宗教辩论,指出藏族人信仰灵魂转世论和各种神灵的存在。

鲁布鲁克还介绍了西藏的黄金,他写道:"他们的地区如此盛产黄金,以至于需要黄金的人只要让人掘地就可以随心所欲地得到它。剩余的黄金被埋回土中,他们也把黄金储藏在箱子或小房间中,并将此作为其宝库。"随着岁月的流逝,西方人逐渐消除了对蒙古人入侵的恐惧,而有关黄金的暗示促使旅行家们关于西藏的遐想,商人和传教士形成了接下来从西向东的第二次旅行高潮。

马可·波罗(Marco Polo)是中世纪欧洲发现西藏的最杰出人物,他于 1271 年陪同父亲前往中国。他们在中国居住了近 20 年,在四川山区旅行期间,马可·波罗遇到一些吐蕃人,从而形成有关吐蕃文明的某种印象。他随后进入长江上游的藏区,写道:"吐蕃州如此之大,以至于其中有 8 个小王国。"吐蕃虽然归附于忽必烈汗,但该地区仍由萨迦派最高的喇嘛治理,而且其权力也仅在吐蕃中部的宽阔谷地得到承认,其他地方则由互相对立的小头人维持着一种无政府状态。

相对于马可·波罗生活的水上威尼斯,他对吐蕃人身穿带油脂的羊皮袄表现出一种好奇。他感受到在其他任何地方都未曾见过的奇特而又别致的风俗习惯,例如对吐蕃的情爱习俗的描述中,当地的少女可与过往的行客留宿,行客只需向她们赠送"一只小耳环或某种小东西"。

少女们可以非常自豪地炫耀这些爱情的信物,将它们作为自己曾被人追求过的物证。他写道,女子在婚前应该至少积攒 20 件这样的信物,婚后则要忠于她们各自的丈夫。

马可·波罗游记中还介绍了西藏的巫术。他情不自禁地提到,"吐蕃人拥有分布在所有地区的巫师和占星师",吐蕃的某些巫师有吃人肉和使好天气降临的魔力,并使人们相信这些招魂卜卦术是以圣洁之心和通过上帝的功绩而完成的。这些记述无疑刺激了西方人对西藏的兴趣。

西藏佛教密宗

[英]约翰·布洛菲尔德　著

　　藏传佛教教义侧重于大乘,大乘中显、密俱备,尤重密宗,以无上瑜伽为最高修习次第。藏传佛教的这一特征由寂护和莲花生等人于8世纪下半叶在吐蕃布教时就已经表现出来。寂护和莲花生把印度的显、密二宗传入了吐蕃,这时的藏传佛教密法叫作"旧密法"。11世纪初,由仁钦藏波在吐蕃传播的密法被称为"新密法"。藏传佛教密宗的名称很多,诸如"密教""神密教""金刚乘""藏密"等。

　　藏传佛教认为语密(口诵真言)、身密(手结契印)和意密(心作观想)这三密同时相应便可以即身成佛。密宗的教义主要体现在由善无畏翻译的《大毗卢遮那经》、金刚智翻译的《金刚顶经》等佛教经文中,它们是密宗的重要经典,金刚乘即以这些经文为基础。密宗在藏传佛教中占据着很重要的地位。顾名思义,"密教"确实很"神秘",甚至到了"只能意会不能言传"的程度。神秘性往往又是产生好奇或热潮的根源。近30年以来,西方国家中出现了一股学习、研究和修持藏传佛教密宗的热潮。他们认为大乘宗中的金刚乘是一种奇特的修持奥义,它提供了实现人类于其中看到否认了幻觉的自我和进入自我神性的大乘之中的一种智慧。

　　英国学者约翰·布洛菲尔德(John Blofeld)就是这股浪潮中的一个典型人物。为了学习密宗,他长期生活在印度、尼泊尔、巴基斯坦和缅甸等地,拜多名旅居国外的藏族喇嘛为师,受灌顶仪轨。他自称宁玛巴喇嘛,曾多次到藏区进行考察,算得上西方的一名藏传佛教密宗的崇拜者和获得真传的人了。布洛菲尔德早年曾有过一部英文藏学著作《在接近涅槃的边缘》,1970年在伦敦出版了这部原名为《法与力,西藏密宗奥义修持指南》的《西藏佛教密宗》①，受到学界好评。

金刚乘是在中国西藏和蒙古地区占统治地位的大乘佛教之一宗。这是一种非常适用的修习奥义的形式。为了实现人能看到其自我之幻消失，并进入其自我神性的大乐之中的智，它提出了许多具体、明确的修持技术。一千多年以来，这些修持术在印度的那烂陀大学得到了发展。存在于思想中的奥义或对神圣真谛的追求，无论在哪里始终都寄身于一小批人中，但密教奥义的修持术却很少与其他宗教或佛教中的其他宗派具有相似性或共性，它的大部分修持方法是独一无二的。除了对于那些学习佛教和心理学者们的深刻意义之外，这种学习还可以帮助那些试图揭示表面和一直深入到任何智慧、任何神的本源的人。

金刚乘之道是导致控制善恶的道路，是变化之道，心力于其中可以把内外物都变成武器。这样一种变化过程的发展是不容易的，不会因仪轨和神咒而自动获得。它所要求的第一个条件是一种不可遏制的决心，第二个条件是一名上师。这位上师不仅根据经书向其弟子传授奥义，还要根据其亲身经验和一种已获得觉的心来传授。《西藏佛教密宗》主要论述密宗的历史、发展、现状、宗派和修持法，省略了有关西藏佛教密宗的发展沿革和对密宗经文的繁琐议论，是一本了解密宗的入门读物。

在金刚乘的基本修持上，布洛菲尔德认为，日常修持一方面是高级的行为和禅定，另一方面又是"巫术"和"迷信"的一种奇特混合物。因为日常的某些修持均出自前佛教仪轨，这就在于使人所拥有的一切都服从其唯一和最高的目的——密教修持术。在某种程度上，古代"迷信"的并入反映了一种满足普遍人需要的意图，这些人不太可能理解抽象的心理学概念；另一种原因是，在它们的原形中也没有任何理由鄙视这种"迷信"。

从密教的观点来看，积累在善业和修持中度过的时光仅仅会使人虔诚，不把人带向很远，最多只能用于获得减轻很少一部分本世或未来数世中不满的大批功德储备。由善意指导的努力对信徒没有任何裨

---

① 参考［英］约翰·布洛菲尔德：《西藏佛教密宗》，北京：中国藏学出版社，2005年。

益，或者是他成功地在否定自我的实性和排除成为智慧之自动发展障碍因素中略有胜进，或者是他未能成功地这样做。如果发生这种情况，那么他的努力将是徒劳无益的，除非他的宗教修持给他留下很少从事恶业的闲暇。总而言之，所留下的向往都不太可能得到回报。这里确实涉及到了身、语、意的修习，也是成功的唯一手段。

有关金刚乘的著作中，对仪轨和现观或亲见种种的描述肯定占有不合比例的篇幅，因为它们可以被详细阐述，且在各天之间也没有变化。面对这些事件，信徒的反应如同事件本身一样数量巨大而又变化多端。人们可以谈论的一切是，生命在理想中每一时刻都应被慎重地使用，每种形势都成了施教的目标。如果这些教诲能够很好地实施，那么坐下、躺下或站立都应该依赖于此，熬夜、睡觉、做梦、讲话、大笑或逗乐、站起、穿衣、小便和大便、祈祷、玩耍、吃饭及发生性行为（如果不是指一名僧侣的话）的情况也相同。不存在这些人全神贯注地修道而又能够不必注意他们的所作所为，或免除将之用于他们的宗教胜进的机会。

布洛菲尔德认为，在密切注视金刚乘的人中，一些普通人表现出在修持"唵嘛呢叭咪吽"六字真言的禅定；学者们则能够讨论最为微妙的玄学之精妙；那些奥义修持者们还能够现观神祇们的整个宇宙，并完成复杂的仪轨，仪轨中的每种手结契印和每种真言都被以能产生一种特殊的心理答复的方式进行了计算；那些具有超越一般被认为是自然界限之能力的瑜伽行者们以及其他各类信徒，拥有他们的特殊修持形式。

西藏僧侣、尼姑、隐修士、瑜伽行者、结婚的喇嘛、在俗信徒甚至家庭主妇中都有密宗信徒，金刚乘向这些人都提供了与它相宜的和他们能够得到的道路。任何人都既不太聪明又不会过分迷入虚妄之中，既不过分智慧又不太愚蠢，所以都可以在整个这一宗教体系中找到一种适宜于其能力的精神上的胜进方法。生活中的任何一个方面都不会被修待所遗漏，这种修待可以在一个闪烁着光芒和色彩的供堂中或世俗环境中完成，直到修持被放弃和信徒从其大乐的状态中出来，"以适应一种促使他将其真言传给其他人的深刻冲动时刻的降临"。

藏传佛教所宣扬的纯洁而经久不变的福，就是内生的智慧之乐，是心的一种功能。如果密教信徒们宣称他们所追求的目标为神、智慧或觉,那么他们最终所发现的也就只不过是世界本身无垢和无生的心,而这种心又反映在组成它的各种微粒中。在此视野下,金刚乘的信徒们就会不羡慕现代文明在征服外部世界中所取得的进步,因为人们在追求自己心外的福和利中每前进一步,都会增加与之相应的苦难。

藏传佛教密宗的奥义似乎秘不可知、深不可测,讲起来使人很难听得明白,写出来也很难使人看得清楚。《西藏佛教密宗》一书尽管深入浅出、娓娓述来,但仍显得难以理解,对于修持者和致力于密宗研究之外的人更为如此。

西藏生死书

索甲仁波切　著

生与死是人生的两大主题，古往今来，无数生在此生中的人花费大量精力思考死亡是什么，以及人如何才能得到解脱。宗教是关于人类精神世界的建构，必然要回答彼岸世界的问题，藏传佛教也不例外。如果在西方藏学界中找一本关于藏传佛教生死学的著作，那么《西藏生死书》①当仁不让。该书自于1992年问世就引起了轰动，被誉为"一部精神的巨著"，"将西藏古老的关于生死的智慧和现代对生死的研究以及宇宙的本性连结到了一块"，与《喇嘛王国的覆灭》成为最为畅销的藏学名著。

该书之所以如此成功，与作者索甲仁波切的经历密切相关。索甲仁波切出生于西藏，被认为是十三世达赖喇嘛的上师托顿·索甲的转世，从小就进入了20世纪最受敬重的上师蒋扬钦哲仁波切的寺院。正如他在《西藏生死书》自序中写道："藏传佛教有一个殊胜的传统，即寻找过世大师的转世灵童。他们很小时，就必须接受特殊的训练与教育，准备日后成为老师。"在上师的养育下，索甲仁波切对佛法精髓有了深刻的了解，后又前往英国剑桥大学研读比较宗教学，为其在西方传法志业打下了坚实基础。20余年在西方的生活和受教，使他深刻了解西方人的心灵，且能够跨越宗教、文化和心理学的藩篱，写出了《西藏生死书》。

孔子说："未知生，焉知死？"强调人对现世意义的探索，而《西藏生死书》把生和死看作同等重要的事情。"佛教把生和死看成一体，死亡

---

① 参考索甲仁波切：《西藏生死书》，郑振煌译，杭州：浙江大学出版社，2011年。

只是另一期生命的开始。死亡是反映生命整体意义的一面镜子。"该书把人的整个存在分成四个不断而息息相关的实体:此生、临终、死亡、再生。不同于佛教中人死后至再生之间的"中阴"阶段,索甲仁波切把生和死的整个过程都视作"中阴"阶段,由此而形成此生的自然"中阴"、临终的痛苦"中阴"、法性的明光"中阴"和受生的业力"中阴"。

此生的自然"中阴"是生与死之间的整个过程,也就是人们认为的"生"的状态,在整个过程中如果熟悉教法和不断地修行,就能够轻松地面对和走向死亡;临终的痛苦"中阴"是从死亡到内呼吸停止的这段过程,即使对一个修行人而言,这个过程也可能相当痛苦,因为丧失身体和这一生是非常艰难的经验;法性的明光"中阴"是心和它的本性逐渐显露的过程,心从它最纯净的状态,以能量和光放射出来;受生"中阴"也叫"中阴身",持续到投胎下一世生命,这个阶段与临终分解的过程相反,得到无限活力的新肉身。

索甲仁波切用两章说明如何利用自然"中阴"。在"精神之路"中,他介绍了一种修行法门"上师相应法",也就是与上师的觉悟心结合,具体步骤是:"一,祈请;二,利用上师的心要——咒语,将你的心与上师合而为一;三,接受加持或灌顶;四,最后将你的心与上师结合,并安住在本觉之中。"在"心要"中,他介绍了"大圆满法"及其修行方法。"大圆满"是一种"本初"和"全然觉性"的状态,也就是"本性自我圆满"的状态,由于我们的本性被遮蔽了,所以需要修行,大圆满法通过"见、定、行"三个环节的修行功夫,达到体悟本性和完全解脱的目的。

人自有生开始,就对死亡的过程充满了求知欲。索甲仁波切在《西藏生死书》的第一句话就写道:"第一次接触死亡的经验,是在我七岁左右。"显然,关于临终和死亡"中阴"的论述是他的重点。该书认为,死亡包含"外分解"和"内分解"两个过程。"外分解"是五根和五大的分解。"五大"指"地、水、火、风、空"五大元素,"五根"是指"眼、耳、鼻、舌、身"五种感觉器官。人的身体由五大元素决定,外在的世界也是由这五大元素构成,因而人们才得以借助"五根"认识外部世界。死亡来临时"五根"会停止运作;如果临终者只能听到身边人的声音,却分辨不出在讲什么,说明耳识已经停止运作;如果只能看见面前一件东西的轮廓,却看不出细节，表示眼识停止运作了，其他的鼻、舌、身的感觉也是如此。经过了"五根"的分解过程，接下来依次经过"地、水、火、风"四大的分解。

"内分解"是粗细意念和情绪的分解。人去世的时候，贪、慎、痴三毒都消失了，一切烦恼都不再发生作用，这个过程把人们带到本然的状态之中，真性也因而就会显露出来。失去某些东西就意味着会获得另外一个东西，所以人们要利用好这个阶段，对于转化业力习气是至关重要的。

在受生的业力"中阴"中，索甲仁波切介绍了"意生身"。"受生中阴的意生身有许多特色。它具有一切知觉作用，是相当轻灵、透明和活动的。"意生身可以看到人们和其他中阴身的生命，而活的生命却看不到它们。在受生"中阴"的阶段，中阴身会觉得自己有肉身，还会感觉到被自己的业造成的许多景象，"我们会重演过去世的一切经验，重新经历各种很久以前的生活细节"。受生"中阴"持续的时间平均长达49天，离再生的时间越接近，各种颜色的光从六道射出，中阴身会被拉向其中的某一颜色的光，与六道相关的景象就会出现。这时，如果进入的是"人道"，则"会感觉自己来到一座壮丽的房子，或来到城市，或在一群人当中，或看到一对男女在做爱"，自此便进入了下一世的此生自然"中阴"阶段。

"中阴教法则是让我们能够发现和认出这些机会，并充分加以利用的重要工具。"《西藏生死书》传达出的是，在每个中阴阶段，都有相应的修法和解脱法门，如果利用好每一个解脱的机会，就能够获得证悟。人活着时发生的事情与死亡时发生的事情是同一个过程的延续，如果能够体察日常生活中的情绪、意念等活动，认识到它们都是心性的自然能量，就不必等到死亡那一刻才获得解脱。如果活着的时候不能够获得解脱，死亡的时刻也很难把握住各种瞬间即逝的机会，所以活着的时候就应该好好地修行，以便更好地迎接死亡那一刻的到来。

在《西藏生死书》诞生之前，西方社会就对伊文思·温兹（W. Y. Evans－Wentz）编译的《西藏死亡书》颇为推崇。但后者成书时间久远且需要大量繁琐的注释，西方普通读者难以理解，因而《西藏生死书》的成功并非不可预见。索甲仁波切在书中讲述了他亲身经历的许多关于死亡的故事,又对来源于世界各种文明、充满智慧的格言、警句引经据典,让读者既享受读小说的快感,又领悟到高深莫测之感的藏传佛教经义。

《西藏生死书》是传统与现代的完美结合,具体说来是东方的、古代的、精神的西藏传统与西方的、现代的、物质的欧美传统的结合。该书的出现契合了西方现代和后现代进程中的精神迷失,物质文明越是发达的社会往往精神文明越是贫瘠,《西藏生死书》恰好为追求智慧与自由的西方人提供了精神食粮。同时,20 世纪后半叶在欧美逐渐升温的"西藏热",也是这本书畅销的重要背景。总之,《西藏生死书》就是作为世界精神导师的西藏喇嘛奉献给世界的一部绝好的精神经典,它的出现适逢其时。

西域文明史

[法]鲁保罗 著

从战略、政治、经济、文化和交通等方面来看,西域都是一片具有重要意义和令人向往的地区。亚、非、欧三大洲之间,从未停止以西域为走廊开展丰富多彩的交流,既有友好往来,又有军事对峙。塞族人、匈奴人、鲜卑人、月氏人、粟特人、斯基泰人、乌孙人、突厥人、回鹘人、蒙古人、阿拉伯人、伊朗人、斯拉夫人、东罗马人,佛教、伊斯兰教、基督教、祆教、摩尼教、犹太教、萨满教,丝绸、瓷器、茶叶、铁器、金银、中药、香料,都在这片土地上留下过痕迹。无论从哪个角度来讲,研究东西方交流史都不可能不涉及西域问题。因此,西域史研究始终是中外学术界的一个热门话题。

法国著名东方史学家鲁保罗(Jean-Paul Roux)现任法国国家科学中心教授,长期在卢浮宫学院执教。他有关西域史的著作非常多,如《古代和中世纪阿尔泰民族中的死亡》(1963 年)、《阿尔泰社会中的动植物》(1966 年)、《突厥史》(1984 年)、《巴布尔——大蒙兀儿的历史》(1986 年)、《瘸子帖木儿》(1991 年)、《蒙古帝国史》(1993 年)等。这些著作涉及的领域非常广泛,对许多问题都提出了独特的看法,既具有学术性,又具有可读性。

《西域文明史》[①]一书于 1997 年出版,由鲁保罗独立完成。该书非常系统地论述了从古至今西域这个错综复杂的地区,重点放在突厥史、瘸子帖木儿、伊斯兰教史和蒙古史,也涉及了吐蕃的历史,勾勒出西域自古迄今的文明发展轨迹,揭示了西域各民族和各种文化之间的内在

---

① 参考[法]鲁保罗:《西域文明史》,耿升译,北京:中国藏学出版社,2014 年。

联系。

鲁保罗开宗明义地界定了"西域"的概念。狭义的"西域"是指中国新疆地区,一种比较广泛的意义上又指从里海到汉代历史上的中国之间的辽阔领土,而西藏往往作为一个单独的地理结构体加以论述。他在书中把"西域"划定为蒙古和南西伯利亚、今天形成哈萨克斯坦和其他四个独联体共和国(乌兹别克斯坦、塔吉克斯坦、土库曼斯坦、吉尔吉斯斯坦)的主要地区、阿富汗的北部,与赫拉特和木鹿相联系的伊朗呼罗珊和中国的西藏、新疆、甘肃。

鲁保罗认为,西域的历史不是在封闭的环境中发展起来的,"诸多的征服者和民众都涌向这片土地,而骑兵们又从这片土地出发去征服世界。那些曾穿越过西域地面或曾希望进入这片土地并死在这条路上的人,都是大兵团性的,他们有许多人死在这条被一位德国人命名为'丝绸之路'的道路上。"

按照西域文明发展的进程,"公元第一个千年开始很久之后,我们尚未见到过吐蕃人的问题。他们的名称仅有一两次,在讲到汉人时,偶尔被提及过。"吐蕃的古代史属于传说和神话。传说从世界的黎明到公元 6 世纪末,该地区由于其纯洁及距天最近,特别是被神选中,一直由 27 位赞普的世系所统治。吐蕃当时是游牧民族,其中有蒙昧人,也有强盗之类,但淳朴的人更多。中原人曾宣称:"其人或随畜牧而常厥居,然颇有城郭。其国都城市为逻些城(拉萨城)。屋皆平顶,高者至数十尺。贵人处于大毡帐,名为拂庐……不知节候,麦熟为岁首。"

吐蕃的宗教具有非常古老的根基。在苯教和佛教传播之前,吐蕃信仰"祖"。"祖"是一种人间宗教,它相信长生不老和死后的一种幸福生活,从而提高了人世间的生活地位,这种生活是社会公正和人类幸福,而不是伦理完美的理想。苯教是各种古老巫术和宗教的专家,几乎可以肯定是外来的宗教,包含了据说是伊朗人或克什米尔人的传说。佛教在早于松赞干布的时间就进入吐蕃了,只是传入的地区不是吐蕃的中心地带,很少人对此持不同见解,因为当时没有任何人会用文书书写。松赞干布创建吐蕃王朝后,创立了语言文字和正规的行政体制。赤松德赞执政期间,吐蕃人逐渐放弃了"祖"的信仰,开始在官方文献中谈论佛教,佛教于 779 年被宣布为国教。

吐蕃王朝建立之初崇尚武力,他们凭借强大的武力东进,并占领了汉藏走廊的部分地区。在唐朝安史之乱中,吐蕃人入侵了唐朝的整个西部,甚至于 763 年进入了长安。但他们没有长期占领长安,而是在 25 年之后夺取了敦煌。这一时期的吐蕃建立了强大政权,在与草原游民和印度的战争中名声大噪。赞普朗达玛在军事上的失利,以及 821 年和 822 年两次与唐朝的谈判,又使吐蕃人返回高原,尝试称霸的时代一去不复返。但军事上的辉煌必将载入吐蕃的历史,"它进入公众的心中,决定了王权的理想和身份感情中了。它产生了在文学中所表达的史诗的伟大传说,也就是一位世界征服国王的传说,体现在格萨尔身上,人们正等待着他的第二次出现。最后,封建王朝与古佛教的联系孕育了一种神权政治的思想,它最终在很晚的时候才随着达赖喇嘛而落实。"

在吐蕃的对外关系上,一种观点是吐蕃在 1206 年至 1207 年之间就被蒙古人占领过,鲁保罗认为的真相可能是,在蒙古人信仰藏传佛教的同时,也想为两个民族之间的特殊关系寻找到共同的先祖。吐蕃人此时也面临来自其他部落的侵入,因而也最大限度地为其利益而划入蒙古帝国版图。在上都的会议上,八思巴博得了忽必烈的青睐,忽必烈赐予他管理细则的权力,由此开创了朝廷与藏传佛教教团之间持续的特权关系。吐蕃始终在有意或无疑地寻求天朝皇帝的保护,而中央政权从未停止过将西藏作为它的一部分,并在相当长的时期内接受吐蕃的宗教传入。这种密切合作关系对双方均有利可图。

在最初十几年中,达赖喇嘛并没有在乌斯藏地区产生太大影响,直到被称为"伟大五世"的五世达赖喇嘛出现。作为和硕特汗国时期的格鲁派宗教领袖,他确立了格鲁派黄教政治地位和经济地位,建立蒙藏联合政治统治格局,发展了与中央王朝的关系。他还在布达拉宫等许多著名寺院的修建,藏药的制造,历史学、语言学、哲学、文学著作的编写等方面卓有建树。

18 世纪初,准噶尔汗国变得极为辽阔广袤,并多次派兵骚扰西藏。清王朝无法接受这种格局,一方面武力迫使准噶尔放弃西藏,另一方面设立两位驻藏大臣常驻拉萨。从此之后,西藏与中央政府的辖治关系不断地加强,从 1745 年起,立足拉萨的基督教传教士都被迫离去,西藏与外界的联系断绝了一个多世纪,直到 20 世纪前后英国人发动的侵略西藏战争。

西域文明以其浩瀚和博大精深矗立在东方学研究领域。《西域文明史》一书不但介绍了突厥、吐蕃、蒙古、俄罗斯等国家和民族各自文明的发展轨迹,而且从中揭示文明之间的相互影响和联系,信息量相当庞大,有时甚至相互矛盾。该书末尾直指西域的当代问题,在复杂的文明历程中,土地、民族、宗教矛盾都可以触发该地区的动荡,而历史也正是这样反复地上演;但如果对各种文明之间的契合点加以利用,必将推动西域地区的整体繁荣。"从前,丝绸之路造就了西域的财富。这条道路的关闭,意味着西域财富的毁灭,同时也带来了文化的毁灭。古丝路的重开,是否暗示着这片千年古地的复兴呢?"

范德康

范德康(Leonard W. J. van der Kuijp)1952 年 9 月生于荷兰,于 1975 年获加拿大萨斯喀彻温大学学士学位,所学专业为藏学、汉学、蒙古学和哲学;1976 年获萨斯喀彻温大学硕士学位,专业为藏学、蒙古学和满学;1979 年获德国汉堡大学博士学位,专业为藏学、汉学、印度学和哲学。大约在 1990 年,中国藏学界的泰斗王尧给 38 岁的他起了个时髦的中国名字:范德康。如今,范德康是中国藏学界最为活跃的西方学者之一。

考上大学之初,范德康原本计划学习数学和生物专业,却对哲学产生了兴趣。在哲学的分支中,他了解到有关藏传佛教哲学思想的论著,索性转到萨斯喀彻温大学亚洲学系学习印度学。从德国汉堡大学取得博士学位后,他没能立刻找到一份合适的教职,后来经人推荐,在加德满都尼泊尔研究中心担任"尼泊尔—德国手抄本书稿保存项目"的负责人。

1982 年到 1985 年,范德康在尼泊尔开展研究,其间一直与导游这个职业相伴。他于 1982 年第一次来到中国,并带领了一支由德国和英国游客组成的旅行团到西藏旅游。他说:"我觉得自己很幸运,我的同事和学生很少有到过拉萨的。而我毕业后不久,因为邓小平推行改革开放的际遇,我有幸目睹了真正的西藏。这真的跟脑海中构建的西藏太不一样了。学者对西藏的固有认识往往源自西方世界构建出的带有'东方神秘主义'色彩的'香格里拉世界'。但其实,西藏一点都不神秘,相反,它离我们的距离很近,就和我们每天所处的生活环境一样,也在经历着工业化。只是藏民相比较城市里浮躁的人们,活得更有信仰,更平和,也更充实。"

上个世纪 80 年代初期,范德康开始出版专著。1983 年的《11—13世纪藏传佛教认识论的发展》为他打响当红一炮。1985 年到 1987 年之间,他在德国柏林大学担任助教,教授最感兴趣的藏文和佛学,这一时期的主要论著有《关于克珠杰的地方语和方言研究》。直到 1992 年,范德康到美国后才终于找到一份"像样"的教职——西雅图华盛顿大学历史系的客座教授。自 1995 年起,范德康任哈佛大学"西藏和喜马拉雅研究"教授,后任哈佛大学梵文和印度学系主任,研究领域为印藏佛教、西藏文化和政治史、藏蒙和藏汉关系史。

1997 年,范德康出席北京藏学研讨会,提交论文《仁达瓦及其遗著》。2001 年 2 月和 2002 年 1 月,他与费正清东亚研究中心筹划并举办了哈佛藏学研讨会。2011 年,他应邀成为四川大学中国藏学研究所的客座教授,在四川大学开设古藏文文献研读的课程。在他的推动下,四川大学与哈佛—燕京学社共同举办了"7 至 17 世纪西藏历史与考古、宗教与艺术研究国际学术研讨会"。作为博士生导师,范德康指导了数十位博士研究生,其中不少已经在高校谋得不错的教职。

由王尧等人主编的"国外藏学研究译文集"收录了他的 3 篇论文:《关于克珠杰的地方语和方言研究》《一部研究吐蕃王国史的新作》和《拶也阿难捺:十二世纪唐古忒的喀什米尔国师》。《一部研究吐蕃王国史的新作》是他关于白桂兹(christopher beckwith)《中亚的吐蕃王国》一书的评价,他认为,该著作试图对公元 600 至 851 年期间中亚地区政治和军事史进行详尽的描述,是了不起的壮举。但书中的参考文献忽略了此前的一些相关著作,在论述上显得有些单薄,且文中很少提到对原典材料的译解还另有可能,"有些地方读者面对那些干巴巴的结论不免愕然"。范德康从方法学和语言文学角度对该书进行了注解,并补充了该部著作中遗漏的部分参考书目。

在当今全球化时代,藏传佛教的哲学思想更多地被普通民众所了解和接纳。信仰藏传佛教的少数民族主要有藏族、蒙古族、洛巴族、门巴族、土族和裕固族,其他地区和民族的大部分人与藏传佛教研究并无关联,只是为之着迷。范德康认为,中国的藏学研究近年来进步巨大,特别是在汉藏佛学比较研究领域成就斐然,"藏传佛教对汉地的影响较大。但反之极少,不管是教义思想还是仪轨实修,汉传佛教几乎从未对藏传佛教产生过实质性的影响。"

范德康最近一段时间尤其关注佛教思想史方面的研究,正四处搜罗更为全面的材料。他认为,在 8 世纪至 9 世纪初,有若干汉文佛典被翻译成了藏文,但其中大部分的原文是梵文或俗语,并不是真正意义上的汉传佛教经典,部分被翻译成藏文的禅宗传记也未影响藏传佛教的发展轨迹。在蒙元时代,有史料记载很多汉族人皈依了藏传佛教,但是几乎没有藏族人向汉僧学习,到汉地寺院出家。这可能是因为当时藏传佛教整体的知识水平、教育体系以及修行传统高于汉传佛教,"就目前的史料与研究来看,汉传佛教与藏传佛教是两种平行发展的佛教传统,在历史上几乎没有实质性的交互影响。"

上世纪末,范德康与金·史密斯(Ellis Gene Smith)在美国波士顿共同创办了藏传佛教资料信息中心(Tibetan Buddhist Resource Center,简称 TBRC),是一个通过互联网共享佛教文献的实用性学术网站。该网站总计收录大约 1000 万页藏文文献,内容涵盖宗教、历史、哲学、艺术、医学、心理、星相、历算、史诗等方方面面,亦收藏了藏传佛教宁玛派、萨迦派、噶举派、觉囊派、格鲁派以及苯教的诸多文献。该网站既让研究者能更便捷地取得这些文本,又实现了藏文文献的保存。范德康认为,中国藏学研究忽略了对印度相关文献的研究,"想要把藏传佛教研究透怎样也绕不开印度佛教的知识。我接触到越来越多通晓梵文的优秀学者,可是印度学研究在中国的发展还是相对缓慢。"

范德康认为,中国藏学的学术进步离不开全球化。中国的藏学研究越来越与国际接轨,不少学术成果也是世界级的。藏学研究在过去50 年逐步走向国际化,首届国际藏学大会仅有 30 人左右参会,而第十四届国际藏学大会已有超过 500 多名学者出席。目前,绝大部分从事藏学研究的学者都是从研习佛教的角度来进行的,或者说佛学研究中的一部分学者关注点到藏传佛教,而中国学者在实地调查和获取文献方面有自身优势,可以进一步打破西方社会对西藏的"香格里拉"印象。这种带有"神秘主义"的认知是西方人制造出来再输入西藏的,带有浓烈的西方殖民东方的色彩,不是对真实西藏的反映。

钢和泰

钢和泰（Alexander von Stael-Holstein）是一位著名东方学家、汉学家、梵语学者。他出生于俄属爱沙尼亚的一个贵族家庭，1900年获得德国哈勒—威登伯格大学博士学位，后游学英法各国，历任彼得格勒大学助理梵文教授，北京大学梵文与宗教学讲师、教授，清华大学国学研究院讲师，哈佛—燕京学社教授，并长期担任哈佛—燕京学社驻燕京大学的中印研究所所长。

对中国学界而言，"钢和泰"是一个既熟悉又陌生的名字。"熟悉"是因为钢和泰之于20世纪早期的东西方学术界并不陌生。钢和泰是由欧洲传统教育培养出来的一代学术大师，精通梵语、拉丁语、希腊语等古典语言，还能熟悉运用英、法、德、俄等西方现代语言，他重视梵、藏、汉佛教文献与文物史料的考证和对勘研究，每一处研究都致力于"精雕细刻、严谨缜密"，在中印研究、佛教文献研究、语言学和文物收藏等多方面见识独到。他直接影响了中国语言学界的汪荣宝、罗常培、陆志韦、王力等学者，又与伯希和、戴密微、梁启超、陈寅恪和胡适等东西方大家交情深厚。

之所以"陌生"，主要因为中国学术界有关钢和泰及钢和泰研究的资料十分有限。有关钢和泰的书信、著作、文献等一手资料散布于多个国家的多种语言，从事相关研究除了要"周游世界"寻找到资料外，还必须花费大量时间和精力翻译出来。由于很多文献资料无法在整理和研究上得到突破，使学术界长期以来对于钢和泰知之甚少。直到2009年北京大学出版的《钢和泰学术评传》，才较为全面、系统地概述钢和泰生平及其学术生涯。

在钢和泰一生的著述中，绝大多数基于佛教文献的对勘与考证的基础上，其中 90％以上直接涉及到藏文佛典、藏传佛教造像以及藏、梵、汉文本佛教文献的对勘研究。从这个意义上来说，钢和泰的研究绝大多数属于藏学研究，他在藏文佛教文献与其他文本对勘研究方面著述最多，还曾经在 1934 年集中精力研究过《甘珠尔》，对藏、汉、梵等佛教经咒的音乐材料一直具有浓厚的兴趣。

钢和泰于 1913 年发表的《犍椎梵赞》是其对多语种佛教经咒赞语对勘研究方面最早的成功之作。该书主要研究《犍椎梵赞》的梵、藏、汉文本的版本源流并将 3 种文本进行对照比勘，包括藏、汉、梵逐行对勘、注释和索引。他认为，利用经咒音译材料可以有助于古音韵的构拟，尤其是汉语古音韵的构拟。该书在佛教文献学方面的价值在于：长达 50 多页的 68 个注释以及近 30 页的 272 条索引，为佛教、历史、语言和文献等众多领域的学者提供了极大的方便。因此，该书不仅是学术界利用藏、梵、汉对音探求中国古代音韵的最好材料，还是研究佛教文献典籍语言和版本源流的典范作品。

《犍椎梵赞》在应用汉文音译材料和藏译本佛经对勘的基础上构拟了梵本佛经的原貌，可见钢和泰早就注意到了藏汉佛经译本的重要性。他注意到许多已经散佚的梵文原本在藏文经典里有完整的译本，并竭力倡导利用藏文译本是佛教文献研究、佛教语言研究的重要方法之一。懂梵文是佛教历史研究中不可或缺的条件。然而，对于一位佛教史学家来说，只懂梵文是绝对不够的，因为汉文佛教翻译的梵语原典有许多已经丢失。除了梵文和汉文之外，佛教史学家还应该学习藏文，因为有大量的古代佛教典籍如今既没有梵文原本，又没有汉文译文，而只存在于藏文译文中。

英文著作《大宝积经迦叶品汉藏梵六种合刊》于 1922 年前后编就。钢和泰在书中将大宝积经迦叶品的梵本、藏译本和 4 种汉译本进行逐段排列比较对照，是多语种、多版本佛教文献对勘研究的经典性作品。1933 年出版的《大宝积经迦叶品释论（藏汉对照）》正文部分是逐行藏汉经文对勘，该书序言中对国际学术界对大宝积经迦叶品释论的研究状况作了全面介绍，并对迦叶品释论的藏汉两种译本的版本及其学术价值作了考证和分析。钢和泰扎实的学术功力和研究的重要价值,在此书中再次得到了淋漓尽致的展示。《两座喇嘛教神殿》于 1937 年钢和泰去世后不久出版,书中收录的数百尊佛教雕像和画像都是他在北京故宫喇嘛庙里发现后逐一拍摄下来的。该书奠定了藏传佛教图像学的研究基础,对于后来的藏传佛教艺术领域,尤其是佛教人物图像学领域的研究属于里程碑式的作品。

除了上述著作之外,钢和泰发表的 20 多篇论文中,绝大部分与藏文佛教典籍、藏传佛教造像、藏族历法等有关。其中仅英文撰写的主要篇目就有《诸佛菩萨圣像赞评注》《一份在乾隆年间译成梵文、在道光年间译成汉文的藏文文献》《论两幅象征达赖喇嘛和班禅喇嘛先辈的画像》《论迄今不为西方学者所知的一部北京版藏文〈甘珠尔〉》《简论 60 年饶迥藏族历法》《佛说圣观自在菩萨梵赞》《乾隆皇帝与大首楞严经》等。

钢和泰的大部分藏学研究成果艰深、晦涩,但对中国现代意义的藏学研究形成和发展起到了直接的推动作用。他有关藏文佛典方面的研究涉及面极广,其中包括语言学、文献学、宗教学以及文物收藏等等,使当时的学术界大开眼界,受益匪浅;而其研究方法为此后的藏学研究起到了一定的示范作用,在一定程度上直接影响了中国近现代学术的规范进程。

钢和泰对中国藏学的贡献还应包括他在佛学、藏学领域所做的人才培养工作。他培养了一大批从事佛教文献研究,包括藏文佛经研究方面的学术新秀。他们中不少是哈佛大学派往中国留学并在中印研究所研修的青年学者,还有许多是来自海内外长期跟从钢和泰从事学术研究的助手或学生,中国著名藏学家、语言学家、教育家于道泉便是其中之一。

于道泉 1901 年生于山东省临淄县,1924 年从山东齐鲁大学毕业后,担任了钢和泰的随堂英语翻译,并跟随其学习梵文、藏文、蒙文,研究佛经。在这一过程中,于道泉与钢和泰亦师亦友,对钢和泰的研究方法逐渐熟悉,直至熟练掌握并运用到自己的研究成果中。从于道泉的代表作《第六代达赖喇嘛仓央嘉措情歌》《达赖喇嘛于根敦珠巴以前之转生》《乾隆御译衍教经》《译注明成祖遣使召宗喀巴纪事及宗喀巴复成祖书》等藏学论著中,可以看到从钢和泰那里传承下来的研究路数,明言在"文中藏文及梵文之拼切法,乃采用钢和泰先生于《大宝积经》中所用之方式"并为此致谢。钢和泰对于道泉也极其倚重,不仅让他担任翻译,还让其代为搜集相关的研究资料。

金·史密斯

　　金·史密斯(Ellis Gene Smith)1936年出生在美国犹他州奥格登一个摩门教家庭。他1959年获美国西雅图华盛顿大学亚洲区域研究学士学位,1960年至1964年间在西雅图华盛顿大学攻读硕士学位,专业是蒙古语和藏语。上个世纪50年代起,美国洛克菲勒基金会在美国和欧洲资助成立了9个藏学研究中心,其中一个设在位于西雅图华盛顿大学的远东和俄罗斯研究所。金·史密斯有机会和西雅图的藏族人一起生活,学习藏族的文化和宗教,在此间结识了萨迦派的德雄活佛,受后者的指教颇多。

　　1964年,金·史密斯完成博士科目的资格考试后,前往荷兰莱顿大学学习梵文和巴利文。在德雄活佛的建议下,他又远途游学印度。在印度期间,他多方求学于藏传佛教的各派学者和高僧大德,赴印度和尼泊尔边区生活,与在那里的藏族人亲身接触中了解藏文化。从1968年开始,金·史密斯在美国国会图书馆设立在印度新德里的分部任职,先后担任藏语和印地语顾问、办公室主任助理、办公室副主任、海外项目主任助理等职务。1985年至1994年间,他被调到印度尼西亚雅加达,担任美国国会图书馆雅加达办公室主任;1994年至1996年间,他到埃及担任美国国会图书馆开罗办公室主任。

　　在美国国会图书馆工作期间,他通过参加美国国会图书馆研究项目,开始在世界各地搜集藏文文献,尤其是抢救和重新印刷了大量来自西藏、尼泊尔、布丹、锡金和印度的藏文文献。他搜集的方式有:一是用自己的积蓄购买藏文文献,二是对私人收藏家收藏的文献进行翻印,三是通过对各地馆藏地进行扫描,四是通过互相交换文献。历时20多年间,他为美国国会图书馆购买了近 5000 函的藏文文献。

金·史密斯 1997 年从美国国会图书馆离休,随后担任喜马拉雅及亚洲资料图书馆顾问,这是一家非盈利的研究资料机构,专门用于保存和使用藏文文献。1999 年,他与哈佛大学藏学家范德康合作成立了藏传佛教文献中心(Tibetan Buddhist Resource Center,简称 TBRC),以金·史密斯个人收藏的藏文文献为主,开展藏文文献的收集、整理、编目、信息化等各项工作,尤其是抢救流散的藏区各个地方的藏文古籍。经过长时间的努力工作,该中心已是中国以外的藏文文献最为丰富的图书馆之一。2007 年,金·史密斯先生在藏学家土登尼玛活佛的陪同下,与西南民族大学签订了藏文文献的捐赠协议书。2010 年 12 月 16日,金·史密斯先生在美国波士顿家中去世,享年 74 岁。

金·史密斯对藏学事业的最大贡献在于推动藏学文献数字化网络库。由于历史原因,大量的古藏文手稿和写本自 20 世纪之初流落西方,这些文献以书本的形式存放在不同国家的图书馆,藏学研究者们受到地域限制,不能在第一时间全面查阅所需资料,而金·史密斯先生开创的藏传佛教文献中心改变了藏学研究的这一局限性。该中心不仅收藏了佛教经典文献,还涵盖了苯教的经典文献,文献的查找可以从人物查找,也可从历史、区域、寺院等方面查找到经典和相关大师,为国际藏学研究开拓了新起点。

除搜集、整理藏文文献外,金·史密斯自身的藏学研究也具备顶尖水平。2001 年,波士顿的智慧出版社出版了《藏文文献通评:喜马拉雅高原的历史和文学》一书,当中收集了金·史密斯写于 1961 年至 1973年间的 20 篇序文,介绍当时他在印度整理出版的藏文文献。这些序言第一次结集成书,为研究西藏宗教、历史和文学的学者提供了极为难得的材料。该书一共分为 6 个部分,前 4 个部分按照教派划分:

第一部分介绍宁玛派的传承和当时出版的宁玛派大师堪布·阿旺巴桑的自传以及隆钦·热绛巴的传记和著作,并对宁玛派的产生以及对后来其他教派的发展关系作了独到而又深入浅出的解释。金·史密斯指出宁玛派在 17 世纪得到了复兴,这与格鲁派的兴起和掌权有着密切联系,其中的关联需要学者们作进一步研究。第二部分介绍噶举派的重要著作和一系列噶举派的重要分支教派。他介绍了噶举派特有的一种传记写作风格,统称为金蔓,把宗教传承和文学风格结合起来极大地拓宽了研究领域和视野。第三部分是有关萨迦派的论文。他对《汉藏史集》中记载的萨迦款氏家族史和洛沃堪钦·索南伦珠对萨迦班智达的《正理藏论》以及米拉日巴道歌的评注作了介绍,并进一步就萨迦派对西藏逻辑学发展所作出的贡献作了分析。第四部分介绍了格鲁派的重要著作,包括第一世班禅大师罗桑确杰坚赞的自传,以及西藏政治史、宗教思想史上的重要人物土观·罗桑确吉尼玛和第八世达赖喇嘛的经师传记,他结合其他文献介绍了当时复杂的汉、藏、蒙关系,西藏与廓尔喀、不丹关系在内的西藏的政治形势。

该书第五部分介绍中古时期藏文文学和艺术发展史,主要是布顿大师和布顿学派有关的佛教经典以及世俗文学、艺术和科学传统。第六部分的两篇论文介绍了近代著名的藏族学者米庞和 19 世纪的哲学辩难,以及嘉木贡公楚的非教派运动的文献。

金·史密斯的研究拓展了西方传统经文分析法。19 世纪末,受到梵文学者的研究影响,学者关注于藏文经典的历史来源及与梵文典籍的传统关系,经典分析研究对西方发展佛教哲学和修行起了很大作用,也引起一些西方藏学家对此方法的反思。在金·史密斯的藏学研究中,藏学并不是一门孤立而狭隘的研究领域,其牵涉远到印度的早期佛教思想史、文学艺术史,西藏与中亚地区的关系史,当然更不必说和中央朝廷的交往史。他没有将西藏的佛教思想史孤立于文学史或通史之外,而是把这些重要的主题都紧密而有机地连接起来,通观全局。由此给藏学界的启示是:西方传统经文分析法不仅要研究经文的思想内容和历史意义,还应该研究他们出现的社会条件,诠释和阅读文献中的非确定性,并从人类的共性和普遍性上思考经典文献。

在金·史密斯的追悼会上,与会的藏学家高度肯定了他在藏学领域作出的贡献。藏学家土登尼玛活佛称其为"具有六度精神的藏学家":第一个品德是慷慨布施,将他一生所收集的藏传佛教典籍和藏文文献无私奉献给世界;第二个品德是律己持戒,以最高的质量、最高的准确度、最严谨的方法完成研究和项目;第三个品德是耐心忍辱,勇于接受任何一项艰难的工作,耐心地将其向前推动;第四个品德是乐观精进,毅然放弃所有的财物,不辞辛劳地搬运所有他所搜集的文献典籍;第五个品德是专一,专心致力于他所从事的文献项目,具有禅定的精神;第六个品德是智慧,不仅精通各个喜马拉雅地区的文化,还了解不同地区的相关历史和传统。

拉露

　　玛塞尔·拉露(Marcelle Lalou)于 1890 年 8 月出生在位于巴黎和凡尔赛之间的默东—贝尔尤维村。根据当地风俗,她青年时代从未参加过任何考试,一生未曾得到过任何毕业文凭。但她并没有满足于一般性的社交消遣活动,而是刻苦自修学问。从 1908 年起,她在巴黎大学旁听历史和艺术课。第一次世界大战爆发后,她作为志愿护士在军队中服役,由于对工作的忠诚而荣膺奖章。

　　拉露 30 岁之前从未研究过东亚,可能正是她以自学起家,才没有受到学校课程的约束,逾越了学校传统教育的障碍。正如她经常和同事、朋友们所说的那样,由于偶然的机会,她才决定将毕生的精力献给印度学和西藏学研究。第一次世界大战结束后,她决定拜求名师指导,师从于法国著名印度学和佛教学家西勒万·列维(Sylvain Levi)学习梵语,又在藏学家雅克·巴科的指导下开展藏文文献研究。

　　20 世纪中叶以前,法国的藏学或者说欧洲的藏学还处于雏形状态,并未形成成熟的体系。相关藏学论述大多是以学者个人为学术主体的分散研究,藏学仍然是少部分人的事业。相较于石泰安、戴密微等人,无论是在佛学界、藏学界或是在敦煌学界,拉露的知名度和关注度都不高。人们习惯性地认为,她的贡献仅仅停留在 3 卷本的敦煌藏文注记目录的编制上,除此之外并无过多的成绩。这种观点无疑是片面的,人们注意到的往往是事物发展到鼎盛时期的状态,而忽略了萌芽之初。拉露所处的学术发展阶段影响了人们的认知。

　　拉露的第一项研究成果是于 1921 年发表的《云使》法译文。该书与其说是一部语言学著作,还不如说是一部艺术学著作。她本意是向读者们介绍诗人的作品,将每个偈句都分成长短不等的两句,左边一行是全句的基本内容,而所有的修饰词和辅助句都置于右边一行。由于这一新的排列方法,人们阅读起来就方便多了。该经文译成法文发表之后,拉露把主要注意力集中到语言学方面。她在书目学、版本目录学、索引和残卷文书考证方面开展了大量工作,对国立图书馆所藏的伯希和敦煌藏文写本进行了修补、编目和考证。她又陆续发表了一批有关绘画学和文献考证方面的著作,尤其是根据毗奈耶的藏译文而考证了一批绘画。

伯希和从敦煌带回来的那批藏文写本不仅数量巨大,还是至今所发现的最古老的藏文写本,内容包罗万象,既有普通文书,又有经典文献。拉露从中发现了许多对研究西藏语言发展及词汇学具有重大意义的文献,以及有关墀松德赞年间的佛教、幻术、密教、仪轨、书目学等文书。她一生的才华也主要表现在对这批写本的清理和编目工作中:为了估量各卷敦煌藏文写本的价值,她清理和裱糊了所有写本,把已撕碎和分散的残片收集了起来;她必须辨认解读那些前所未见的不平常的古藏文字体,确定那些专有名词的词义,还要熟悉这些文献中特殊的笔调和语法;她为此汇编了相当多的藏文词汇,全文抄写了巴黎所藏藏文写本的所有段落。这批写本的数量相当庞大,在拉露自己的目录中就包括 2216 条。这些成果最终以 3 卷本的《巴黎国家图书馆所藏伯希和敦煌藏文写本目录》问世。这部巨著按照题材进行分类编目,并附有专门名词和特殊字的索引,一举奠定了她在藏学界的地位。

自 1927 年以后,拉露集中精力研究西藏的佛教文献。她开始从事对《宝积经》藏译文的研究,后转向《般若波罗蜜多经》研究。1930 年,她在高等实验研究学院历史语言科学系发表了《文殊师利根本仪轨》的法译文,文中论述的是丝绸绢画。此后,她又在对密教的探索方面作出了一定的成绩。当完成敦煌藏文写本编目之后,她挑选其中的一部分发表,鼓励学生们继续研究其余的写本。基于个人的实践,她还编写了一部《古典藏语基础教材》,目的是为向其他藏学家们推荐她的经验。

1932 年至 1934 年间,拉露代替巴科在巴黎高等实践研究院授课。从 1938 年起,她继巴科任该学院历史和语言学系西藏文献研究导师,一直到 1963 年退休。作为一名教师，拉露可谓尽心尽责。她对每一次研习会都认真准备，准确记录每位听讲者的出勤情况，严格要求学生的作业和论文，并给予有益的修改建议。根据巴黎高等实践研究院的记录可知，拉露任教期间以敦煌藏文手卷的释读为主要研讨内容，在目录编整之余，她对零星的片段进行研究，并将研究成果和心得在课堂上讲授给学生，很多人都是通过研习会了解法藏敦煌藏文手卷的相关内容。

如果从法国藏学研究的整体发展趋势来看，第二次世界大战之前的法国藏学研究呈现出点状的分散特点，没有统一的研究主题，研究力量薄弱且不集中。到了第二次世界大战后，敦煌藏文手卷逐渐成为研究的主要对象，吐蕃历史成为新的研究热点，新的藏学研究机构出现。拉露在法国藏学发展中发挥了起承转合的作用。

从 1950 年至 1966 年的 16 年期间，拉露担任法国东方学研究机构——亚细亚学会会刊《亚细亚学报》的责任编辑。在她主持该刊编辑工作期间，藏学研究在该杂志中占据很大比重。她的思想和学识才华横溢，工作中既耐心而又仔细，出色地完成了工作。她同时还担任了《佛教书目学》杂志的编辑，承担了对大量凌乱的文献进行整理、分类和编写索引的工作，还亲自撰写了许多对各种佛教文献的简扼提要。作为两份国际刊物的主编，她继承维系了以刊物为媒介、开放合作的精神，保持了将法国的学术研究与世界的学术发展相联系的传统。而信息的交流和互动，正是学术发展的重要动力。

作为拉露工作继任者的阿丽亚娜·麦克唐纳曾编辑过一部《拉露女士纪念文集》，整理了拉露一生中的著述目录，涉及《民间故事和佛教神话》等西藏文学、《论佛教寺院的装饰》等艺术学和肖像学、《论藏文又后加字》等语言学、《古代吐蕃疆域表》等文献学、《佛教神话》等宗教学、《藏文〈宝积经〉，关于丹珠尔书目》等书目学和《7—9 世纪的汉藏关系》等历史学领域的研究。总之，拉露一生的辛勤著述和尽心竭力从事的一系列工作，为法国的佛学和藏学研究的发展起到重要推动作用。她的学术成就和孜孜不倦的治学精神都是受后人缅怀敬仰的重要原因。

荣格

　　卡尔·古斯塔夫·荣格（Carl Gustav Jung）于 1875 年出生在瑞士，他家里的 8 个叔叔及外祖母都是神职人员，父亲则是一位虔诚的牧师。1895 年，荣格进入巴赛尔大学主修医学，在校期间曾发表了关于神学和心理学的演说，以论文《心理学与超自然》获得毕业证书。1905 年，他升任苏黎士大学的精神医学讲师，并在同年升格为精神科医院的资深医师，主讲精神心理学。他 1936 年获哈佛大学荣誉博士学位，在美国哈佛、耶鲁等高校举办研讨会和讲座。晚年的荣格隐居在苏黎士湖旁，于 1961 年 6 月病逝在家中。

　　荣格早先是西格蒙德·弗洛伊德（Sigmund Freud）的学生，后来反对弗洛伊德的性本能理论，开辟了分析心理学的先河。荣格认为，包含了各种"原型"的集体潜意识存在于个体生命的潜意识底层，这些集体潜意识源于祖先经验，每个人出生的时候就带有这些先验的本能意识了，正是这些集体潜意识或者说原型促使个体发出行动。原型包括弗洛伊德所说的"力比多"（性欲），以及"自性"，即人们意欲将所有原型整合成一个统一体的愿望。自性无法仅仅依靠智性和理性来领悟，需要借用宗教或神秘体验来达到。

　　荣格扩大了弗洛伊德的潜意识范畴，以蕴含了多种原型的集体无意识概念肯定了人性中固有的自性的存在，他对自性所具有"合一"特征的发现则得益于神秘主义传统和东方宗教的启迪，特别是佛教、禅宗和炼金术。荣格深受藏传佛教影响，在多篇文章中比较心理分析的主要概念与佛教理论，寻找其中的契合，以及运用佛教理论扩展心理分析理论的广度与深度。藏传佛教曼荼罗坛城的绘制对于荣格产生了很大影响,是其提出"集体无意识"理论以及"原型""原型意象"等概念的重要理论基础。

在 1918 年到 1919 年前后,荣格开始绘制曼荼罗,起先是些圆形的图案,后来成为探索自己无意识的重要途径,所画的曼荼罗日记以《红皮书》为名出版发行。这些图形不仅使荣格暂时逃避了战后创伤,还形成了属于自己的曼荼罗。他对表达哲学概念与无意识状态的曼荼罗极其迷恋,后来他在藏传佛教中发现了此种图形的广泛应用。通过比较中世纪基督教与藏传佛教中出现的曼荼罗,他为自己的心理学研究找到了新的支撑点。

英国学者芭芭拉·汉娜(Barbara Hannah)在荣格传记中写道:"这些曼荼罗代表一切象征的王冠。在全世界,在一切时代,当人们试图为人的整体性找出一种象征的时候,他们用圆形或方形作为远远超出其理解力的一个整体所能找到的最为满意的变现形式。这样的形式在印度达到了最高的成熟程度。在那里,用梵语说,这些象征称为曼荼罗,荣格则借用了这个词。他像早期的人一样——比如玛雅文化时期的人——本能地使用了这个形式,并没有考虑它意味着什么。他也常常把它用在自己的图画里,而没有去考虑它可能具有什么意义……他说:'我只是渐渐地发现了曼荼罗真正是什么:形成、转化、永恒思想的永恒创造。而那就是自性人格的整体。'"在曼荼罗的绘制与解释中,荣格不自觉地开始从东方文化中寻找企盼已久的"灵性",藏传佛教密宗的影响已经潜移默化地融入了荣格的心识之中。

《西藏度亡经》据称是由印度高僧莲花生口述,卡卓益西措嘉转成梵文。离开吐蕃时,莲花生大师将此典籍作为伏藏放置于西藏的冈波山,后来由莲花生一位主要弟子的转世卡马林巴发现并翻译成藏文,并在 20 世纪末经人翻译成英语出版。《西藏度亡经》描述的是死者在 49 天内从死亡的瞬间到重新投胎的过程,虽然主要阐述的是藏传佛教中轮回的概念,但是由于对死亡过程生动清晰的想象与极其细致的分类,这部典籍不仅具有文学价值,还对死亡研究也具有心理启示。

荣格的重要理论:个人无意识、原型、集体无意识与情结等,均与《西藏度亡经》有很大的关系。他所说的个人无意识像是一个数据库,需要时无意识就会转变成可感知的意识供个体使用。个人无意识的心理内容可以重组而形成情结，情结像是存在于人格中的一个强大而独立人格，可以控制个体对某种事物产生难以自拔的执着与迷恋，正是一种强有力的情结支配艺术家创造非凡的作品。在后期，他认为情结这种强大的支配力量应该来源于比童年时期更早或更深刻的东西，是精神的另外一个层面，称之为集体无意识。与个人无意识一样，集体无意识也是经验的一个储藏室，包含着原始意象，也就是人类从祖先继承的具有遗传性的最初心理元素。集体无意识是存在于人类心理中，经过千万年传承后最深处的心理倾向。藏传佛教中，集体无意识被解释为"上辈子"的回忆。"上辈子"观念是童年早期所具有的心态的一种投射，很小的孩子对神话内容仍然有意识。

《西藏度亡经》印证了荣格的工作理念与理论体系，不久之后为《西藏度亡经》的德文版撰写"心理学评注"。他的评注无疑是对《西藏度亡经》所有导读和评论类作品中影响最大的一种，可称为该书在西方世界传播的第二个里程碑。在文章中他写道："在此书出版后许多年间，我一直把它带在身上。我的许多灵感和创见，以及不少重要的论点都归功于它。"这无疑是对该书的极大褒奖。荣格认为，书中描述死亡后的过程和体验提供了一种人人可以理解的哲学，起点来自于伟大的心理学真理，即主张一切诸神都是我们灵魂的假象，都是我们灵魂的反光，所谓的客观事物其实是我们设定和给予的，而这个设定者就在我们自己之内。

1938 年，荣格同意为伊文思·温兹的新书《西藏大解脱书》撰写心理学评论，他在文章中论述道："西方人所说的心灵，大体上与意识相同，但东方人谈心灵时，却非得把无意识包括进来不可。"之后他花很大篇幅比较了东西方心灵的不同。他一方面赞扬这一东方传统，赞美其直观与智慧，是西方所缺少的；另一方面他又提醒西方人要保留住自己的传统、象征和神话，忧虑于西方人可能会从东方价值中分析出一些教条，而不是用内心去体验与理解这种思想背后的意义。温兹认为，荣格的文章会使得很多人认识到东方的"心灵"与西方的"无意识"之间有着紧密联系。

　　总而言之,荣格对藏传佛教与东西方文化很感兴趣,他对《西藏度亡经》的解读与应用代表着《西藏度亡经》在西方的一种诠释,是东西方文化交融的体现,并将其置于"伟大的心理学的真理"。然而,荣格对待藏传佛教的态度是微妙的,他的心理分析与藏传佛教在理论上和终极目标上有着本质的差异,他并不接纳非二元性,更不接纳佛教的空性,并认为在此方面东方的直觉有点过火了,但是两者间的相似性却会使得互相之间的交流在新的层面上深入持久地进行下去。

柔克义

学界通常把 19 世纪末前往西藏探险的威廉姆·伍德维尔·柔克义（William Woodville Rockhill）视为第一个进入西藏的美国人。柔克义 1854 年出生于费城，在巴黎长大，毕业于与西点军校齐名的法国圣·西尔军事学院。作为法国外籍兵团的军官，他于 1873 年至 1876 年间在阿尔及利亚的法国军队中服役。服完兵役后，他前往巴黎继续学业，在此间阅读了法国古伯察神父的《鞑靼西藏旅行记》等大量书籍，产生了到西藏探险的想法。1884 年，柔克义到北京担任美国驻华使馆的秘书，后在 1886 年调任美国驻朝鲜使馆参赞。

柔克义是美国近代东方学的代表人物之一，其研究领域涉及藏学、汉学以及蒙古学等方面，著述颇丰。他也是近代影响中美关系的重要外交人物之一，曾任美国驻华大使馆一等秘书、美国助理国务卿等，是美国对华"门户开放"政策的起草人，对美国西藏政策的制定有重要影响。一般认为，柔克义是美国藏学研究的先行者，对后世美国藏学的成长和发展具有开创性贡献，其考察文献和译著一直是西方西藏史地研究与民族学研究重要的参考文献。

在北京任职期间，柔克义师从一位卫藏僧人继续学习藏语，他的藏语言文字能力在同时代的考察家中少有可与其比肩者。他还在北京结识了另一位西藏探险家——印度人萨拉特·钱德拉·达斯（Sarat Chandra Das），后者两次进藏并带走大量藏文文献的经历对他的西藏探险计划产生了很大影响。随着对西藏的深入了解和藏语的日臻熟练，柔克义对世界屋脊的憧憬与日俱增。他于 1888 年辞去了令人羡慕的外交官职务，准备前往西藏进行"调查"。

起程之前,柔克义仔细研究了所能掌握的此前历次英国人和沙俄探险队潜入西藏的失败原因,得出这样一个结论:只有通过秘密途径,西方人才能抵达拉萨。1888年底,柔克义雇用了一辆驴拉轿车,装扮成一名普通的中国人从北京出发,经太原、西安、兰州,于1889年藏历新年抵达西宁。他担心暴露真实身份,便剃光须发前往塔尔寺。他在塔尔寺参观了恢弘的寺院建筑和正月酥油花灯会后,又从西宁雇用了向导前往拉萨。为了掩人耳目,他决定从地广人稀的青藏高原北部踏上进藏之路。

他于4月4日到达青海都兰时,把已经疲惫不堪的骆驼换成更适宜高原旅行的青海小马,但身上所带的现金不足以支付前往拉萨的费用。他决定走黄河源路线,在路费告罄时可以选择从康区返回中国内地。他沿着香日德河前往托素湖,后绕道阿里克湖经诺木洪河谷前往巴隆,他认为这条路线是普尔热瓦斯基等俄国考察队尚未探查过的路线。他于5月5日离开巴隆前往结古多,最后在所带现金耗尽的情况下不得不经由德格、打箭炉沿长江水道返回上海。

第一次考察结束后,柔克义出版了《喇嘛的地域》,详细记述了他在安多考察期间的情况,其中有关环青海湖地区"巴纳亥"的记录与考察资料十分珍贵。他记述该部落分布地区超出了环湖地区,远至黄河南岸及柴达木部分地区,考察了沿途"巴纳亥"的人口、起居、风俗、口传、商业、信仰等方面的内容。他特别留意了"巴纳亥"周围的蒙古人以及果洛人之间的异同,对柴达木地区的考察还涉及柴达木人口、风俗及商业方面。他结合汉文地理方志对考察中的安多地区地名进行了研究,如对阿里克湖地名起源与阿柔部落之间的关系。该书末尾还附有若干专题性研究文章,如《甘肃的外来部族》《阔阔淖尔及藏东的古代民族志》《东藏语言札记》《藏人的起源——以藏文典籍玛尼嘎本为据》《东藏的地缘政治》等,其中大量使用了汉文文献和他自己在考察途中所得的第一手资料,使得该书不流于一般旅行游记,学术研究的色彩较浓。

1891年12月,不甘心失败的柔克义开始了第二次西藏之行。他首先前往化隆、循化、贵德,考察了那里的撒拉尔人和说藏语的卡力岗藏人,然后沿沙珠玉河翻越曲卡山口进入察汗乌苏河河谷直奔香日德。

在第一次考察经验的基础上,他前往托素湖边进行了一系列科学测量,随后向可可西里进发,并于 1892 年 6 月到达可可西里,渡过托克托买河,翻越唐古拉山口,最后于 7 月底抵达纳木错湖东北方向的聂荣措湖南岸。与这一时期许多试图进入西藏的探险者一样,柔克义受到西藏噶厦政府的阻拦,不得不向东经昌都、察雅、打箭炉返回上海。

第二次考察结束后,柔克义于 1894 年出版了此行日记《1891 和 1892 年蒙藏旅行日记》。此书是在先前旅行考察基础上的一次再考察成果,对第一次考察中的错误和忽略了的资料进行了改正和补遗。例如,他修正了第一次西藏之行对环湖及柴达木人口的考察数据;对青海湖南岸地区及赤嘎较深入的考察,使外界得到了较翔实和准确的有关"巴纳亥"部落的信息,对沿途山关河流进行了更加详细准确的记录和绘图。该书末附有从北京出发到打箭炉沿途各山关、山峰、河流、湖泊的藏文记名和海拔、纬度、气温记录。他还对上述民族和部落使用的汉语、藏语、土语、撒拉尔语之间的借词现象进行了初步研究。

虽然经历了前后两次的失败,但柔克义每次都从世界屋脊带回了大量有关西藏地区和藏族的极有价值的资料。第二次考察合计行程 12874 公里,进行了 3417 次观测,所过山口 69 个,进行了 100 个地理观测点的经纬度测量,拍摄了 300 多张照片,收集了 300 多件民族学物品以及若干地质及动植物标本。这些收集品主要馆藏在美国斯密森尼亚博物馆和国会图书馆。

柔克义此后藏学研究多专注于对青藏高原历史地理和民族志方面的研究,也加深了对吐蕃与其周边民族之间文化纽带关系的认识。他于 1908 年在五台山与十三世达赖喇嘛见面,后又在北京与十三世达赖喇嘛有过数次接触,对西藏上层人物有较深入的了解。他是第一个利用汉文志书写出西藏地方和中央政府关系权威著作的美国人。他在《拉萨的历代达赖喇嘛以及他们与满清皇帝的关系》中认为:"通过对西藏与中国过去三百年关系的研究,它们之间的关系实质已见分晓,藏人在过去 150 年享有的自治程度也一清二楚,藏人对此十分满意。藏人没有从中国完全独立出去的要求,他们也不希望失去中国给予他们的帮助……"

柔克义于 1893 年重返外交界，在美国国务院任职。他于 1905 年至 1909 年期间担任美国驻华公使，1913 年从美国驻土耳其大使的职务上卸任。1914 年，柔克义打算来华担任袁世凯的顾问，却在来华途中猝死于夏威夷檀香山。从早期美国对西藏持消极态度，到包括柔克义在内的美国人不断进入藏区考察，促成了美国和西藏地方亲密关系的早期雏形。柔克义对安多藏区的两次考察是他认识藏区的重要经历，这对他在担任美国助理国务卿期间参与美国早期西藏政策的制定具有重要影响。

乌瑞

匈牙利藏学研究的一个特点是没有专门的藏学研究机构,涉及藏学研究的人员分布在匈牙利科学院东方研究所东方学研究组、阿尔泰学研究组和罗兰大学中亚学系等。目前匈牙利的藏学研究人员不过10余人,但作为中欧一个小国的藏学规模已实属不易。匈牙利藏学研究主要集中在藏族古代的历史、佛学、藏语、文学艺术等方面,特别是对古代藏文文献和藏传佛教经典的研究,对近现代藏族历史、政治、社会的研究则很少。在他们涉及的研究领域内,有些学者是该领域蜚声国际藏学界的专家。

乌瑞(Uray Géza)出生于 1921 年,师从匈牙利著名藏学家李盖蒂(Louis Ligeti),后者是匈牙利科学院副院长,也是第一个在匈牙利教授蒙古语、藏语、满语、汉语、突厥语及相关文化的人,他的教学专注于蒙古语研究,随后也引入了藏语教学。受李盖蒂影响,乌瑞的研究也集中在西藏的语言和历史,特别注重对敦煌古藏文文献的考释工作。乌瑞与中国著名藏学家王尧相识于 1981 年的匈牙利国际藏学会议。他向王尧赠送了大量西方有关藏学研究的著作和资料,介绍了许多西方知名学者与王尧结识,次年又推荐王尧到维也纳大学任教并接替自己的教职。

《吐蕃编年史辨析》是乌瑞在西藏历史研究领域中的一篇重要论文。他认为,王朝编年史是作为治国艺术的手册或官吏条例而写成的,其中包括很少资料可以直接用于思想意识宣传或证实权欲的内容,资料的编辑本身却没有任何倾向性。这些不同的资料可以作为某些对中央或地方的官吏、对高级或低级政界人士完成一件政治、外交、军事、行政、法律或财税事务而可操作的指南。

吐蕃于 645 年前后吞并了象雄王国,该地区的大部分领土直接落入了吐蕃政权辖内。在经过王国内部权力斗争后,吐蕃的国家组织工作才完成。吐蕃编年史的编写是从 650 年左右开始的,作为正在形成中的官僚机器工具。从编年史的作用中就可以看到,修纂者们应在日常间都登记各种事件。这一工作是从王国各地区传到中央机构而逐渐完成的,并从这个时代起就以连续的方式编写。政府的各地方机构也拥有这些编年史的抄件成摘录文,摘录文是由各机构根据它们的需要而逐渐写成的,与王国编年史同时存在的还有各附小邦的编年史,以及可能还包括各省和各州的编年史。

乌瑞认为,自 7 世纪中叶以来,文字在古代吐蕃的行政和经济生活中扮演了重要角色,而 7 世纪正是该王国形成的时代。吐蕃王国编年史的史料价值在于,借鉴了关于汉族的模式在吐蕃宗教和政治意识的形成中起了重要作用,汉族官吏指南能够对古吐蕃文字官方作用的发展和编年史施加影响。但同时应该看到,编年史中的资料经过了筛选,原文经过了压缩,有时也对原文作了文字润饰,“这种筛选和压缩使我们失去了许多珍贵的资料……这些编年史晚期的写作方法,也仅仅受官吏指南的需要主宰”。

乌瑞于 1991 年在奥地利维也纳去世。他对藏学研究倾注了毕生心血,毕生著文有 121 篇之多,不下 300 万字。国内出版的《国外藏学研究译文集》《西藏研究》《青海社会科学》《西北史地》等期刊都曾刊载和介绍过他的研究。

乌瑞是匈牙利中坚一代藏学家的代表。回顾匈牙利藏学发展乃至世界藏学的发展,还不得不提到一位重要人物——乔玛(Alexander Csoma de Koros)。他不仅是匈牙利第一位藏学家,还是世界上第一位藏学家。在他之前,藏学只能称之为“知”,而不能称之为“学”。他在西方开创了用藏文文献研究藏族历史、宗教和文化的传统,并第一次提出了“Tibetology”这个名称。

乔玛 1784 年 4 月出生在匈牙利特兰西瓦尼亚地区的一个没落军事贵族家庭,其祖系渊源于西库利亚族,是一个匈奴人的军事部族,该部族自公元 4 世纪迁居罗马帝国的达西亚。乔玛虽然家境贫寒，但从小聪明好学，热爱人类精神文化的宝贵财富，喜欢徒步远行。在匈牙利和德国求学阶段，他先后学习了拉丁文和阿拉伯文，萌发了远足亚洲之志。

1822 年，他从欧洲取道中东，经埃及至亚洲寻找匈牙利人的祖先，在英国人的资助下从印度来到被称为"小西藏"的拉达克。1823 年，他来到拉达克西南部的赞斯卡，在一座寺院里拜藏族喇嘛桑吉平措为师，学习藏文并研究《甘珠尔》和《丹珠尔》，其中几乎囊括了西藏文化、宗教的各个方面。他在寺院里整整住了 8 年，另一位西方探险家于 1830 年见到他时，对他的描述是："年近四旬的小矮个，面貌相当丑陋，额头紧皱，眼睛很长，并向太阳穴翻起，颧颊明显地缩了进去。他的鼻子和嘴巴大而不端正，长长的胡子已开始变花白了。他身穿蓝哗叽睡衣、粗白棉短裤、丝袜和皮底鞋。"

1831 年，乔玛得知有一批藏文大藏经的手稿藏于印度加尔各答，便只身前往。他担任了亚洲协会图书馆的助理馆员，埋头于藏文手稿和编订目录的工作。1834 年，凝聚他一生心血的《藏英辞典初稿》和《藏文文法》由政府出资刊行，这两部书是数代中国和世界的西藏学者研读藏学的工具书。以这两部书为媒介，乔玛将藏学介绍给了全世界，西方人才注意到这片过去被认为是荒凉土地上的文化，从而使藏学成了一门世界性学问。

乔玛的学术成就是多方面的，他不仅在藏语的研究上著书立说、自成一家，还在西藏的历史、文学、哲学、宗教、民俗等学术分支都作了具有开创性的综合研究。他在《孟加拉亚洲学会会刊》上不断地撰写文章，分析《甘珠尔》和《丹珠尔》，描述藏医治疗方法，阐述藏传佛教的主要观点……他甚至很有预见性地指出，对西方人最有吸引力的必定是藏传佛教的坐禅修持。他于 1837 年发表《对甘珠尔的分析和丹珠尔内容要略》一文在欧洲引起了巨大反响，奠定了西方以精研经文为基础的佛教学。

乔玛最初前往西藏的目的并非藏学，而是寻找匈牙利民族的起源，却"无心插柳"地开创了藏学这一学科，取得了令人瞩目的成就，以至于在他所处的时代没有人能与之并驾齐驱。乔玛一生最大的遗憾是没能到达西藏首府拉萨,他曾于 1842 年尝试再次启程向喜马拉雅山区前进,却由于毒性疟疾所引起的高烧在大吉岭病故。

如今,乔玛成为了中国和匈牙利两国友谊的代名词。匈牙利于上世纪 60 年代成立了乔玛学会,旨在推进匈牙利东方学和藏学的研究。该学会约每 4 年组织一次国际性的"纪念乔玛国际藏学研讨会",是各国藏学家发表研究成果、交流心得体会的重要平台。中国也举行了庆祝乔玛诞辰二百周年的盛典,以缅怀这位藏学家的功勋。

德国藏学学者及研究概况

德国和其他欧洲国家一样,具有古老的东方学研究传统。作为东方学研究重要组成部分的藏学,近几十年来在德国得到了较多的支持和重视,以致开创了藏学在德国"相对而言优于欧洲其他各国"的局面。纵观德国藏学研究起步和发展过程,其早期藏学与传教士传教的需要、吐鲁番学研究和佛教研究以及印度学研究的发展有着密切关系。

首开德国藏学先河的是传教士。其中比较著名的有海因利希·奥古斯特·耶希卡(Heinrich August Jäschke)、奥古斯特·赫尔曼·弗兰克(August Hermann Franke)、伊萨尔·雅各布·施密特(Isaal Jacob Schmidt)等。

耶希卡的主要工作是传教和《圣经》的藏文翻译,称得上是德国藏学研究之父。他在传教之余所编写的《藏英字典》(1881年)和《藏文文法》(1883年)是其藏学代表之作。弗兰克是耶希卡最著名的后继者,他于1896年到达拉达克首府列城,将传教工作与对该地区的语言、历史和民俗的研究联系在一起,是第一位拉达克专家。他于1925年晋升为柏林大学教授,其主要代表作有《格萨尔史诗中的春季和冬季神话》(1902年)、《西部藏区史》(1907年)、《西部藏区兄弟会传教的语言问题》(1910年)、《西藏历史研究和从中人们所能经历的》(1911年)、《在西藏的精神生活》(1925年)等。施密特是欧洲早期最著名的东方学家之一,他不仅呼吁欧洲学界重视对西藏学的研究,还亲手编写过藏德、藏俄字典,藏文文法以及多篇关于西藏语言和宗教的文章,翻译过藏文《因缘贤愚经》,编排了藏文《甘珠尔》目录。

传教士在西藏的活动和他们对西藏的认识和记述,以及对西藏文化的研究成果,对后期德国甚至欧洲的西藏研究起了很大作用。除了传教士外,德国吐鲁番学的不断深入带动了藏学研究。例如,德国国际敦煌学研究的先驱者阿尔伯特·格伦威德尔(Albert Grunwedel)就是从吐鲁番学逐渐转入藏学领域的,他曾组织了两次德国吐鲁番考察活动,代表作有《印度佛教艺术》《西藏与蒙古的佛教神秘学》等。德国早期藏学的一部分是从佛学和印度学中分离出来的,有许多印度学家、佛学家本身就是藏学家。

目前德国藏学集中于几所主要大学,每所大学都有代表人物。

波恩大学是德国各大学内唯一开设中亚地区蒙藏及突厥诸民族语言、历史、文化的高校,其中的亚语言文化研究所于 1964 年由著名蒙古学家海西希创建。该研究所除了介绍和教授相关语言知识外,在蒙古和西藏的历史、文学发展、宗教文化以及重要文献的发掘方面也开展了大量的研究,取得了显著的成绩。经过几十年发展,该所已拥有一个颇具规模的中亚学专业图书馆,并编辑出版的一套"亚洲研究"专题丛书。波恩大学还创建了数字化藏文档案材料。

皮特·施韦格(Peter Schwieger)、萨噶斯特(Klaus Sagaster)和迪特舒(D. Schuh)是藏学领域的教授。施韦格多年来从事对德国柏林国家图书馆所藏楚布寺版《伏藏宝库》的编目、整理工作,还有《藏历初十莲花生仪轨之历史注释》《达仓热巴作为朝圣者的非凡经历》《扎雅高僧对东部藏区所做的贡献》等论著。萨噶斯特通晓藏文、梵文、古突厥文和汉文等东方文字,研究领域涉及西藏宗教、史诗、藏文基督教文献、西藏佛教、造像学、宗教艺术、西藏民俗等方面。他学术成果的特点是把蒙古文文献译成德文并加注释,还主编了《西藏佛教造像学和象征意义》的丛书。迪特舒是年轻一代藏学家的代表,他主要成就集中在藏文古代文献的搜集、整理和研究,以一个自然科学家的头脑和功底研究西藏的天文、历法、因明、医学等。

汉堡大学亚非学院成立于 1908 年,下设的 6 个系中包括印度与西藏学系,主要以印度和西藏的历史、语言、宗教、文化为研究和教学对象。该系对藏学领域的涉足始于 1946 年,邀请了藏族学者担任客座教授,不少教师都通晓藏语、梵语、中文,研究领域集中在西藏文化、历史、哲学、古代法典等方面。现任哈佛大学西藏和喜马拉雅研究教授的范德康正是从此处获得博士学位。该系目前承担着两个重大项目："尼泊尔—德国写本保护项目"和"尼泊尔—德国写本编目项目"。

哈如纳嘎（Harunaga Isaacson）从 2000 年起在汉堡大学任教，他现任印度与西藏学系主任，主要研究兴趣在印度哲学、藏传佛教和佛教密宗方面。著名藏学家戴维·杰克逊（David P. Jackson）从 1992 年开始出任藏学教授，研究方向是西藏宗教艺术、萨迦派文献和历史、慕思塘的历史等。他著有《西藏唐卡画资料和材料》一书，以《西藏绘画史》为名在中国出版。迈克尔·兹玛尔曼（Michael Zimmermann）在汉堡大学取得博士学位，是一位梵、藏兼通，并懂汉文、日文的学者。该系还有两名讲师，主要从事藏文写本的整理和编目工作。

哥廷根大学自建校以来就对佛教文本及藏译典籍的研究工作非常重视。该校印藏学系藏学专业的研究重点放在对于藏区各种宗教的研究上，特别是藏传佛教的研究。该系设有藏语语言课程，开展古典藏文书面语的基础培训，并提供宗教知识上的学问和修行课程。目前从事藏文化讲授的人员是马丁·施特劳伯（Martin Straube），主要研究领域为古典梵文、俗语研究、印度和西藏佛教等，其他藏学专业的教师主要开展佛教学、藏学课程的教学。

柏林洪堡大学亚非学院中亚研究系藏学研究室是藏学研究的专门机构。该研究室更接近于藏学相关的论坛，为研究所内部和外来的藏学专家提供一个作学术报告的空间，致力于加强藏学界的联系。该研究室的学科带头人为托尼·赫伯（Toni Huber），撰写的诸多论文涉及藏族朝圣仪式、仪式地点和景观的观念，藏族和佛教对于自然的态度和关系，以及印藏艺术史等，如《佛教社团中的暴力》《藏北藏羚羊捕猎对野生动物迁徙的文化调适》《以印掌控领地：藏区的一种宗教政治实践》等。

此外，巴伐利亚科学院中亚委员会、莱比锡大学中亚学系、慕尼黑大学藏学专业、马堡大学印藏学专业等机构都设有藏学研究。通过上述德国主要涉藏教研机构和藏学学者的分析，可以总结出以下特点：

一是德国的藏学研究起步较早，对西藏的关注由来已久。随着早

期传教士传教的需要以及其后吐鲁番学研究、佛教研究、印度学研究的
发展,逐渐兴起了藏学研究。藏学与这些学科建立起了密不可分的关
系。和西方其他国家一样,德国在每个时代对西藏关注以及与藏学的
关系,都有其深刻的历史背景和政治背景。

二是德国藏学注重基础研究,在宗教、历史、艺术、经典、梵文等研
究方面有较强的优势。藏学学者的知识结构和学术素养较为突出,精
通多种语言文字,在语言学、文献学、人类学、艺术研究领域基础扎实;
但学术机构与学者呈现一定程度上的同质化,对藏学现状研究显得单
薄。随着与中国藏学界的联络进一步深入,德国一些学者开始涉足现
状领域。

三是德国藏学界集聚了一批非德国籍的名家学者,在教学和研究
方面采取竞争机制,教研力量一直以来较为强盛,并向世界输出了一批
著名学者,因而德国仍是欧洲的藏学研究中心之一。德国藏学界还重
视学术资料的搜集及其数字化工作,为资料收藏和保护积累了丰富的
经验。

日本藏学学者及研究概况

　　日本的藏学研究正式起步于 20 世纪初,在日本佛教团体海外扩教的大背景下,一些日本僧人以搜寻佛教原典为主要目的,以各种方式相继进入西藏,开始研习藏传佛教。他们回国时,又将大量的西藏文献携归日本,这不仅使日本成为世界上拥有藏文文献最丰富的国家之一,还奠定了日本藏学研究的基础。随着 20 世纪 50 年代日本西藏学会的成立和一批藏学学者的脱颖而出,日本取得了举世瞩目的研究成果,使之成为世界上藏学研究最发达的国家之一。

　　公元 8 世纪上半叶,日本遣唐使就与吐蕃派赴长安的使臣有过接触,而日本人开始涉猎相关西藏的学问是进入 19 世纪以后的事情。其中精通汉学的江户幕僚近藤重藏于 1812 年前后撰写了《喇嘛考》一文,首开日本学者探索西藏佛教的先河。日本对西藏真正发生"兴趣"并产生研究成果是进入 20 世纪以后,一些日本僧人以搜取佛教原典尤其是藏文经典为主要目的直接进入西藏求法,也有部分人受日本当局派遣到西藏从事"特殊"考察。他们的进藏活动加深了日本人对西藏历史、文化的感性认识,而大量西藏文献的携归使日本藏学研究进入了一个实质性的发展阶段,涌现出河口慧海、能海宽、寺本婉雅、青木文教、多田等观等日本藏学先驱。

　　上述学者撰写了许多西藏社会、文化等方面的著作,但研究的重点在藏传佛教方面,尤其在佛典的整理方面取得了辉煌成就,奠定了日本藏学研究的基础。在早期日本藏学家的带动下,学习藏语文的人逐渐增多,藏学研究队伍不断壮大,成立了多个藏学研究学会、藏学研究机构和专业刊物。

东洋文库位于东京文京区,是世界上著名的专门图书馆及研究机构,藏有藏语文献、西藏实地考察资料、日本人关于西藏的机密报告等。东洋文库下设藏学研究委员会,日本著名的藏学专家都担任过西藏研究委员会的成员。东洋文库组织实施了题为"西藏藏外文献志书研究"的重大合作研究项目,把东洋文库所藏的藏文藏外文献目录制作成数据库资料。东洋文库出版的相关藏学成果有:《萨迦派全书集成》《苯教文献解题目录》《西藏民间文学资料集》《西藏民谣集》等。大谷大学是一所具有藏学研究传统的私立大学,该校藏学研究的主要部门是真宗综合文化研究所,以研究西藏文献、藏传佛教为主。所内设有一个西藏文献研究班,目的主要是整理、介绍和研究该校所藏的藏文文献。东京大学是日本藏学研究的重要基地之一,但是没有专门的藏学研究机构,藏学研究主要分散在该校的东洋文化研究所、文学部印度哲学佛教学研究室等部门。

日本主要藏学研究学会有日本西藏学会和日本印度学佛教学会。前者成立于1953年,是世界上最早的专门研究藏学的学术团体之一;后者成立于1951年,以研究印度学、佛教为主,藏学研究占据很大比重。日本的藏学刊物规模可观,如日本西藏学会的机关刊物是《日本西藏学会会报》、日本印度学佛教学会的出版物为《印度学佛教学研究》。此外,日本东洋史研究会机关刊物《东洋史研究》、日本东方学研究会机关刊物《东方学》和《东方》、中央欧亚学研究会发行的《内陆亚洲语言研究》也经常发表藏学论文。

20世纪90年代以来,新生代学者的力量开始崛起。立川武藏是目前仍然活跃在日本藏学研究领域中的著名学者。他研究的范围相当广泛,著作颇丰。据2004年名古屋大学印度文化研究科编辑的《三山七河:立川武藏教授花甲纪念论文集》中所附立川武藏著作目录看,他撰写了将近200篇有关西藏曼荼罗、佛教空思想的研究、印度教的实在论、日本佛教、佛教学等论著。近10多年间,他在藏传佛教密宗和曼荼罗上取得了重大成就,代表了整个日本藏学研究的一种倾向。当代藏传佛教密宗的研究中,很多学者逐渐转向了仪礼和佛教绘画的研究。

日本各地的藏学研究都重视吸纳藏族人参与研究工作。慈诚格桑从印度来到日本,首先在各地相关佛教大学中讲授藏语,后来在京都的大谷大学确立了研究和讲授西藏宗教的地位。目前日本的藏学研究中,苯教研究呈现出兴盛的趋势,来自法国的西藏人噶尔梅·三木旦本身就是苯教徒,他从2000年起与日本学者合作,研究苯教与象雄语言,主持了国际苯教学术大会,出版了研究论文集和资料集。日本学者三宅伸一郎近年来也开始关注苯教的研究,并且每年到西藏作实地调查研究。

近年来,藏学语言与历史文化研究领域出版了教科书、语法著作、语言结构形态的分析和动词研究。学者长野泰彦和北村甫出版了分类辞典,长野泰彦在藏语中的嘉戎语研究上给予了长期关注,对于国际汉藏语言学会的发展也作出了贡献。入藏的实地调查研究热潮迭起,川喜田二郎重走藏学先驱河口慧海当年的入藏道路,在进行实地调查的同时,阅读和编辑了河口慧海的旅行记,开始介绍和研究河口慧海,打开了反省早期入藏者的研究之路。他提出不应该用以往的态度把西藏看作是落后、愚昧的地区,藏族文化是一种有别于其他民族的先进文化。这种观点既批评了河口慧海等早期入藏者所持有的殖民人类学者的观点,又呼应了西藏历史、宗教文化研究者的成果。此外,年轻学者开始利用蒙古文、满文、汉文、藏文文献进行研究,并将西藏近代历史与政治关联起来。

从百年日本藏学研究的概况来看,日本藏学走过了相对比较成功的发展道路。尽管期间经历了战争、政治、经济等重大事件,以及学科本身出现的许多困难,但最终在日本学者的不懈努力下,日本藏学取得了不小的成果。日本藏学呈现几个明显特色:

一是重视西藏文献资料的搜集。日本的藏文文献资料搜集齐全,这与几代学者的不懈努力有关。自取经一代开始,搜集西藏文献已经成为日本藏学的一种传统;到1980年代,随着这些文献目录编辑工作的完成,日本学者对西藏的佛教典籍文献基本搜集齐全。

二是重视研究文献目录的编辑与学术研究的积累。日本研究藏学文献索引和目录编辑工作始于上世纪30年代,直到现在已经出版了多种索引,基本上收全了世界各地的藏学研究论文。目前设立的各种网上搜索引擎给研究者提供了很大的方便,特别是国立情报学研究所的搜索窗口以及各专业的搜索窗口。

三是良好的学问传承制度和国际视角。日本大学的研究和培养体制对于学术的发展非常有利,根据导师的研究范围影响学生的研究兴趣,为学问的持续传承提供了保障。同时,日本的藏学研究者与西方学术界结合紧密,早期的留学欧洲和1970年代以后的留学美国吸收了学术见解和方法论,目前出现了不少学者开始到西藏留学的新现象。

印度藏学学者及研究概况

　　作为与中国西藏相邻的亚洲大国,印度对西藏的研究起步较早。印度独立以后,随着一些涉藏研究机构的产生,印度学界对西藏的认识和研究逐渐深化,出现了一批从事藏学研究的学者。从总体上看,印度藏学的整体水平并不高,专门从事涉藏研究的机构和人员规模也并不大。了解印度藏学现状对于加强藏学研究领域的交流、进而了解印度人的西藏观和印度政府的西藏政策无疑有着重要意义。

　　印度与西藏有着上千年的文化交流历史,但印度学者较为系统地研究西藏还是在印度成为英国殖民地之后。随着英印当局向西藏渗透的步伐,一些受雇于英印政府的印度人成为英国殖民者探索西藏的马前卒,这些人政治上服务于英国侵略西藏的整体策略,对于西藏的安全构成了巨大威胁。从另一方面看,他们早期对西藏的探索为当时外部世界了解西藏提供了重要的渠道,他们的一些著作甚至到今天仍有一定的学术价值。

　　普兰·吉里(Puran Giri)或许是近代史上第一个研究藏学的印度人。他早年经尼泊尔进入西藏西部地区,学习了藏语和蒙语。在西藏的几年间,他对西藏的宗教和文化进行了深入研究,并与六世班禅建立了较好的私人关系。他的研究在西藏与英属印度建立联系的过程中作用突出。克里希纳·坎塔·波色(Krishna Kanta Bose)在不丹工作期间研究和撰写藏学领域的著作,于1815年前后编写了印度第一本藏语语法词典。萨拉特·钱德拉·达斯是印度早期最为重要的藏学学者,他受雇于英印政府,两次潜入西藏盗取情报。在西藏之行中不但偷偷绘制了西藏沿路的地形、道路状况,获取了西藏的一些社会人文情报,还盗走了许多价值连城的藏文、梵文典籍,这些文献成为他日后学术成就的重要基础。他发表的许多关于藏族语言文字、历史、文化、宗教等方面的论著,都以引用当时外间罕见的藏文资料而受到国外学者的重视。达斯返印后定居大吉岭,于 1902 年出版了大部头的《藏英词典》。

进入 20 世纪,印度对西藏的研究有了实质性和规模性的发展。以印度国际大学印藏学系和印度国际文化学院的建立为标志,印度藏学研究结束了单打独斗的局面,有了专门从事涉藏研究的学术机构,藏学研究有了较为集中的研究、教学和出版平台,研究人才的培养、传承,学术成果的发布、展示都更为系统化。印度独立以后,特别是中印两国围绕边界问题发生争执和冲突以来,印度对西藏的研究范围进一步扩大,从历史、语言、宗教、文化等领域扩展到政治、安全和双边关系领域。

与大多数国家一样,按照语言学、宗教学、历史学等学科路径开展的藏学基础研究在印度起步相对较早。印度开始系统化研究藏学主要是因为西藏的典籍中包含着大量已在印度失传的大乘佛教经文,其中许多是珍贵的梵文佛典,这些文献包含了许多因佛典失传而难以了解的印度本国历史的记载。以佛教典籍研究为切入点,印度学者开始对西藏的语言、文化、历史进行综合性研究。在这个研究过程中,相继出现了一批较为突出的研究机构和学者。

目前,印度主要涉藏研究机构是国际大学印藏学系,该校由印度文豪泰戈尔(Rabindranath Tagore)创办。泰戈尔认识到藏语和典籍的研究对于了解印度古代文化和历史的重要性,决定引入藏语教学,法国东方学家西勒万·列维、朱塞佩·图齐等学者先后在国际大学从事藏学相关领域研究。印度国际文化学院致力于对中亚、南亚地区的文化、历史、语言、宗教进行研究,藏学是其重要分支,整理、出版了包括《百藏丛书》在内的许多重要藏文文献。南加藏学研究所通过建立科研项目、举办讲座和研讨会、资助访问学者、出版图书和学术刊物等形式支持藏学研究。研究所下设图书馆和博物馆收藏了大量藏文文献、佛像、唐卡和其他艺术品。

拉古·维拉(Raghu Vira)是印度国际文化学院的创始人,他整理、出版了大量梵文、藏文书籍,研究成果主要是《西藏坛城》。他于 1963

年因交通意外去世。维拉之子罗凯什·钱德拉(Lokesh Chandra)同样是著名藏学家,他是印度上议院议员、印度文化交流协会副会长和印度历史研究协会主席,在藏学研究领域的主要成果包括《藏梵词典》和20卷的《佛教造像词典》等。拉胡尔(Ram Rahul)曾为国际关系学院中亚研究系的系主任,有《西藏的政府与政治》和《喜马拉雅边境地区》等藏学研究成果。阿赫迈德(Zahiruddin Ahmad)主要研究西藏的历史和宗教,先后出版了《十七世纪的汉藏关系》《西藏与拉达克史》《印度和西藏的佛教哲学简介》等。雷努克·辛格(Renuka Singh)任教于尼赫鲁大学社会科学学院,对西藏文化中如何看待女性的问题有一定研究。甘内基(Hira Paul Gangnegi)于1995年获德里大学博士学位,他的研究兴趣包括大乘佛教和藏传佛教历史、藏语文等。

中印两国同为文明古国,各自摆脱帝国主义的侵略获得独立后,地缘政治意义上的相邻关系日益凸显。尤其是1962年中印爆发边界战争以来,印度对中国研究投入了强烈关注,中印关系中的西藏因素开始进入学术领域,不少印度学者在研究中国国内问题和中印外交关系时都难免涉及对西藏的讨论。

斯瓦密(Subramanian Swamy)1964年从哈佛大学毕业,先后在哈佛大学、印度理工学院任教。他在《印度的中国观》一书中指出,中印边界在历史上从未划定,印度所坚持的麦克马洪线没有任何法律效力。关于中印关系中的"西藏问题",他认为印度应该放弃在西藏和十四世达赖喇嘛问题上"模糊政策",放弃在这一关键问题上的所有"错误观念和不合时宜的冒险主义";印度政府应采取有意义的行动向中国保证西藏是中国不可分割的一部分,抛弃英国殖民主义"在西藏问题上的两面派政策",避免两国关系的恶化。

孔达帕里(Srikanth Kondapalli)曾在中国人民大学从事博士后研究,自2006年起在尼赫鲁大学国际关系学院任教。他在中印关系的研究方面着力甚深,发表了《中印关系中的西藏因素》《西藏的基础设施建设》等涉藏评论。杰宾·雅各布(Jabin T. Jacob)的研究兴趣主要包括中印关系、中国国内政治经济状况、中国的中央与省际关系等,在藏学研究方面发表了《青藏铁路与乃堆拉——印度的挑战与机遇》《塑造"新的前进政策"：西藏与印度的选择》等文章。斯瓦兰·辛格（Swaran Singh）曾任国防分析研究所研究员，主要的研究兴趣是中印关系和中国的外交、安全政策，在藏学研究领域曾发表过《胡锦涛与西藏的未来》《中印战略关系进程中的西藏因素》《提供庇护并非印度解决西藏问题的良方》等论文和文章。这部分学者大都有从政背景，研究西藏旨在为印度的边界、安全和外交服务。

此外，十四世达赖喇嘛和数万藏族人流亡印度，给印度政府的管理能力和公共服务水平带去了巨大挑战。随着"西藏问题"的"国际化"，印度藏学界从政治学、社会学、民族学、人类学角度加强了对"西藏问题"、十四世达赖喇嘛现象、流亡藏人生活和心理状态，及其对印度国内的影响等领域的研究。

图书在版编目(CIP)数据

西方藏学名著与名家提要/廖云路,肖尧中编著.—上海:
上海三联书店,2019.10
ISBN 978-7-5426-6723-6

Ⅰ.①西… Ⅱ.①廖…②肖… Ⅲ.①藏学-名著-内容提
要-西方国家 Ⅳ.①Z88:K281.4

中国版本图书馆 CIP 数据核字(2019)第 134766 号

西方藏学名著与名家提要

编 著 / 廖云路 肖尧中

责任编辑 / 殷亚平
装帧设计 / 一本好书
监 制 / 姚 军
责任校对 / 王凌霄

出版发行 / 上海三联书店

(200030)中国上海市漕溪北路 331 号 A 座 6 楼
邮购电话 / 021-22895540
印 刷 / 上海惠敦印务科技有限公司

版 次 / 2019 年 10 月第 1 版
印 次 / 2019 年 10 月第 1 次印刷
开 本 / 640×960 1/16
字 数 / 250 千字
印 张 / 18.75
书 号 / ISBN 978-7-5426-6723-6/Z·130
定 价 / 68.00 元

敬启读者,如发现本书有印装质量问题,请与印刷厂联系 021-63779028